GUÍA

DE INMIGRACIÓN

A LOS

ESTADOS

UNIDOS

Cuarta Edición

—

Ramón Carrión

Abogado de Inmigración

SPHINX® PUBLISHING
AN IMPRINT OF SOURCEBOOKS, INC.®
NAPERVILLE, ILLINOIS

Cuarta Edición, 2004

Publicado por: **Sphinx® Publishing, impresión de Sourcebooks, Inc.®**

<u>Oficina de Naperville</u>
P.O. Box 4410
Naperville, Illinois 60567-4410
630-961-3900
Fax: 630-961-2168
www.sourcebooks.com
www.SphinxLegal.com

Esta publicación está destinada a proporcionarle información correcta y autorizada respecto a los asuntos cubiertos. Se vende entendiéndose que la editorial no se compromete a suministrar servicios legales o contables, ni ningún otro tipo de servicios profesionales. Si se requiere asesoramiento legal u otro tipo de consulta profesional, se deberán contratar los servicios de un profesional competente.

De una Declaración de Principios aprobada conjuntamente por un Comité de la Asociación Americana de Colegios de Abogados y un Comité de Editoriales y Asociaciones

Este libro no reemplaza la ayuda legal.

Advertencia requerida por las leyes de Texas.

Library of Congress Cataloging-in-Publication Data
Carrion, Ramon.
[U.S.A. immigration guide. Spanish]
Guía de inmigración a los Estados Unidos / by Ramon Carrion.-- 4th ed.
p. cm.
ISBN 1-57248-475-6 (pbk. : alk. paper)
1. Emigration and immigration law--United States--Popular works. 2. Visas--United States--Popular works. I. Title.

KF4819.6.C3718 2004
342.7308'2--dc22
2004015548

Imprentado en los Estados Unidos de America
VHG — 10 9 8 7 6 5 4 3 2 1

DEDICATORIA

A la memoria de mis queridos padres, Ramón y Leonor, quienes fueron los primeros y más importantes *inmigrantes* de mi vida. Ellos no sólo tuvieron la visión de una nueva vida en los Estados Unidos sino también el valor como para llevarla a cabo.

Compartiendo el espíritu de los sueños y motivaciones de mis padres, también dedico este libro a todos aquellos que aspiran participar en el sueño estadounidense.

SUMARIO

PRÓLOGO

Estoy seguro de que el lector ha oído la expresión de que *los jóvenes no aprovechan el tesoro de la juventud*. La premisa de este libro radica en que los abogados no aprovechan sus conocimientos de la ley. Nosotros los abogados frecuentemente nos quejamos de que si nuestros clientes hubieran hecho (o no hecho) esto, eso o lo otro, nosotros pudiésemos haber obtenido mejores resultados al resolver sus problemas legales. Por supuesto que la razón por la cual nuestros clientes no hicieron lo que debían haber hecho era en primer lugar porque no sabían lo que la ley les exigía. El conocimiento que el cliente necesitaba al tomar su decisión no estaba a su disposición en ese momento.

En realidad, en el desenvolvimiento normal de los acontecimientos, probablemente el cliente realiza una acción de la cual él es el responsable, pero luego busca a un abogado para obtener su posterior asesoramiento o reafirmación. Debido a que el cliente ya siguió un rumbo determinado de acción, el asesor legal, frecuentemente, puede sólo hacer comentarios con respecto a lo apropiado de la acción del cliente. Esto, por supuesto, es una ironía desafortunada porque las personas sin conocimiento jurídico, incluso personas de negocios sagaces, no están siempre familiarizadas con los requisitos técnicos legales correspondientes a determinada situación.

En el complejo campo de la ley de Inmigración y de las visas (la llamaremos *ley de la visa* en este libro) un error inicial puede frustrar o, al menos, complicar los planes de una persona que pensaba trasladarse con o sin sus negocios a los Estados Unidos. Intentaremos en este libro abarcar esta situación explicando en términos prácticos la filosofía y lógica de las normas inmigratorias de los Estados Unidos.

Este libro se concibió como una recopilación de información útil, que era la que yo a través de los años acostumbraba transmitir en mi bufete a las personas extranjeras durante las entrevistas iniciales. Me era claro que la mayoría de las personas extranjeras (extranjeros), sin tomar en cuenta a su país natal, hacían el mismo tipo generalizado de preguntas. El cliente quería entender el sistema a fin de poder comprender en forma más precisa por qué tenía necesidad de revelar y entregar cierto tipo de información. Para poder proporcionarle al cliente un servicio útil y completo, tenía que explicarle gran parte del fundamento de la ley, así como la filosofía y la *forma de pensar* de las autoridades consulares y de Inmigración de los Estados Unidos.

Desde mi punto de vista, informando cabalmente al cliente, podía obtener de éste la información apropiada que me permitiría darle un asesoramiento útil con miras a planificar la entrada del cliente a los Estados Unidos. También le convendría al cliente aprender rápidamente algunas de las más importante e inmediatas normas y costumbres legales y comerciales con las que se toparía en Estados Unidos.

Comencé escribiendo este compendio que luego se convirtió en este pequeño libro que espero proporcionará al lector cierto discernimiento, que este autor opina es esencial para poder triunfar al llevar a cabo sus planes inmigratorios, ya sea a corto o largo plazo.

Según mencionado en el Prólogo de este libro, poco antes de escribir este libro, los Estados Unidos acababa de promulgar la IIRAIRA. Mediante esta ley se realizaron las enmiendas más substanciales de las normas de Inmigración a Estados Unidos de estos últimos cuarenta años.

Probablemente definirá la política de la Inmigración de los Estados Unidos del futuro inmediato, sujeta, por supuesto, a un afinamiento técnico gradual e interpretación judicial. Este libro abarcará las disposiciones más importantes de esta ley así como la manera en que se aplicaría a una persona extranjera que contempla mudarse a los Estados Unidos, ya sea en forma permanente o provisional. El libro no abarcará muchas disposiciones técnicas de la ley que atañen a personas que ya están en Estados Unidos. Como descripción complementaria de esta introducción, el propósito del libro es educar a la persona extranjera con respecto a la política y filosofía de las normas de Inmigración de los Estados Unidos. No animo a ninguna persona lega a que dirija o tramite por sí misma un proceso inmigratorio específico. En realidad, la índole sumamente compleja de este proceso disuade contra el método de *ayuda propia* y aconsejo que se consulte con un asesor jurídico profesional muy capacitado.

En ciertos países del mundo hay una gran demanda de visas de inmigrante a los Estados Unidos o hay casos de fraude y abuso con respecto a la solicitud de visas para Estados Unidos. Las autoridades consulares de los Estados Unidos en esos países son muy escrupulosas al examinar las credenciales e intenciones de una persona cuando ésta solicita cualquier tipo de visa para Estados Unidos. Este libro les será útil especialmente a personas de esos países; sin embargo, también ayudará a cualquier persona no estadounidense que procura entrar a los Estados Unidos, ya que es fácil pasar por alto las estrictas normas puestas en vigor por las autoridades de Inmigración estadounidenses para todas las personas que entran a los Estados Unidos.

Esta publicación ayudará especialmente a personas de negocios e inversionistas, así como a sus asesores, para quienes las inquietudes sobre inmigración podrían ser secundarias a la planificación estratégica del negocio. Será también útil para otra clase de personas extranjeras, ya sea estudiantes o parientes inmediatos de ciudadanos estadounidenses o de extranjeros residentes permanentes. El propósito del autor no es animar ni desalentar la inmigración o el traslado de capital a los Estados Unidos. Más bien, se escribe el libro teniendo en cuenta el contexto de ciertos factores sociológicos, económicos, y políticos sobre los cuales el autor no tiene control ni capacidad de influir.

Estos factores pueden resumirse de la forma siguiente:

1. **La relativa facilidad de los medios de transporte y comunicación internacionales.** Este fenómeno ha creado la ilusión de que las fronteras nacionales y políticas son ahora menos importantes que en el pasado. Los medios de comunicación como resultado de los adelantos tecnológicos de las últimas décadas proyectaron la cultura de los Estados Unidos y forma de vida a las más remotas partes del mundo. Por consiguiente, muchas personas en países extranjeros pueden estar ya familiarizadas con ciertas características culturales de Estados Unidos y tal vez quieran participar de nuestro estilo de vida.

2. **La interdependencia de las economías nacionales**. Como resultado de algunos de los adelantos tecnológicos ya mencionados, el comercio y los negocios de la comunidad de naciones están más interrelacionados y son más interdependientes. Esto a menudo requiere el traslado de personal empresarial a los Estados Unidos. Esto, por supuesto, suele ser un proceso bilateral en que muchas empresas estadounidenses en expansión también transfieren a sus empleados estadounidenses a otras partes del mundo. La economía mundial con frecuencia presta poca atención a las fronteras nacionales y las compañías y sus empleados se encuentran a menudo bastante afectados por los eventos o pronósticos de los centros financieros que están muy lejos de sus oficinas matrices.

   Hay un número creciente de personas que opinan y conjeturan que sólo existe un mercado financiero y economía mundial efectivo compuesto de tres centros regionales, a saber: Tokio, Nueva York y Londres; y que estos centros están tan interrelacionados que la relación de causa y efecto con respecto a su influencia individual en la economía mundial es teórica ya que cada centro depende e influye tanto sobre el otro que sus efectos combinados sobre la economía mundial son una fuerza constante.

3. **La fortaleza y adaptabilidad relativa de la economía de los Estados Unidos**. Esta realidad hace que Estados Unidos sea un mercado atractivo para la inversión extranjera, tanto a pequeña como a gran escala. El espíritu del hombre de negocios reacciona en forma similar ante este hecho, ya sea que se encuentre dentro de una empresa multinacional grande o de un negocio más pequeño cuyos dueños suelen ser también sus empleados clave. Este hecho junto con la reciente debilitación del dólar estadounidense hace que las adquisiciones de negocios en Estados Unidos sean muy atractivas—especialmente los bienes raíces.

4. **Estados Unidos es un país políticamente estable**. Esta es tal vez la caracteríística más sobresaliente del sistema político de los Estados Unidos. No obstante el grado de hipérbole y exaltación que pudieran generar las diversas corrientes políticas, históricamente por lo general en EE.UU., las controversias políticas se resuelven pacíficamente.

5. **Estados Unidos fomenta las libertades personales**. En Estados Unidos, las libertades políticas así como las personales, tales como el derecho de expresión, derecho de asamblea, libertad de prensa, libertad de movimiento físico, etc., están sumamente protegidas. Un residente de Estados Unidos tiene el derecho de triunfar y disfrutar de los frutos de su labor como también se pretende que corra con el riesgo de su fracaso.

Como resultado de los factores anteriormente expresados, hay una tremenda demanda mundial tanto de visas temporarias como permanentes para Estados Unidos. Esto ha ocasionado que las autoridades de Inmigración de los EE.UU. controlen la calidad, cantidad y carácter de la migración hacia los Estados Unidos. Como quiera que sea, el choque de estas dos fuerzas causa muchos trastornos humanos y de negocios, muchos de los cuales se podrían haber evitado o reducido mediante una planificación adecuada.

Existen sin embargo contra-corrientes, que se oponen a una política de inmigración liberal:

1. **El aumento en la población total de los EE.UU. y sus consecuencias.** Este fenómeno a nivel mundial y sus consecuencias locales han hecho que lideres políticos de los EE.UU. tomen la posición de que un mayór aumento en la población por lo regular es perjudicial. De hecho, el aumento de la población implica presiones en el suministro de servicios públicos en general tanto como para el medio ambiente.

2. **Las diferencias étnicas y culturales de los inmigrantes en la actualidad.** Ésta es una objeción que se expresa de una manera más sutil, pero muchos Estadounidenses parecen estar molestos debido a la cambiante composición étnica de sus comunidades. De acuerdo con las estadísticas, durante los últimos veinte años, el más alto porcentaje de inmigrantes a los Estados Unidos ha llegado de Asia y Latinoamérica.

3. **El saldo social debido a la presencia de grandes cantidades de inmigrantes ilegales.** Los Estadounidenses resienten la ya antigua inhabilidad de su gobierno de disuadir a los miles de extranjeros que entran a este país furtivamente y después se quedan permanentemente o por largo tiempo. Consecuente al hecho de que en su mayoría estos inmigrantes ilegales son personas de bajos recursos económicos y con formación escolar mínima, se requiere el uso de fondos públicos para satisfacer sus necesidades.

    Además de ciertos gastos de bienestar social, las estadísticas indican que un porcentaje relativamente alto de presidiarios son inmigrantes ilegales. A esto se le suma la proliferación de documentos de inmigración falsos y el notable abuso de los procesos de asilo lo cual a minado aun más la actitud tradicionalmente acogedora del pueblo Estadounidense y de muchos de sus lideres políticos.

4. **El raciocinio político de la inmigración como causa de diversos males sociales.** Puesto que a los no ciudadanos no se les permite votar, se hace políticamente irresistible tachar la inmigración como la causante de muchos de los males que aquejan al país. Se ha vuelto muy conveniente para muchos políticos Estadounidenses tomarse el asunto de la inmigración como un medio de movilización partidaria para aventajar sus propias campañas y carreras políticas.

Estos son algunos de los motivos que han hecho que se intensifique el control de la calidad, la cantidad y el tipo de emigrantes que entran a este país. A pesar de que la combinación de estos motivos acarrea muchos problemas personales y de negocios, muchos de estos pueden evitarse o reducirse a un mínimo a través de un planeamiento adecuado.

Este es, entonces, el escenario en el cual centré este libro. La intención del autor es presentar las características más importantes de la visa que debe entender el probable inmigrante o visitante temporario para que pueda planear lógica e inteligentemente su entrada a los Estados Unidos. Este escrito podrá ser criticado por ciertos miembros de la comunidad jurídica relacionados con la inmigración por ser demasiado simple y no presentar suficientes detalles de ciertas complejidades con referencia a los procesos jurídicos y administrativos en conexión con la obtención de visas para personas extranjeras.

Aceptamos tal crítica anticipada declarando que no tenemos la intención de que este libro reemplace los servicios de un asesor profesional competente. Efectivamente, el libro reconoce que la asistencia del profesional, no solamente en el campo jurídico como también en el de las disciplinas de contaduría, mercadeo, finanzas, etc., es muy a menudo crucial para poder tomar decisiones eficaces a largo plazo en relación con cuestiones de negocios o visas.

El propósito del libro consiste en preparar y educar al interesado (y/o a sus empleados) de manera que él mismo o su asesor profesional pueda adaptarse a los requisitos de las normas inmigratorias de los Estados Unidos. Es nuestro propósito presentar la metodología y psicología burocrática de las normas inmigratorias de los Estados Unidos, ya que un entendimiento de estos principios le permitirá a la persona o compañía ajustarse a la situación global de acuerdo con la necesidad correspondiente a ese caso.

Y para aquellos que nos criticarían por incluir más detalles de los que una persona corriente quisiera aprender, nuestra contestación es, con todo respeto, que este libro no fue escrito para la persona corriente. Fue escrito para esa persona especial que en su búsqueda de una mejora económica y personal desea extender sus actividades diarias y aquellas de su negocio más allá de las fronteras de su país natal, transfiriendo algunas o todas sus actividades a la sociedad más dinámica en este planeta, los Estados Unidos de América.

—Ramon Carrion

Uso de los Libros de Asesoramiento Legal

Antes de consultar cualquier libro de autoayuda, es necesario tener en cuenta las ventajas y desventajas de encargarse de su propio asesoramiento legal y ser consciente de los riesgos que se asumen y la diligencia que se requiere.

La Tendencia Creciente

Tenga la seguridad de que usted no será la primera ni la única persona que se encarga de sus propios asuntos legales. Por ejemplo, en algunos estados, se representan a sí mismas más del setenta y cinco por ciento de las personas involucradas en procedimientos de divorcio y otros tipos de asuntos jurídicos. Debido al alto costo de los servicios de abogacía, la tendencia a la autoayuda va en aumento y en muchos tribunales se procura facilitar los procedimientos para que la gente pueda representarse a sí misma. Sin embargo, en algunas oficinas gubernamentales no están en favor de que las personas no contraten abogados y se niegan a ofrecer cualquier tipo de ayuda. Por ejemplo, su respuesta suele ser: "Vaya a la biblioteca de leyes y arrégleselas como mejor pueda".

Escribimos y publicamos libros de autoasesoramiento legal para brindar al público una alternativa a los generalmente complicados y confusos libros de derecho que se encuentran en la mayoría de las bibliotecas. Hemos simplificado y facilitado las explicaciones sobre las leyes al máximo posible. De todos modos, a diferencia de un abogado que asesora a un cliente en especial, nosotros no podemos cubrir toda las posibilidades concebibles.

Análisis Costo/Valor

Cuando se está comprando un producto o un servicio, uno se ve frente a diversos niveles de calidad y precio. Al decidir que producto o servicio adquirir es necesario efectuar un análisis de costo/valor sobre la base del dinero que usted esta dispuesto a pagar y la calidad que usted desea obtener.

Al comprar un automóvil, usted mismo decide si desea obtener transporte, comodidad, prestigio o *atractivo sexual*. De manera acorde, usted opta por alternativas tales como un Neon, un Lincoln, un Rolls Royce o un Porsche. Antes de tomar una decisión, generalmente se comparan las ventajas y el costo de cada opción.

Cuando usted tiene dolor de cabeza puede tomar una aspirina u otro calmante para el dolor, o visitar a un médico especialista que le practique un examen neurológico. En tales casos, la mayor parte de la gente, por supuesto, prefiere un calmante para el dolor porque cuesta solamente unos centavos mientras que un examen médico cuesta cientos de dólares y lleva mucho tiempo. Se trata, generalmente, de una decisión lógica porque, normalmente, para un dolor de cabeza no hace falta más que un calmante. Pero en algunos casos un dolor de cabeza podría ser indicio de un tumor cerebral y sería necesario consultar a un especialista inmediatamente para evitar complicaciones. ¿Debe consultar a un especialista toda persona que tenga dolor de cabeza? Por supuesto que no, pero los que deciden combatir sus enfermedades por sus propios medios tienen que darse cuenta de que están arriesgando su salud en base al análisis costo/valor de la situación. Están tomando la decisión más lógica.

El mismo análisis costo/valor debe efectuarse cuando uno decide encargarse por sí mismo de los trámites legales. Muchas situaciones legales son muy claras: requieren un formulario sencillo y un análisis que no es complicado. Toda persona con un poco de inteligencia y un libro de instrucciones pueden encargarse del asunto con poca ayuda externa.

No obstante, en ciertos casos se presentan complicaciones que sólo un abogado podría detectar. Para simplificar las leyes en un libro como éste, frecuentemente ha sido necesario condensar varios casos legales en una sola frase o párrafo. De lo contrario, este libro tendría varios cientos de páginas y sería demasiado complicado para la mayor parte del público. Sin embargo, esta simplificación deja de lado, necesariamente, numerosos detalles y sutilezas que tendrían relación con ciertas situaciones especiales o inusuales. Asimismo, es posible interpretar la mayoría de los asuntos legales de distintas maneras.

Por consiguiente, al utilizar un libro de autoayuda legal y efectuar sus propios trámites legales, debe usted ser consciente de que está efectuando un análisis de costo/valor. Usted ha decidido que el dinero que ahorrará al encargarse de las gestiones legales compensará la posibilidad de que la resolución de su caso no resulte satisfactoria. La mayor parte de la gente que efectúan sus propios trámites jurídicos jamás tienen problemas, pero en algunas ocasiones ocurre que necesitan contratar a un abogado para corregir los errores iniciales de un caso, a un costo más alto del que les hubiera supuesto contratar a un abogado desde el principio. Tenga este factor en cuenta al manejar su caso y si cree que en el futuro le hará falta más orientación no deje de consultar a un abogado.

Normas Locales

El proximo aspecto a recordar es que un libro sobre las leyes de toda la nación o de todo un estado, no puede incluir todas las diferencias de procedimiento en cada jurisdicción. Siempre que sea posible, proporcionamos exactamente el formulario que se requiere. Sin embargo, en otros casos, cada condado establece sus propios procedimientos y requiere sus propios formularios. En nuestros libros para determinados estados, los formularios generalmente cubren la mayoría de los condados del estado o proporcionan ejemplos sobre los trámites legales necesarios. En nuestros libros de alcance nacional, se incluyen algunas veces formularios de un alcance más general, aunque destinados a darle una buena idea del tipo de formulario que hace falta en la mayor parte de las localidades. De todos modos, recuerde que el estado o el condado donde usted reside puede haber establecido requisitos o formularios que no estén incluidos en este libro.

No se debe necesariamente esperar que toda la información y los recursos necesarios puedan obtenerse únicamente a través de las páginas de este libro. Esta obra le servirá de guía, brindándole información específica cuando fuera posible y, también, ayudándolo a encontrar los demás datos necesarios. Es como si uno decidiera construir su propia terraza. Usted podría adquirir un manual para la construcción de terrazas. Sin embargo, dicho libro no podría incluir los códigos de construcción ni los datos sobre los permisos requeridos en cada ciudad, condado o localidad de la nación, ni tampoco podría abarcar información sobre madera, clavos, sierras, martillos y otros materiales y herramientas para la construcción. Un libro de ese tipo puede servir de guía y después hará falta investigar un poco más sobre este tipo de obras, datos para obtener permisos, e información sobre los tipos y niveles de calidad de la madera disponible en su localidad, posibilidades de utilizar herramientas manuales o eléctricas, y el uso de dichas herramientas.

Antes de utilizar los formularios que figuran en un libro como éste, deberá usted verificar en la oficina de la secretaría de estado o del gobierno local si existen ciertas normas locales que usted deba conocer, o formularios locales cuyo uso sea obligatorio. A menudo, tales formularios requerirán la misma información que la que aparece en los formularios incluidos en este libro pero en diferente orden o con algunas palabras distintas. A veces será necesario utilizar información adicional.

Cambios de Leyes

Además de estar sujetas a las normas y prácticas locales, las leyes están sujetas a cambio en todo momento. Los tribunales y los legisladores de los cincuenta estados constantemente examinan las leyes. Es posible que mientras usted esté leyendo este libro, se esté modificando algún aspecto de las leyes.

En la mayoría de los casos, los cambios serán mínimos. Se rediseñará un formulario, se requerirá información adicional, o quizá se prolongue un plazo de espera. Como resultado de cambios de ese tipo, quizás sea necesario examinar un formulario, presentar un formulario extra, o cumplir un plazo de espera más prolongado; este tipo de cambios generalmente no influyen en la solución de su caso legal. Por otra parte, en algunas ocasiones puede suceder que se modifique un aspecto fundamental de una ley, que se cambie el texto de una ley en determinada área, o que sea anulado el aspecto básico de un asunto legal. En dichas circunstancias, sus posibilidades de tramitar su caso se vería seriamente afectada.

A fin de ayudarlo a cumplir los requisitos locales y los cambios que se produzcan en las leyes, lea detenidamente las recomendaciones del Capítulo 1.

Nuevamente, deberá usted comparar el valor del caso contra el costo de la contratación de un abogado y tomar la decisión más adecuada para defender debidamente sus intereses.

INTRODUCCIÓN

Comenzando desde la fecha del 11 de Septiembre, 2001, y a causa de los acontecimientos de dicha fecha el gobierno federal EE.UU. ha instituido en su régimen migratoria una política muy distinta a la anterior. El hecho que la mayoría de los terroristas habían entrado al país con visas normales de estudiante o de turismo ayudó desarrollar un sentido en la conciencia publíca que dicha tragedia fue facilitada por las debilidades organícas en el regimen migratoria tanto por la negligencia de los oficiales encargados con la responsabilidad de vigilar nuestras fronteras. La historia nos brindará una adjudicacion conclusiva sobre quien[es] tuvieron la responsabilidad, si alguno, de la falta de desmascarar la verdadera intencion de dichos terroristas en ese día tan infamoso. Sin embargo, los lideres de la nación detectando un sentido de inquietúd, temor y *rabia* en el pueblo norteamericano encomendó una serie de modificaciones al regimen migratorio de nuestro país.

Algunos de estos cambios tomaron forma en modificaciones a la letra de la ley y los reglamentos administrativos pero tal vez los cambios mas profundos fueron los de actitúd y temperamento burocrático, la mayoría tomando un sentido negativo y algunas veces cínico. Desafortunadamente, dichos cambios fueron sobreimpuestos a otros cambios negativos que anticiparon los cambios motivados por los eventos del 11 de septiembre.

La mas dramática de estos cambios fue la eliminación de la dirección conocida como la Immigration and Naturalization Service (INS), la cual desempeñó por si sola la responsabilidad de administrar el régimen migratorio en el interior del país. Esta fue reemplazada por el Department of Homeland Security (DHS) la cual dispone de la responsabilidad de proteger la seguridad de la nación. Este nuevo departamento, que ahora dispone de toda la responsabilidad sobre el régimen migratorio del país, fue elevada al nivél de un departamento de la cancillería (Cabinet) del presidente de la nación, o sea una dirección de la mas alta en el ramo ejecutivo de la nación. Las funciones inmigratorias de este departamento se compone de tres agencias independientes, cada una teniendo su determinada jurisdicción.

El primero de estas agencias es el Bureau of Citizenship and Immigration Services (USCIS) al cual se la ha designado la autoridad de adjudicar solicitudes de diversos beneficios migratorios. Esta responsabilidad abarca, por ejemplo, la adjudicacion de las solicitudes de residencia según el patrocinio de ciudadanos EE.UU. o que sean personas físicas o jurídicas. El caso típico sería de una solicitúd por un ciudadano EE.UU. en favor de su conyuge extranjero.

El Bureau of Immigration and Customs Enforcement (USICE) ha sido encomendado con la responsabilidad de investigar y proseguir violaciones de las normas migratorias cometidas por extranjeros ya admitidos al país. Esta responsabilidad comprende también la de la remoción (deportación) de extranjeros violadores.

La tercera agencia, el Bureau of Customs and Border Protection (el USCBP), la cual algunas veces en rótulos oficiales está designada como la *aduana fronteriza* tiene la responsabilidad de vigilar y proteger todas las fronteras del país con el proposito de evitar la entrada al país o de personas o bienes prohibidos. La autoridad de esta agencia incluye todas las funciones aduaneras tanto como las de migratorias y incluye jurisdicción sobre todos los aeropuertos, puertos de mar, tanto como todos los puertos de acceso terrestre.

Aquí le sigue una gráfica sencilla como ilustración:

Department of Homeland Security

Bureau of Citizenship and Immigration Services (USICS)	Bureau of Immigration and Customs Enforcement (USICE)	Bureau of Customs and Border Protection (USCBP)

El propósito de crear tres agencias independientes era la eliminación de la actitud ambigua que siempre presenciaba en una agencia que dispensaba beneficios migratorios mientras a la vez proseguía esas personas (extranjeros y ciudadanos EE.UU.) quien se estimaban habían violados las leyes migratorias. Esa previa estructura burocrata no satisfacía a ninguna rama de dicha agencia. La comunidad que abogaba el otorgamiento de beneficios migratorios se quejaba que el USCIS, la previa agencia migratoria, mal trataba tantos los ciudadanos solicantes como los extranjeros beneficiaros. Mientras tanto, la rama de el USCIS encomendada con la investigación, prosecución y deportación de extranjeros se quejaba que la rama adjudicadora de beneficios migratorios admitián muchas personas illegibles a la entrada al país. Aparentemente, la mezcla de estas funciones competitivas y conflictivas dentro de la misma agencia produciá conflictos irreconcilativos.

El nuevo arreglo que separa entre diversas agencias estas distintas funciones migratorias aparentemente resuelve este conflicto aunque a la vez crea otros problemas inesperados. La experiencia actual nos dirá si la nueva arquitectura burocrática tendrá el éxito esperado.

El otro cambio en el régimen migratorio previamente mencionado, o sea, el cambio de actitud y política de los funcionarios gubernamentales es tan importante como los cambios del texto de ley y de los reglamentos administrativos. Es obvio que ningun oficial migratorio desea ser acusado de haber permitido la entrada al país del proximo terrorista u otra persona peligrosa a la seguridad de la nación, especialmente cuando se tome en cuenta que la las organizaciones terroristas son muy capaz de la explotación de las oportunidades disponibles en el régimen migratorio para lograr la entrada al país de personas que pretenden tener un proposito legítimo mientras en su profundidad mantienen un propósito ilicito y peligroso. Este conocimiento resulta en una alta escrutinio de toda aplicación de beneficios migratorios y el rechazo de toda solicitud que no demuestra una sencilla y obvia eligibilidad al beneficio solicitado.

Hemos decididos de no incluir en esta revisión los formularios migratorios por dos razones. Primero es que el gobierno a menudo modifica los formularios o con razón a los datos exigido o a los requisitos de su registro. La DHS ha creado una nueva oficina física para el deposito de solicitudes en favor de extranjeros de parte de sus parientes y también ha incrementado el costo de los derechos para diversos formularios. Muchos solicitantes han sido perjudicado a base de seguir las instrucciones obsoletas en formularios oficiales que no han sido actualizados por el gobierno. En la mayoría de los casos estas modificaciones no aparecen en las instrucciones en los formularios. En tal caso, el régimen migratorio no dispensa flexibilidad en favor del confundido solicitante ya que la ley no lo permite.

En segundo lugar, los formularios actualizados junto con sus intrucciones son fácilmente disponible al público atravéz del Internet. La dirección electrónica es la **www.uscis.gov** pero aún la permanencia de esta dirección no está garantizada. Para eliminar mas duda e inquietud es mejor que la persona interesada marque las palabras *U.S. Immigration, Bureau of Citizenship and Immigration Services* en el directorio de busqueda del Internet.

Aunque no hemos incluidos los formularios que radican momentáneamente en esta fecha hemos si incluidos algunos memoranda que discuten varios sujetos muy importantes. Estos documentos le proveen no solamente contestaciones a inquietudes particulares pero le muestran al lector la política e actitúd de la burocracia migratoria.

En la fecha de la publicación de esta revisión de este texto existen varias propuestas de ley en el congreso EE.UU. que modificarían aún otra vez el régimen migratorio. Aunque no hay valor en la discusión de proyectos de ley, la mayoría de las cuales nunca serían implementadas, es importante comprender la razón por la cual los lideres políticos del país persiguen en el propósito de modificar el régimen migratorio, aun siempre en una manera parcial sin examinar con profundidad el papel que le tocará a la inmigración en el desarrollo de la nación.

Oponiendose a la tendencia de restringir la inmigración por cause de la inseguridad contra el terrorismo y formanda a la vez una contradicción sobresaliene, existe la demanda continua para mano de obra que se satisface en la mejor manera por el influjo de inmigrantes. Esta contradicción merece una mirada analítica. En el comienzo del nuevo milenio la economia EE.UU. experimentó algunos reajustes en el sector de labor. Esto se manifestó por una relativamente alta tasa de desempleo en los oficios mas altos y de alta compensación. El nacimiento de la edad digital expuso la posibilidad de poder desempeñar algunos trabajos de ubicaciones físicamenta lejas del resto del mercado laboral. En muchos trabajos no hay limitación ninguna sobre la eficacia del oficio no obstante que el trabajo se desempeña en un país ubicado miles de kilómetros ajeno de la sede EE.UU. del empleador. Tomando en cuenta también que el costo de labor en otros países es mucho menor del costo en Estados Unidos, no es sorprendente que muchos trabajos de alto nivel se han exportado al esterior del país. En contraste con esta realidad incomodadora hay que ver que muchos trabajos, especialmente esos que requieren mano de obra simple o esfuerzos físicos son inatractivos a muchos trabajadores EE.UU.

Especialmente en comunidades con altos porcentajes de personas jubiladas e ancianos es difícil encontrar trabajadores en oficios de servicio y de mano de obra. Para muchos de estos trabajos no es posible aumentarle los salarios hasta el nivel donde ya no resultarían indeseables sin eliminar el valor al mercado del empleador. Algunos trabajos también son culturalmente considerados indeseables. Por lo tanto se ve a la misma vez un deseo de limitar la inmigración para poder asegurar la seguridad nacional y para eliminar competición laboral en un período de relativamente alto desempleo mientras también existe una demanda insaciable para mano de obra en muchos otros sectores de la economía. Esta ultima realidad continua de nutrir el deseo y necesidad de la importación de mano de obra extranjera.

Estas realidades contradicentes causan desequilibrio en la conciencia política del país. Es mas, la inmigración se considera por algunos como la causa de los problemas de la nación, mientras para otros la inmigración es la solución. Pero aun tomando en cuenta estos pensamientos disonantes la falta de un discurso profundo y público sobre la inmigración deja fermentar en la conciencia pública una percepción de la inmigración como algo peligroso y dañino.

El Desarrollo de la Actitud Burocrática Negativa

La motivación de la separación de las funciones adjudicadores de las proseguidoras era la eliminación del conflicto de interés burocrático que era inevitable cuando ambas funciones residían en la misma agencia. Aunque bajo la jurisdicción de la DHS estas funciones han sido separadas y redistribuidas entre las agencias nuevamente creadas, se ha visto en la USCIS el desarrollo de una actitud negativa que resulta en la denegación y rechazo de solicitudes migratorias por las mas mínimas causas. Además de esta negativa actitud adjudicadora se ha desarrollado también el mas alto nivel de atrasos burocráticas el la historia reciente. En muchos casos el atraso elimina el beneficio de la solicitud o crea adicionales problemas y complicaciones al patrocinador tanto como al beneficiario. Aparentemente la filosofía de seguridad por parte del departamento matriz, el

DHS, ha superado la filosofia de ayuda y servicio que supuestemente es la razón de estar de la USCIS, ésta siendo la agencia supuestamente dedicada a la adjudicación y provisión de beneficios migratorios.

La realidad, a la fecha de la publicación de esta edición, ha disminuido el optimismo de la comunicación inmigratoria según los beneficios que se esperaban realizar a base de la reorganización burocrática del régimen inmigratorio. Los atrasos se han incrementado a un nivel nunca anteriormente visto. Mas importante todavía ha sido la falta de un mejoramiento en el actitúd de mucho del personal en el USCIS. Aun tomando en vista las muchas excepciónes con relación a oficiales particulares, la mayoría de éstos o por razón de la política de los altos funcionarios o por razón de falta de adiestramiento adicional siguen administrando la ley inmigratoria con un actitúd negativo siempre en busqueda de una razón para denegarle la solicitud. Aparece que el actitúd de fiscalizacion y prosecución ha superado el actitúd de servicio y ayuda a los solicitantes de los beneficios inmigratorios.

Este énfasis en los aspectos prosecutivos del régimen inmigratorio se puede ver claramente en vista del *memorandum de entidmiento* (*Memorandum of Understanding*) que ha sido firmado entre el DHS (la matriz de las tres agencias que forman el nucleo del régimen inmigratorio) y el Departamento de Estado. Este acuerdo entre estos departamentos accepta que aunque la adjudicación de visados permanecerá con el Departamento de Estado (o sea, los consulados EE.UU. al esterior) la decisión final sobre el otorgamiento o no de todo visado será determinado por el DHS que tendrá la última palabra sobre el otorgamiento del visado en cuestión. Obviamente, este nuevo arreglo resultará en aún mas atraso y esto actualmente es la realidad. Este pensamiento burocrática también impregna el temperamento burocrático del USCIS. Es posible que con el envolvimiento del *ombudsman*, la USCIS mejorará esta situación. El *ombudsman* es una subdirección cuyo propósito es de sugerirle al gobierno cambios y enmiendas a los reglamentos que resultarán en un mejoramiento del servicio de la USCIS. Veremos.

En todo caso estas realidades le deberían sugerir cautela a todo solicitante de beneficios inmigratorios, o sea un patrocinador o beneficiario/extranjero. Esta evolución de pensamiento y de actitúd negativa de parte del USCIS junto con la complejidad de la ley hace casi siempre la necesidad o mejor dicho, la aconsejibilidad de emplear un abogado experimentado en asuntos inmigratorios para tramitar dicha solicitúd. Esto parece ser contradictorio ya que los formularios inmigratorios son accesibles por medio del Internet junto con algunas explicaciones básicas de parte del gobierno, pero la realidad es que la mayoría de las complejidades del proceso no son evidentes y sus soluciones tampoco no son intuitivas. Esta complejidad también a menudo confunde aún los oficiales adjudicadores de la misma USCIS. Dado también que a menudo el mas sencillo error en una solicitúd es considerada irreparable por el adjudicador inmigratorio esto hace mas indicado el empleo de un profesional en dicho proceso. Este tema, o sea, la gran ventaja de utilizar un abogado experimentado en asuntos inmigratorios para concertar una solicitúd corre siempre al fondo de la información proveida en esta humilde obra. Le pido excusa el lector si a menudo me hago redundante.

I | EL SISTEMA DE VISADO EN GENERAL

Cada vez que una persona extranjera llega a las fronteras de los Estados Unidos para procurar entrar, aun cuando sólo sea para tomar unas vacaciones, se enfrenta con el complejo sistema inmigratorio de los Estados Unidos. El término *Inmigración* en el contexto de este libro se refiere a cada entrada o intento de entrada al territorio de los Estados Unidos.

El sistema inmigratorio de los Estados Unidos es el producto de múltiples y singulares fuerzas políticas e históricas que provocan ciertas políticas aparentemente incongruentes. Por un lado el sistema puede parecer muy liberal y generoso con respecto a los procedimientos procesales y, no obstante, por el otro extremadamente restrictivo debido a su política de admisión substantiva. Es un sistema de contradicciones aparentes que debe entenderse en su propio contexto político e histórico. El régimen inmigratorio EE.UU. ha creado un sistema procesal que es tan complejo y disimula que casi crea la oportunidad para una persona extranjera violar la ley involuntariamente. Peor todavía es el hecho que la ley no mantiene casi ninguna metodología para corregir la violación.

Es un sistema que le exige a la persona extranjera que conozca cualquier limado o aplicación de antemano tanto como ley aplicable. El sistema de inmigración a menudo no proporciona a un solicitante una oportunidad de modificar su acercamiento para obedecer la ley. Por esta razón es indispensable que las personas extranjeras y sus consejeros entiendan el significado especial dado a muchos términos que se usan rutinariamente en negocio y en conversación normal.

Breve Reseña Jurídica e Histórica

Los inmigrantes fueron los precursores de los Estados Unidos, o sea que fueron personas que no eran originalmente del país las que lo crearon. Sin embargo, la constitución de los Estados Unidos, el documento orgánico que establece la existencia política distintiva de esta nación, es muy discreto con respecto a toda la cuestión de inmigración. Hay sólo una mención fugaz de este tema en ese documento y no contiene ninguna articulación filosófica o gubernamental de una política o sistema de Inmigración. Simplemente se autoriza al Congreso de los Estados Unidos a emitir las leyes relacionadas con la Inmigración.

La historia nos manifiesta que durante los primeros 150 años desde su fundación, la fuerza motriz que propulsó la inmigración a los Estados Unidos fue la privación y la persecución en el extranjero. Las personas vinieron a Estados Unidos para escapar de las fuerzas negativas en su país natal. Vinieron a este país completamente dispuestas a sobrellevar el sacrificio personal a cambio de la libertad política, económica y religiosa. A partir de las postrimerías del siglo XIX, las personas comenzaron a inmigrar a los Estados Unidos debido a razones de supervivencia humana y económica. La inmigración llegó en olas de nacionalidades y categorías escapando de tales condiciones específicas como la sequía, el hambre, la depresión, la persecución religiosa, etc. en sus países de origen. Esa es todavía la situación actual.

Hasta las postrimerías del siglo XIX no había básicamente ningún control o limitación en cuanto a la inmigración a Estados Unidos. A partir de 1882, sin embargo, se promulgaron una serie de estatutos sobre Inmigración generales que eran básicamente una reacción al tipo y cantidad de personas que había entrado hasta ese momento. A partir de ese año, Estados Unidos instituyó una serie de restricciones a la Inmigración. Es así como ocasionalmente se impusieron cuotas específicas según los orígenes nacionales que eran étnica o racialmente discriminatorias. En 1921 se implantaron restricciones cuantitativas en las normas inmigratorias al ratificarse el primer sistema de cuota aplicable a determinadas nacionalidades.

Ley McCarran-Walter

Un nuevo fenómeno comenzó a surgir al promulgarse la *Ley McCarran-Walter* en 1952, pues ésta constituyó la estructura básica de la Ley de Inmigración tal como la conocemos en la actualidad. El sistema inmigratorio de los Estados Unidos empezó a participar de un carácter más democrático y la ley intentó aplicar políticas de admisiones sin considerar en forma directa los orígenes nacionales o raciales. El último vestigio de discriminación étnica o racial se eliminó en 1978 con la abolición de la cuota separada para extranjeros provenientes del hemisferio occidental.

Ley de Inmigración 1990

Como resultado de la promulgación de la *Ley de Inmigración de 1990*, las normas inmigratorias actuales con respecto a visas permanentes pone de relieve la política de atraer personas que poseen habilidades profesionales deseables o recursos económicos. A pesar de ello, la ley propicia la unificación de las familias y parientes cercanos de ciudadanos estadounidenses y, en menor grado, de residentes permanentes. Por primera vez la ley ahora establece una categoría para otorgar visas permanentes a inversionistas quienes establecen o invierten en empresas que crean nuevos empleos. Este cambio surge de una realidad contemporánea—existe hoy en día una demanda substancial de parte de empresarios, ejecutivos y gerentes de negocio para todo tipo de visas de largo plazo a los Estados Unidos.

Reforma de Inmigración Ilegal y El Acto de Responsabilidad del Inmigrante

En septiembre del año 1996, el Presidente de los Estados Unidos firmó en la ley la última modificación del sistema de la visa de los Estados Unidos. Es conocido como la *Reforma de Inmigración Ilegal y el Acto de Responsabilidad del Inmigrante (IIRAIRA)*. Esta ley mientras fue diseñada para también provenir del flujo de inmigración ilegal a los Estados Unidos albergó algunas provisiones mal intencionadas que pueden ser igualmente peligrosas a ciudadanos americanos tanto a los residentes permanentes. Esta ley contiene ciertas provisiones retroactivas que hacen deportable de las personas que en algunos casos han sido residentes permanentes de término largo en Estados Unidos. También hacen subjetas a remoción (deportación) personas como los esposos y niños de extranjeros que pudieron haber excedido inadvertidamente su estadía legal o haber violado su estado de otra forma.

Han habido también algunos cambios substanciales con respecto al proceso de obtener visas temporarias a los Estados Unidos. Hay una realidad que es constante e indisputable: hay una mayor demanda de visas a los Estados Unidos, ya sea permanentes o temporarias, que las que se pueden brindar o por las que se percibe que existe una necesidad. Basándonos en estos antecedentes generales, analicemos más detenidamente el sistema de visas de los EE.UU.

El gobierno federal de Estados Unidos tiene jurisdicción sobre todas las cuestiones de inmigración y visa. Cada Estado EE.UU. en particular y sus gobiernos locales tienen sólo un papel limitado en este campo, tal como es el proceso inicial de solicitud de certificación de trabajo. Como ilustración sobre este punto, señalaré que la calidad y efectividad de las conexiones que pueda tener el extranjero con las instituciones comerciales y gubernamentales estatales y locales son muy limitadas como para ayudarle a reunir los requisitos para una visa a largo plazo. Muy a menudo, las personas extranjeras pasan por alto este hecho básico porque no entienden la índole del sistema federal de gobierno de Estados Unidos.

En realidad, los programas y las políticas de un estado acerca de un asunto en particular pueden ser totalmente opuestas a aquellas de las del gobierno federal con respecto al mismo asunto. Desgraciadamente, si la materia en cuestión fue asignada por la Constitución de Estados Unidos al gobierno federal, entonces la ley federal ejerce prioridad sobre la ley estatal. Esta es la realidad de las cuestiones relacionadas con la política inmigratoria de los Estados Unidos.

El incumplimiento de todos los requisitos del sistema de visas de los Estados Unidos a menudo puede resultar en un rechazo o tardanza en otorgar una petición de visa aun cuando las autoridades estatales o locales desean a la persona y a su inversión. Para abreviar, ni el USCIS ni el cónsul de los Estados Unidos en el extranjero tienen en cuenta las recomendaciones de las cámaras de comercio estatales o locales, organizaciones al servicio de la comunidad, etc. El extranjero que entra a los Estados Unidos debe cumplir con los requisitos formales de un sistema burocrático federal que se encuentra en gran medida aislado de intereses *externos*.

Consulados de los Estados Unidos en el Extranjero

En el exterior, el extranjero trata casi únicamente con el consulado o la embajada de los Estados Unidos en su país natal. El cónsul de los Estados Unidos tiene, dentro de los confines de la ley, discreción casi completa con respecto a quién y bajo qué circunstancias se concederá una visa para Estados Unidos. Además, no existe ninguna apelación ante un rechazo de visa emitido por el cónsul de los Estados Unidos a excepción de haber causa basada en interpretaciones ajenas a la ley.

En la práctica, esto significa que un extranjero debe comprender bien la ley, y estar completamente preparado y documentado para cumplir con la ley antes de acercarse por primera vez al consulado de los Estados Unidos para hacer cualquier pregunta sobre la visa. Sírvase leer la frase anterior de nuevo y aceptarla como si fuera un principio fundamental al tratar con el consulado de los Estados Unidos en el país anfitrión con respecto a cuestiones de visas.

Además, el cónsul de los Estados Unidos local en el extranjero probablemente posee una profunda comprensión de las condiciones económicas y políticas de ese país y puede aplicar ese conocimiento y experiencia a las peticiones individuales de compañías y personas que son residentes del país anfitrión. El consul también tiene experiencia juzgando las verdaderas intenciones y motivaciones de solicitantes particulares.

La Agencia de Servicios Sobre la Ciudadania e Inmigración (el USCIS)

Si el extranjero ya está en Estados Unidos, entonces debe tratar con el USCIS. Esta dependencia es una agencia bajo el Departamento Ejecutivo conocido como el *Department of Homeland Security* (*DHS*). Mi traducción al español del titulo de este departamento para propósitos de este libro es el Departamento de la Seguridad de la Pátria. El USCIS, igual como su antecesór, la INS, opera a través de varias oficinas subregionales y regionales ubicadas por todo Estados Unidos. Se incluye una lista de estas oficinas en el Apéndice de este libro.

Una vez que el extranjero se encuentra dentro de los Estados Unidos, tiene más derechos procesales que los que tendría en caso de estar fuera de Estados Unidos.

Algunas solicitudes (peticiones) de visa tal como el formulario I-129 (que se usa para la visa L-1) debe presentarse en los Estados Unidos en una oficina regional del USCIS. Otras peticiones de visa tal como la visa B-1 se solicitan en el extranjero en el consulado local de los Estados Unidos. Algunas visas se pueden archivar en el extranjero en el Consulado americano.o en los Estados Unidos. A menudo la opción de dónde archivar una petición o puede ser una decisión estratégica o táctica que depende en muchos factores, incluso el prevalecer y a menudo las actitudes divergentes de estas dos agencias los EE.UU. Al escribirse este libro había cinco Centros Regionales de Servicio dentro de los Estados Unidos formando parte de la dirección conocida como la USCIS a los que se le envían peticiones individuales para adjudicacion.

Hay un cierta tendencia hacia centralizar este acercamiento para asegurar uniformidad y eficacia en el proceso del adjudicacion. Como resultado de esta tendencia, está claro que el USCIS está desarrollando un armazón de funcionarios que son conocedor sobre las prácticas comerciales actuales así como las tendencias legales y sociales actuales en los Estados Unidos. Este tipo de adiestramiento a menudo le falta a menudo en las oficinas Consulares en el exterior ya que sus funcionarios adjudicatorios reciben muy poca entrenamiento y a menudo son rotados a otros puestos consulares. Está en discusión la posibilidad de consolidar las operaciones de dos o más de éstos para obtener mayor eficiencia y uniformidad. En realidad, las peticiones de las visas de negocio fueron derivadas del Centro Regional de Servicio en el Sur localizado en Irving, Texas al Centro Regional de Servicio en el Este, localizado en St. Albans, Vermont. Los Centros Regionales de Servicio son esencialmente *bancos de talento*, a los cuales el acceso del público está severamente limitado, aún en el caso de los abogados privados que ejercen el derecho inmigratorio. El raciocinio básico de estos Centros Regionales de Servicio es asegurar que las peticiones de visa sean adjudicadas de una manera objetiva. A veces los resultados de las adjudicaciones se lograban de una manera extremadamente técnica con muy poca consideración de las realidades de la vida y del mundo de los negocios.

Obviando el hecho de cómo una persona extranjera haya entrado a Estados Unidos, después de entrar, ésta se encuentra bajo la jurisdicción el USCIS.

Inspección, Exclusión, y Deportación

Estados Unidos tiene, como lo tienen todas las demás naciones del mundo, discreción completa con respecto a quién admitirá dentro de sus fronteras. Cuando un extranjero se presenta en la frontera u otro puerto de entrada, se le somete a la autoridad de inspección y exclusión del agente de Inmigración. El propósito de la inspección consiste en determinar si se puede admitir o no a la persona extranjera a los Estados Unidos. El agente del USCIS tiene el derecho de examinar el pasaporte del extranjero y la visa para asegurarse de que la misma persona que está enfrente de éste es la persona identificada en los documentos de viaje.

Además, el funcionario podrá realizar interrogaciones y registrar el equipaje y a la persona para determinar si ésta tiene derecho a entrar en los Estados Unidos conforme a la categoría de visa requerida y por cuánto tiempo. Ultimamente, la duración de la estadía según la categoría particular de la visa está regulada, de modo tal que en la mayoría de los casos el agente de Inmigración está limitado por el término establecido en el reglamento aplicable o por la instrucción administrativa.

Normalmente, la duración de la inspección en sí toma sólo unos pocos minutos a menos que el agente sospeche que existe alguna irregularidad. Desgraciadamente, la experiencia particular con el proceso de la inspección depende en muchos factores, no el menor del termperamento del inspector particular. Como en todas las áreas de la interacción humana las idiosincracias de los individuos tanto como las coincidencias del momento determinaran si la experiencia es rutinaria y olvidable o lo contrario.

Como resultado de la inspección y de acuerdo con la ley, el funcionario de Inmigración de los Estados Unidos puede impedir que el extranjero entre a los Estados Unidos, si opina que el extranjero no es apto para entrar a los Estados Unidos. Esta autoridad para excluir es el principal obstáculo que encara un extranjero al entrar a los Estados Unidos. Cabe señalar que muchas personas extranjeras se quejan de la rudeza por parte de los agentes del USCIS en los puertos de entrada. Este escritor, de hecho, ha sido testigo de comportamientos innecesariamente rudos y humillantes por parte de algunos agentes y otros funcionarios del USCIS como también ha sido testigo de cortesías y civilidad por parte de otros funcionarios del USCIS.

El agente del USCIS a menudo se ve a sí mismo como un oficial de policía que trata de prevenir la entrada ilegal a los Estados Unidos en vez de considerarse un emisario de buena voluntad de los Estados Unidos. Esta desgraciada actitúd se ve reforzada por la fuerte demanda de visas a los Estados Unidos y por los continuos intentos de ciertos extranjeros de esquivar la ley e intentar entrar a los Estados Unidos ilegalmente. Sólo puedo advertir al lector extranjero sobre este hecho, para que no se sienta demasiado intimidado por la recepción inhóspita que pueda recibir ocasionalmente en el punto de entrada. Si el extranjero leyera este libro y entendiera cómo funciona el sistema inmigratorio, éste pasaría la frontera con la menor cantidad de trastornos y molestias.

La decisión de un funcionario del USCIS de impedir la entrada de una persona a los Estados Unidos es difícil de revertir en la apelación. Aún una persona con una visa válida puede ser excluida o admitida provisionalmente en libertad provisional o según un proceso llamado *inspección diferida* en la frontera, si el agente de Inmigración determina o sospecha que el extranjero no es apto para utilizar la visa en su pasaporte.

Uno de los cambios más polémicos forjado por la nueva ley (IIRAIRA) es el poder concededo a Inspectores de Inmigración de excluir a una persona de la entrada al EE.UU. en una base accelerada y sin apelación de cualquier tipo en absoluto. En efecto, el inspector se vuelve juez y ejecutor de la justicia. De hecho, la ley proporciona que un extranjero que intenta entrar en los Estados Unidos con una visa que es inapta según su intencion de actividad es subjeto a deportación sumaria en base al fraude y puede ser prohibido permanentemente de entrar en los Estados Unidos.

Entre los muchos cambios creados por IIRAIRA es el poder de remover inmediatamente en la frontera un extranjero de los Estados Unidos que es concedido al inspector de Inmigración acoplado con la eliminación de todas las apelaciones de su decisión.

"SEA O NO SEA PRESIDENTE DEL TRIBUNAL SUPREMO, QUIERO INSPECCIONAR SU PELUQUIN."

Motivos Generales de Exclusión

La ley conocida como IIRAIRA en el 1996 legisló cambios amplios y profundos con respecto a los motivos de exclusión de extranjeros a los Estados Unidos. Entre los muchos cambios creados por IIRAIRA es el poder de remover a base accelerada acoplado con la eliminación de todas las apelaciones de la decisión del inspector. El extranjero tropieza con el concepto de exclusión cuando va al consulado de los Estados Unidos y solicita una visa y, nuevamente, cuando estando en la frontera intenta entrar a los Estados Unidos. Por consiguiente, la oficina consular de Estados Unidos puede negar a un extranjero la petición de la visa porque ésta cree que existen uno o más motivos excluibles que pueden aplicar a este extranjero. Es muy difícil revertir la decisión del funcionario consular, ya que ésta tiene libertad discrecional amplia para interpretar las circunstancias reales referentes a un peticionario extranjero en particular.

En el caso de que el extranjero ya tenga una visa en su posesión, el agente de inspector fronterizo (USCBP) puede negarle la entrada al extranjero a los Estados Unidos basándose en que uno o más de los motivos siguientes de exclusión puedan aplicar a la persona extranjera. Con respecto a ciertos motivos de exclusión, la ley estipula *dispensas* o exenciones que pueden, no obstante, permitir que una persona extranjera entre a los Estados Unidos aunque puedan aplicar uno o más motivos de exclusión. Cuando se usa el término *dispensa* en el contexto de la exclusión, se refiere a una excepción o a un perdón de la conducta objetante. En esencia, una dispensa es una forma de perdón con respecto a la conducta objetante.

Motivos Relacionados con la Salud   Los primeros motivos de exclusión son los conocidos como motivos relacionados con la salud. Estos aplicarían a cualquier persona extranjera a quien el Departamento de Salud y Servicios Humanos determina que tiene una enfermedad contagiosa de trascendencia para la salud pública. Esto incluiría, por ejemplo, a cualquier persona que estuviera diagnosticada de ser VIH positiva (portadora del virus que ocasiona el SIDA). Esta categoría de exclusión también aplicaría a cualquier otra forma de enfermedad contagiosa como, por ejemplo, la tuberculosis.

Además, la ley requiere ahora que una persona extranjera que busca admisión como un inmigrante (residente permanente) proporcione documentación de haber recibido vacunación contra una miríada de enfermedades vacuna-evitables como, paperases, sarampión, la rubéola, polio, el tipo de influenza de tétano B y hepatitis B y cualquier otra vacunación contra enfermedades vacuna-evitables recomendadas por el Comité Asesor para las Prácticas de la Inmunización. Hay renuncias disponible para este requisito si puede documentarse que sería médicamente peligroso para la persona recibir la vacunación o si hay prueba que la persona fue vacunada previamente.

Esta exclusión aplicaría a cualquiera persona extranjera que el Departamento de Salud y Servicios Humanos determina que tiene una enfermedad física o mental, o que manifiesta algún comportamiento que podría o que ya anteriormente representaba una amenaza a otros. La determinación sobre la cuestión de que si tiene una enfermedad física o mental se tomará individualmente, caso por caso, porque ésta es esencialmente una nueva disposición. No ha quedado claro cómo el método y el ámbito de vigencia de la nueva ley diferirá de la ley anterior.

Si el Departamento de Salud y Servicios Humanos determina que el extranjero usa narcóticos o es adicto a ellos, se podrá impedir su entrada. Esta disposición de exclusión es independiente de la disposición penal que le impide entrar a los Estados Unidos a cualquier persona que haya sido declarada culpable de cualquier delito penal que entrañe el uso de narcóticos. Al parecer, sólo el hecho de experimentar no hace que se excluya a una persona extranjera, pero no está claro qué conducta estaría incluida en la excepción de una simple *experimentación*.

La ley también provee una base como recurso discrecional contra la exclusión si la persona extranjera tiene los vínculos familiares necesarios y por otro lado prueba que existen circunstancias mitigantes que pudieran instar el USCIS a que desista con respecto a este motivo de exclusión y permita al extranjero entrar a Estados Unidos a pesar de haberse comprobado que es una persona que usa narcóticos o que es un adicto a ellos. El propósito de la disposición de dispensa es conservar unidas a las familias y evitar la penuria al crear un ambiente familiar apropiado que mitigue todo peligro al público. La ley también provee que se podría desistir de los motivos de exclusión en estos casos si se provee una fianza.

Causas Penales   Existen esencialmente seis motivos de exclusión fundamentados en una conducta delictiva:

1. Condena o admisión de haber cometido un delito de depravación moral o un delito que entraña narcóticos. Una excepción a esta categoría de exclusión sería la de los delitos menores, que se define como delitos por los cuales la sentencia que se impone es menos de seis meses. Es importante entender el concepto de delitos de *depravación moral*. Se designan así aquellos delitos que son indicativos de carácter moral de mala calaña, tales como delitos de hurto, asalto y agresión, homicidio en primer grado, violación sexual y otros semejantes. Hay una excepción a esta exclusión si el extranjero cometió el delito cuando era menor de dieciocho años; y si el delito se cometió más de cinco años antes de la fecha de solicitud de la visa. Otra excepción a la exclusión se aplica a los delitos por los que la pena máxima posible no excede del año y, si se declaró culpable del delito al extranjero, éste no fue condenado a un término de encarcelamiento mayor de seis meses.

2. Condena por dos o más delitos si la sentencia custodial combinada que se impuso es de cinco años o más sin tener en cuenta si el delito surgió de un único cúmulo de eventos o si los delitos eran por depravación moral.

3. Cuando el funcionario de Inmigración o consular sabe o tiene razón para creer que el extranjero es o era traficante de narcóticos o era una persona que ayudó o fomentó o conspiró en el tráfico de narcóticos.

4. Cualquier extranjero que estuvo implicado en la prostitución o que viene a los Estados Unidos para dedicarse a cualquier otro vicio comercial ilegal.

5. Los extranjeros implicados en actividades delictivas serias que se acogieron a sus derechos de inmunidad al ser encausados y se marcharon. Esto aplicaría, por ejemplo, a personas que cometieron delitos o cometieron actos que podrían haber sido delitos, pero que se acogieron a sus derechos de inmunidad diplomática. Las dispensas de la exclusión por los motivos precedentes pueden encontrarse bajo la Sección 212H de la ley para delitos no relacionados con los narcóticos, por prostitución o por condena por un solo delito por posesión de treinta gramos o menos de marihuana.

6. Inmigrantes que hayan sido declarados culpables de un Aggravated Felony (*delito mayor con agravantes*). Por lo general un Aggravated Felony, de acuerdo con la definición legal, es un delito que el gobierno considera tan grave que cualquier extranjero declarado culpable de tal delito merece ser expulsado de los EE.UU. El problema con esta ley es que la definición de Aggravated Felony (*delito mayor con agravantes*) es tan amplia que abarca un sin número de delitos que para muchas personas son consideradas delitos menores. El otro problema que presenta esta ley es que el gobierno pretende aplicarla en casos de pronunciaciones anteriores y ya de muchos años, aún antes de que se promulgara esta ley. Esto ha acarreado consecuencias bastante graves e injustas en determinados casos.

Debido a la ley de *Aggravated Felony* (*delito mayor con agravantes*), personas que hayan sido declarados culpables de un delito en cualquier lugar de los EE.UU., deben consultar con un abogado de inmigración calificado, antes de viajar fuera de los EE.UU.

La dispensa corresponde ya sea por haber transcurrido quince años desde que ocurriera el evento inhabilitante acoplado con prueba de la rehabilitación del extranjero o con prueba de extremo perjuicio a determinados parientes de ciudadanos o de residentes permanentes de los Estados Unidos, por ejemplo, esposo, padre, hijo o hija.

Esta renuncia no está disponible a extranjeros que ya han sido admitidos al EE.UU. como residentes permanentes si desde la fecha de sus admisiones que ellos se han declarado culpable de una *felonía agravada* o el extranjero no ha residido continuamente en el EE.UU. durante por lo menos años antes de los procedimientos de levantamiento de fecha se empieza. Ninguna corte tiene jurisdicción para repasar una decisión del USCIS para conceder o negar estas condiciones sobre la renuncia.

Seguridad y Motivos Conexos

Esta categoría de exclusión aplicaría a:

1. Toda persona que, en la opinión del funcionario consular, entró a los Estados Unidos para dedicarse a *actividades ilegales y perjudiciales*, entre las que figurarían el espionaje, sabotaje, y la violación o evasión de leyes pertinentes a la prohibición de exportar de los Estados Unidos mercadería, tecnología u otra información delicada. Hay una dispensa posible para toda persona que viola las disposiciones pertinentes a la exportación de tecnología, únicamente en el caso de que la persona quiera volver a entrar a Estados Unidos no como un inmigrante.

2. Toda persona que participe en actividades terroristas y sea miembro activo de la Organización para la Liberación de Palestina (sigla en inglés: PLO). El término *actividades terroristas* abarca la ayuda activa a organizaciones terroristas a través de una variedad de actividades, incluso la recaudación de fondos. En este caso, la actividad terrorista se define a fin de abarcar a cualquier persona que es empleado, funcionario, representante o portavoz de la Organización para la Liberación de Palestina. Esta es una Sección discriminatoria cuestionable del estatuto que creo estará sujeta a escrutinio judicial.

   La actividad terrorista también abarca, por supuesto, la piratería aérea o sabotaje de cualquier medio de transporte que incluye aviones o barcos, el asesinato, secuestro o amenaza de matar o lesionar a otra persona para obligar a un tercero a que tome o se abstenga de tomar cualquier medida como condición explícita para liberar a dicha persona, así como un ataque violento contra una persona protegida a nivel internacional.

Asimismo, todo *acto que el protagonista sabe o razonablemente debería saber que provee ayuda material a algún individuo, organización o gobierno para realizar una actividad terrorista en cualquier momento, se define para abarcar a toda persona que esté implicada en un asesinato para comprometerse a una actividad terrorista, inclusive cualquiera de los siguientes actos:*

> *Proveer cualquier tipo de ayuda material, inclusive un escondite, transporte, comunicaciones, fondos, identificación falsa, armas, explosivos, adiestramiento a través de cualquier individuo que el protagonista sepa o tenga razón de creer que ha cometido o piensa cometer un acto de actividad terrorista, o cualquiera que solicita fondos u otras cosas de valor para actividades terroristas u organizaciones terroristas. (La Secretaria de Estado también puede designar las organizaciones que se considera que son* organización terrorista.*)*

3. Toda persona cuya entrada al país ocasionaría consecuencias a la política extranjera que fueran seriamente adversas para los intereses de los Estados Unidos. Este es un derecho de exclusión general otorgado al consulado de los Estados Unidos. Existen excepciones de exclusión basadas en estos motivos para funcionarios y políticos de un gobierno extranjero en caso de que su exclusión se basara en discursos o asociaciones que serían legales en los Estados Unidos.

4. Otras personas que no son funcionarios de gobiernos extranjeros que intentan tomar parte en discursos o asociaciones que asimismo serían legales en los Estados Unidos, pero esto está también sujeto al veto por determinación personal del Secretario de estado basado en un apremiante interés de la política extranjera de los Estados Unidos.

5. También sería excluible el extranjero que solicita obtener el estado de inmigrante y que era miembro o es un miembro activo de un partido comunista o totalitario. Hay una excepción a la exclusión en este caso para personas que fueron miembros del partido comunista en forma involuntaria o que fueron miembros cuando eran menores de dieciseis años. Hay otra excepción adicional a la exclusión para personas cuya afiliación terminó dos años antes de presentar la solicitud de la visa. Si el partido totalitario aún controla el país del extranjero, entonces podrá hacerse una excepción para un antiguo miembro del partido comunista sólo si su afiliación terminó por lo menos cinco años antes de la solicitud de entrada.

6. Cualquiera de los extranjeros mencionados anteriormente pueden utilizar las dispensas y excepciones por estos motivos de exclusión si son parientes cercanos y dependientes de ciudadanos estadounidenses y si por otra parte no presentan una amenaza a la seguridad de los Estados Unidos.

7. Toda persona que haya participado en la persecución NAZI de la Segunda Guerra Mundial o en la exterminación de seres humanos. Existe una excepción a este motivo de exclusión para aquellas personas que procuran entrar a los Estados Unidos sólo como representantes diplomáticos.

Esta categoría de exclusión aplica a personas que son o que pueden llegar a ser una carga pública. Esto significa que son incapaces de mantenerse por sí mismas. Este motivo pueden evitarse por medio de una promesa o declaración jurada de un ciudadano estadounidense garantizando que el extranjero no necesitará ser mantenido por servicios públicos. En su adjudicación si un extranjero se debe excluir como una persona dispuesta a convertirse en un cargo público, el oficial gubernamental debe tener en cuenta la edad del extranjero, salud, estado familiar, recursos, y el estado financiero así como una *la Atestacion de Mantenimiento*.

La Atestacion de Mantenimiento (Affidavit of Support). La ley requiere que cada beneficiario extranjero que fue solicitado o como un pariente inmediato, o en algunos casos por empleo, provee una garantía ejecutable obligando al patrocinador de indemnizar el gobierno si el beneficiario tendrá que recurrir a la asistencia económica pública. El garante financiero deberá documentar su capacidad de disponer de ingreso a razón de 125% del nivel de la pobreza según establecido anualmente por el Director del Office of Management and Budget (OMB). En el caso de no tener ingreso que supere esta cantidad el garante financiero puede utilizar bienes liquidos en tal caso éste recibirá crédito de 20% del monto de dichos bienes.

Ejemplo: Asumimos que el esposo ciudadano EE.UU. solicita la residencia permanente para su esposa e dos hijos. Además de su nueva familia, el esposo EE.UU. también tiene un hijo menor en su hogar. Por lo tanto, segun las normas migratorias dicho hogar consistirá de cinco personas. Asumimos también que en el año pertinente el director del OMB ha determinado que el ingreso requerido para satisfacer el 125% del nivel de la pobreza es de $27,000.00. Si en nuestro ejemplo el ciudadano EE.UU. devenga un ingreso de solamente $25,000.00, éste puede cubrir la diferencia de $2,000.00 con bienes (tal vez una cuenta bancaria o a razón del capital acumulada en un edificio) valorizados de por lo menos $10,000.00 ($!0,000.00 x 20% = $2,000.00). El garante financiero no puede agregar ni el ingreso ni los bienes del beneficiario hasta que las partes han convivido por mas de seis meses.

La ley también establece que el patrocinador americano quedará responsable al gobierno para cualquier medio—beneficio financiero determinados a razón de ingreso económico que el extranjero reciba hasta que el extranjero se naturalize a ciudadano o hasta que ha trabajado un total de cuarenta calificativos de tiempo. Esto es el equivalente da diez años de empleo. Un divorcio no terminará la obligación financiera y legal de un esposo americano patrocinador y la ley permite a los gobiernos Federales y estatales así como al extranjero patrocinado, el derecho para archivar una demanda legal contra el patrocinador americano para dar fuerza a esta provisión. La Declaración Jurada de Apoyo crea consecuencias ahora para el patrocinador y extranjero que requieren algún análisis basado en el particular de las circunstancias personales y financieras de ambas partes.

Protección del Mercado Laboral de EE.UU.

Esta categoría de exclusión aplica a personas que entran a Estados Unidos en busca de un empleo redituable. Toda persona que entra a Estados Unidos para trabajar y no tiene una Certificación de Trabajo del Departamento de Trabajo de los Estados Unidos quedará excluida.

Se permiten a los atletas profesionales transferirse a otros equipos después de la admisión a los EE.UU. si el nuevo equipo está en el mismo deporte como el equipo anterior y la liga pertinente tiene un rédito total combinado de por lo menos $10,000,000.00.

Médicos

También se excluyen según este sistema a aquellos médicos que no están habilitados para practicar la medicina en los Estados Unidos. Para que un médico pueda entrar a los Estados Unidos, éste debe pasar una prueba de capacidad del idioma inglés y debe haber tomado uno de los dos exámenes nacionales para médicos.

Trabajadores Incertificados en el Campo de Salud

Cualquier extranjero solicitando inmigración con el propósito de realizar labor como un trabajador de salud, de otra manera que como un médico, es inadmisible a menos que tenga un certificado de una organización de licenciatura independiente que confirme: 1) que la educación del extranjero, entrenamiento, y la experiencia es equivalente al de un trabajador americano similar; 2) que el extranjero es suficientemente competente en el inglés; y, 3) que el extranjero ha satisfecho cualquier prueba que es reconocida por una mayoría de estados como predecir éxito en la profesión y estar autorizado según un examen de dicha certificación. La validez de las pruebas anteriores será determinada solamente por la Secretaria de Salud y Servicios el Humanos y no se estará sujeto a la revisión administrativa o judicial extensa.

Entrada Ilegal a EE.UU.

Esta categoría abarca a:

✪ un extranjero quién presencia en los EE.UU. sin haber sido admitido, o quién llega al EE.UU. a cualquier tiempo o lugar de otra manera que según designado por el USCIS es inadmisible. Hay una excepción para *las mujeres y niños abusados*;

✪ además cualquier extranjero que sin la causa razonable no asiste a una audiencia de remoción que procede y quién entonces busca admisión en los EE.UU. dentro de cinco años de la salida del extranjero o levantamiento es inadmisible;

✪ personas que entraron previamente a los Estados Unidos ilegalmente y que distintamente violaron la ley de Inmigración de los Estados Unidos. Cualquiera que haya sido excluido de entrar a los EE.UU. se le prohíbe volver a entrar a los EE.UU. por un año;

✪ todo extranjero que ha sido previamente deportado de los Estados Unidos. A tal persona se le prohíbe volver a entrar a los Estados Unidos por cinco años, pero en el caso de alguién que haya sido deportado por ser un criminal empedernido, la exclusión corresponde por un período de viente años. Un criminal empedernido incluye a toda persona acusada de delitos relacionados con el tráfico de narcóticos;

✪ personas culpables de falsedad substancial referente a cualquier petición u otro documento con respecto a una visa. Esta disposición prohíbe la entrada a los Estados Unidos de personas extranjeras que procuren o hayan procurado obtener una visa, documentación, entrada u otro beneficio de Inmigración al cometer fraude o de otra forma al falsificar intencionalmente hechos materiales. Hay una dispensa por este motivo de exclusión para aquellas personas que son parientes inmediatos de ciudadanos o residentes permanentes extranjeros de los Estados Unidos o en todos los casos en que el fraude ocurrió por lo menos diez años antes de la entrada. Estos motivos de dispensa de la exclusión aplican sólo a personas que procuran entrar a Estados Unidos como inmigrantes;

✪ polizones y contrabandistas de extranjeros. Hay dispensas de la exclusión para extranjeros culpables de contrabandear a miembros de su familia inmediata. Esta Sección, no obstante, no aplicaría a nadie dedicado al contrabando de una persona a los Estados Unidos por retribución;

✪ fraude en la documentación. Todo extranjero que, en un proceso jurídico se halló que usó, proporcionó o intentó proporcionar documentación falsa;

✪ cualquier extranjero que falsamente representa, o se ha representado ser un ciudadano de los EE.UU. para cualquier propósito o beneficiar bajo la ley de Inmigración falsamente o bajo cualquier otra ley Federal o Estatal también es excludable; y,

✪ también, cualquier extranjero que fue admitido como un no-inmigrante y quién ha obtenido cualquier beneficio gubernamental al cual dicho extranjero es inelegible, a través de fraude o falsedad, bajo la ley Federal es excludible por un período de cinco años de la fecha de su salida del EE.UU.

Abusadores de la Visa Estudiantil

Un extranjero que obtiene una visa estudiantil (F-1) y quién viola una condición de tal estado por haber asistido a una escuela pública por más largo tiempo del permitido o que se ha transferido a una escuela pública de una escuela privada, será excluso por un período continuo de cinco años de la fecha de violación. Es probable que esta condición aplique a un niño y aún cuando la violación sea solamente atribuible a su o sus padres o guardianes.

Entrada sin los Debidos Documentos

Estos motivos de exclusión aplican a extranjeros que no tienen una visa válida o documento de entrada o quienes no tienen los documentos necesarios para sustentar su estado inmigratorio al momento de entrar. Hay disposiciones de dispensa generales que corresponden a los motivos precedentes de exclusión.

Además del castigo a personas que acumulan tiempo mientras están en *unlawful status*, como acabamos de explicar, también hay un castigo por simplemente permanecer más del tiempo que se delimita en el record de llegada/partida (del formulario I-94) de la persona. Se considera que una persona que se quede sobrepasando el tiempo de estadía que se indica en el formulario I-94 está *out of status* y sufrirá la anulación inmediata de su visa de *nonimmigrant* sobre la cual se otorgó la estadía—aunque haya excedido su estadía por un período de tiempo tan corto como de un solo día.

Así es que, una persona que entre a los EE.UU. con una visa de *nonimmigrant*, por ejemplo una visa B-1 o B-2, y se le haya admitido como turista (B-2) por un lapso de tiempo de seis meses, perderá su visa tan pronto como ésta siga permaneciendo en Estados Unidos un día después de la fecha límite impuesta para la salida. Esta sanción aplica a todos los casos aunque la visa que aparece en el pasaporte no tenga ninguna especificación y, de acuerdo con lo que se puede apreciar a simple vista, parezca estar vigente y gozar de completa validez. Por lo tanto, una persona que previamente haya quedado *out of status* al entrar posteriormente a los EE.UU., será considerada inadmisible por no tener en su posesión el documento o visa apropiado. Si la persona es expulsada de los EE.UU. por esta razón; esta persona quedará entonces sujeta a que se le niegue entrada por cinco años (por haber intentado entrar sin tener la visa apropiada).

Nótese, que en el ejemplo que acabamos de dar, después de haber acumulado un lapso de tiempo de 180 días de estar en los EE.UU., en *unlawful status* la persona ahora también es sujeta a la prohibición de re-entrada por un período de tres años o diez años según el monto de dias acumulados en *Unlawful Status*.

Definiciones: Un extranjero se considera *Out of status* cuando se están quebrantadas las condiciones especificadas en la visa o documento de estadía. Ejemplos de estar "out of status" incluyen el estudiante (F-1) que abandona sus estudios o el turista (B-2) que comienza a trabajar, o el técnico (H-1B) que abandona su patrón. Un extranjero se considera en *Unlawful Status* cuando se permanece en el país mas allá del tiempo autorizado o cuando se permanece en el país después de haber entrado ilegalmente. Tomese en cuenta que la primera condición existe cuando el extranjero permanece más allá de la fecha expuesta en el formulario I-94 o cuando permanece en el país aún después de haber sido notificado oficialmente por escrito que ha quebrantado una o más condiciones de su visa.

Personas que no son Aptas para la Ciudadanía

Esta categoría de exclusión aplica a personas que no son aptas para la ciudadanía por haber violado los requisitos del servicio militar y que fueran desertores del reclutamiento.

Extranjeros Previamente Deportados

Cualquier extranjero que ha sido deportatdo y quién intenta ser admitido de nuevo dentro de cinco años de la fecha de su deportación (o dentro de veinte años en el caso de una segunda o subsiguiente deportación o en cualquier momento en el caso de un extranjero declarado culpable de una felonía agravada) es inadmisible.

Obstruya a Entrada Basada en la Presencia Ilegal Anterior

Cualquier extranjero que ha sido admitido a los Estados Unidos es excluido de entrar en el EE.UU. por un período de diez años desde la fecha de su salida o deportación (o por un período de veinte años en el caso de una segunda o subsecuente deportación o en cualquier caso de un extranjero declarado culpable de una felonía agravada).

Cualquier extranjero (de otra cosa que un extranjero admitido legalmente para la residencia permanente) quién permaneció ilegalmente en Estados Unidos por un período de más de 180 días pero menos de un año, y quien voluntariamente partió de los Estados Unidos previo al comienzo de procedimientos de deportación será excluido de re-entrar en los Estados Unidos por un período de tres años de la fecha de la salida de tal extranjero o de su deportación.

Cualquier extranjero quién permaneció ilegalmente en los Estados Unidos por un período de un año o más, es excluido de entrar en los Estados Unidos por un período de diez años de la fecha de la salida de tal extranjero o de su deportación.

La terminogia *presencia ilegal* implica una sobre-estadia por un extranjero del tiempo autorizado por el USCIS, y según notado en el *Registro de Llegada-Salida* (forma I-94), que es insertado en el pasaporte por el inspector del USCIS. También incluye el tiempo después que el USCIS o un tribunal de Inmigración ha determinado que el extranjero ha violado las condiciones de admisión. Es importante tener presente que la definición de *presencia ilegal* es dinámica y a partir de la fecha de la publicación de este libro, el USCIS estaba interpretando este término para incluir el tiempo que una persona extranjera se exige permanecer en el EE.UU. mientras sigue bajo procedimientos de deportación.

La prohibición de entrada puede ser renunciada por el USCIS en su sola discreción si el extranjero puede establecer que su imposición crearía un prejuicio extremo para un niño que es ciudadano americano o residente permanente.

Las prohibiciones de re-entrada basadas en la *presencia ilegal* no aplicarán a cualquier período de tiempo en que un extranjero:

✪ tenga menos de dieciocho años de edad;

✪ tenga pendiente una aplicación de buena fé de asilo;

✪ era el beneficiario de una aplicación de protección de la unidad familiar; o,

✪ era un *mujer o niño abusado*.

El tiempo en el que un extranjero que ha sido admitido legalmente al EE.UU. tiene pendiente una aplicación en buena fe para cambiar o extender una estadía legal no se considerará como *presencia ilegal* por un período máximo de 120 días siempre y cuando el extranjero no ha trabajado sin autorización.

Un extranjero que ha estado presente ilegalmente en los Estados Unidos por un período agregado de un año o quién ha sido previamente deportado de los Estados Unidos y quién intenta entrar en los Estados Unidos a un lugar de otra manera que un punto de entrada legal es permanentemente inadmisible. Esta prohibicíon permanente puede ser renunciada por el USCIS si el extranjero intentó la re-entrada después de por lo menos diez años de la fecha de la última salida del extranjero de los Estados Unidos si antes de al reembarco del extranjero a un lugar fuera del EE.UU. el USCIS ha previamente consentido la re-aplicación del extranjero para la admisión.

Cualquier otro extranjero que es deportado de los Estados Unidos está prohibido de re-entrar a los Estados Unidos por un período de diez años desde la fecha de la salida o deportación (o para un período de veinte años en el caso de una segunda of subsecuente deportación o en cualquier caso de un extranjero declarado culpable de una felonía agravada).

La Poligamía

Personas que piensan ejercer la poligamía.

Tutores Estranjeros que Acompañan a Extranjeros Excludiso

Un extranjero que está acompañando a otro extranjero que es inadmisible y quién es certificado de ser desvalido de una enfermedad, invalidéz mental o física, o infancia y que intenta entrar para proveer servicios a dicha persona invalida es inadmisible.

Votantes Ilegales

Cualquier extranjero que ha votado en violación de cualquier ley Federal, provisión constitucional local, estatuto, ordenanza, o la regulación es excluible.

Ciudadanos Anteriores que Renunciaron Ciudadanía para Evitar Imposición de Contribuciones

Cualquier extranjero que es un ciudadano anterior de los EE.UU. que oficialmente renuncia ciudadanía americana y quién es determinado por el Abogado General de haber renunciado ciudadanía americana con el propósito de evitar imposición de contribuciones por el EE.UU. es excluible.

Raptores de Niños

Este motivo aplica a un extranjero que pueda estar implicado en una disputa doméstica (familiar) relacionada con la custodia de un niño. Durante estas controversias tan emocionales, el extranjero puede sucumbir a la tentación y simplemente partir de los Estados Unidos con los niños del matrimonio a su país de origen y así frustrar la posibilidad de que el ciudadano estadounidense pueda adquirir derechos de custodia sobre el niño. Según la ley internacional, tal conducta es impropia y equivale a rapto doméstico. Al establecerse que un extranjero es raptor de niños internacional, éste queda excluido sin recurso. No hay ninguna dispensa disponible para tal persona.

Distinción entre las Visas de Inmigrante y No Inmigrante

En general, hay dos tipos de visas a disposición de personas extranjeras que procuran entrar a los Estados Unidos. La primera es una visa permanente (también conocida comúnmente como la *tarjeta verde*), y la otra es una visa no permanente, o visa temporaria.

Hay sólo un tipo de visa permanente, y una vez que ésta se obtiene, no hay ningún tipo de subclasificaciones o condiciones especiales ligadas a esa visa—excepto la condición de dos años que se impone a las visas concedidas para crear empleos, tema que se expone más adelante en este libro.

Por lo tanto, la secuela resultante de la visa es la misma en cada caso, ya sea si la persona obtuvo la tarjeta verde como resultado de un matrimonio con un ciudadano estadounidense o a través de una certificación de trabajo o por otra relación de familia con un ciudadano estadounidense.

La visa permanente habilita a esa persona para vivir y trabajar dondequiera, sin hacer ninguna distinción sobre cómo se obtuvo la visa. No obstante, hay muchos tipos diferentes de visas temporarias, y cada visa tiene su propio conjunto de preceptos y condiciones, tanto con respecto a la duración como a las actividades que el extranjero puede legalmente desempeñar en Estados Unidos de acuerdo con la visa.

El Capítulo 1 de este libro trata sobre las visas permanentes y el Capítulo 2 tratará sobre algunas de las visas temporarias más importantes para la mayoría de las personas. La categoría de la visa, ya sea permanente o temporaria, más apropiada para una persona extranjera dependerá de muchos factores que merecen análisis y consideración, teniendo la intención personal del extranjero la mayor importancia.

El siguiente diagrama ilustra este punto fundamental:

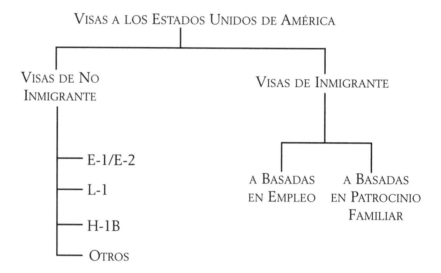

VISAS A LOS ESTADOS UNIDOS DE AMÉRICA

VISAS DE NO INMIGRANTE

VISAS DE INMIGRANTE

E-1/E-2

L-1

H-1B

OTROS

A BASADAS EN EMPLEO

A BASADAS EN PATROCINIO FAMILIAR

El Problema de la Intención

Una información importante que se debe aprender de este libro y que probablemente sea el concepto más importante que cualquier persona extranjera debe entender es la importancia que las autoridades de Inmigración confieren a la intención del extranjero con respecto a la duración y el propósito de su estadía en los Estados Unidos.

Ejemplo: Se otorga una visa permanente sólo a personas aptas que piensan quedarse a vivir en los Estados Unidos en forma permanente, en tanto que una visa temporaria (no inmigrante) se otorga sólo a la persona apta que piensa permanecer en los Estados Unidos por un período temporario y que luego partirá de los EE.UU. En este último caso, si la intención inmediata del extranjero es la de permanecer permanentemente en los Estados Unidos, entonces el único tipo de visa para la que puede ser apto es para la visa de inmigrante.

Analizándolo en sentido opuesto, resulta que el extranjero no sería apto para una visa temporaria si tuviera la intención inmediata de permanecer en los Estados Unidos en forma permanente, aunque sería apto para esa visa temporaria según los otros requisitos objetivos.

Hay excepciones a esta regla, pero en general, un extranjero que reúne los requisitos objetivos para una visa de no inmigrante se le negará esa visa o la entrada a los Estados Unidos conforme a esa visa si el cónsul de los Estados Unidos en el extranjero o el funcionario de USCBP que inspecciona en la frontera considera que la intención verdadera del extranjero es la de permanecer en los Estados Unidos en forma permanente.

Además, se presume que todo extranjero que entra a los Estados Unidos es inmigrante (y por lo tanto sujeto a la exclusión), a menos que pueda demostrar que posee una visa válida de no inmigrante y que tiene derecho a entrar a los Estados Unidos conforme a esa visa.

En la eventualidad de que el agente inspector de Inmigración (USCBP) en la frontera determine que una persona extranjera no es apta para entrar a los Estados Unidos, puede negarle a esa persona extranjera el derecho de entrar y exigirle que regrese inmediatamente a su país de origen. En la mayoría de los casos, sin embargo, el funcionario permitirá a la persona extranjera entrar a los Estados Unidos en *admisión condicional* y luego fijará una audiencia formal en la oficina local del USCBP para determinar si la persona debe ser *excluida* o permitírsele permanecer en los Estados Unidos.

Por lo tanto, en vez de una actitud de *bienvenida*, la ley proyecta una actitud de *exclusión*. Esto tiene dos consecuencias prácticas posibles.

1. Primero, el cónsul de los Estados Unidos en el país extranjero sólo concederá una visa de no inmigrante si está convencido de que la persona regresará a su país natal. Si el cónsul de los Estados Unidos no está muy convencido de ello, entonces podrá negar la emisión de la visa, a pesar de que el extranjero cumpla con los otros requisitos objetivos para la emisión de la visa.

2. Segundo, el extranjero puede ser *excluido* en la frontera si el inspector de Inmigración está convencido de que la intención de la persona al entrar a los Estados Unidos era distinta de la requerida según la visa en su pasaporte, o que distintamente no es apta para entrar a los Estados Unidos. Los cuatro párrafos anteriores deben leerse y entenderse a fondo.

En la eventualidad de que el inspector de la Aduana/fronterizo (Border Patrol) determine que el extranjera no es apto para entrar a los Estados Unidos este oficial puede negarle al extranjero permiso de entrar al país y exigirle que regrese inmediatamente al país de donde comenzó su viaje.

La verdadera intención de una persona es difícil de descubrir y por lo tanto hay bastante valor en consider este problema de punto de vista del oficial consular. El oficiál inmigratorio o consular necesita ser convencido por el extranjero que el propósito de su entrada concuerde con el visado pedido. Aquí siguen algunos ejemplos hipotéticos de este dilemma.

✪ Una familia que incluye niños de edad escolares, solicitan visados de turista con el propósito de entrar a Estados Unidos para una visita turística durante los meses escolares. En este caso el oficial consular podrá concluir que un viaje turístico que interrumpe los estudios escolares no es normal y por lo tanto sea probable que la familia (obviamente los padres) abrigan una intención de permanecer como inmigrantes en el país.

✪ Igual ejemplo como el de arriba mencionado pero la familia logran recibir visados turísticos y entrada al país como turistas por un período de seis meses. Despúes de algunos meses la familia solicitan extensión por otro período de seis meses, obviamente abarcando el año escolar de los hijos. Esta extensión probablemente será denegada porque será obvio que los niños acudirán a una escuela para su preparación normal y esto será una violacion de las condiciones de una estadía como turistas.

✪ Un joven, soltero[a] de un país en desarrollo solicita un visado turístico y es denegado aún éste sea una persona muy preparada. Esto resulta porque el oficial consular no es convencido que esta categoria de persona normalmente no regresará al país de origen al final de su estadía autorizada. A menudo el oficial dispone de algunas estadisticas que justifican su sentido intuitivo. Un ejemplo de este fenomeno es un país de donde originan muchas *esposas al pedido*.

✪ Un extranjero que es ciudadano de un país en desarrollo el cual también está experimentando desequilibrio político, económico o social desea obtener un visado turístico así a Estados Unidos para visitar a su hijo, quien es ciudadano EE.UU. Esta solicitúd probablemente será denegada porque un porcentaje sustancial de dichas personas no regresan a su país de origen no obstante cuantos bienes abondonarían si no regresan a su país. La combinación de un país de origen en crisis junto con la presencia en Estados Unidos de un pariente ciudadano EE.UU. eliminaría para muchas personas la motivación de volver a su país de origen.

✪ Un extranjero que desea obtener un visado de inversion (E-2) para invertir en una empresa EE.UU. puede ser denegado sin referencia al mérito de su inversión si el consul EE.UU. cree que la motivación principal del extranjero es de inmigrar en vez de desarrollar su inversión.

En el supuesto caso que de los ejemplos arriba mencionados el extranjero logra entrar a Estados Unidos con un visado turístico y entonces dentro de un período menos de treinta dias comienza actividades que son inconsistentes con el visado turístico su solicitúd de cambio de estadía inmigratoria será denegada. Dichas inconsistencias podrán incluir lo siguiente: El extranjero se casa con un ciudadano[a] EE.UU, el extranjero se matricula en una universidad académica o el extranjero comienza una campaña de busqueda de empleo.

Estos ejemplos suponen que los hechos son descubiertos por las autoridadas inmigratorias.

✪ A lo contrario de los ejemplos arriba presentados, un extranjero que también disfruta de la residencia permanente EE.UU. reside la mayoría del tiempo, tal vez un promedio de seis a siete meses al año, al esterior y solamente visita a los Estados Unidos por períodos relativamente breve podrá ser rechazado en la frontera por el inspectór aduanero/fronterizo (USCBP) en base de una conclusión que el extranjero ha abandonado su residencia EE.UU. y que éste actualmente esta domiciliado al exterior y reside en Estados Unidos como un verdadero turista.

✪ El solicitante extranjero siempre encomienda la obligación de persuadir el oficial inmigratorio de su intención. La lógica no rige en estos ejemplos, si no, las circunstancias normales persuasivas.

✪ Además, si la documentación presentada por el extranjero no es auto explicativa entonces no tiene ningún valor. Por ejemplo, si el solicitante somete un estado de cuenta bancaria con el propósito de mostrar su capacidad económica pero el saldo en dicha cuenta es relativamente menor, normalmente no vale la pena de presentar otra documentación u evidencia para justificar la causa de dicho saldo humilde o el significado de otros renglones de dicha cuenta bancaria. O se presenta documentación clara y sencilla o no se presenta nada.

✪ En el campo de solicitudes de visados y otras aplicaciones inmigratorias las impresiones de inmediato tienen mayór importancia. La forma de vestir, de su comportamiento verbal, la organización (o la falta de la misma) de la solicitúd y tanto los otros aspectos físicos y psicológicos del extranjero particolár tienen mucha que ver en cuanto la impresión que se proyecta al oficial consular/inmigratorio.

✪ Dado que los oficiales consulares no son peritos en todos los campos de comercio o de ocupaciones económicas la evidencia presentada debería ser clara, amplia y fácil de comprender. Los oficiales consulares son muy inteligentes y pueden rápidamente absorber el argumento clave presentada por la documentación y también podrán identificar un intento de obfuscar, mascarar y engañar. No hay mas que decir de este tema.

Ejemplo: Si una persona entra a los Estados Unidos de America como turista con un visado B-2 y luego en seguida después de haber entrado solicita un cambio a un tipo diferente de visado, las autoridades inmigratorias EE.UU. requerirán una explicación de por qué no hizo la solicitúd originalmente en su país natál para obtener el visado que en ese momento solicita mediante la solicitúd de cambio. Si el oficial inmigratorio no recibe una explicación satisfactoria, podrá negarle el cambio de estado inmigratorio fundamentandose en una forma de fraude conocida como un *intención preconcebida*. El oficial del USCIS inferirá que el exranjero obtuvo la entrada a los Estados Unidos por medio de una visa de turista con la intención preconcebida de solicitar un estado de visa diferente enseguida despúes de su llegada.

Trataremos la cuestión de la intención en todo este libro, y hablaremos sobre sus consecuencias según las distintas circunstancias. Por lo tanto, la persona extranjera debe aceptar que su intención estará bajo escrutinio de las autoridades consulares y de Inmigración de los Estados Unidos cuando la persona solicita cualquier tipo de visado o aún la entrada al país en la frontera.

El Empleo no Autorizado

El gobierno norteamericano está intentando ahogar la inmigración ilegal dando fuerza a sus leyes contra el empleo desautorizado. En 1986, Estados Unidos tomó acción directa en lo referente al problema de poner en vigencia sus leyes contra el empleo no autorizado de extranjeros en los Estados Unidos. Trató de lograr esta meta imponiendo penalidades criminales y civiles a patrones estadounidenses que emplearan a extranjeros que no están autorizados legalmente para trabajar. Esta ley dificulta que extranjeros sin autorización para trabajar ocupen empleos substantivos, ya que expone a los patrones sanciones legales.

El patrón, de esta forma, pasa a ser parte del sistema de cumplimiento como resultado de su propio interés en evitar sanciones criminales y civiles impuestas por la ley. Se requiere que todo patrón guarde un formulario I-9 que establece la documentación que el extranjero presentó al patrón, para así verificar la autorización que éste tiene para trabajar. Por supuesto, que además de las sanciones al patrón, el extranjero está también sujeto a la deportación si ocupa un empleo sin autorización.

La ley dispone que se conceda la autorización de trabajo a ciertos extranjeros que se encuentran en los Estados Unidos y que de otra manera no tendrían derecho de trabajar. Por lo tanto, a aquellos extranjeros que les corresponde una visa de inmigrante en forma inmediata, tal como a parientes inmediatos de ciudadanos estadounidenses, podrán obtener casi de inmediato autorización para trabajar. Además, podrán emitírseles autorización de trabajo en forma discrecional a extranjeros que se les están procesando las demandas de asilo o que distintamente están en proceso de deportación.

En la mayoría de los casos, se emite una tarjeta de identidad, conocida como una EAD (*Documento de Autorización de Empleo*), que contiene una fotografía del extranjero, como documentación de este codiciado estado. Adjunto a este libro, tal como si fuera un documento, está la hoja de instrucciones para el formulario I-765, que ofrece mucha ayuda en definir los fundamentos para la emisión de la autorización de trabajo.

2 VISA PERMANENTE DE INMIGRANTE

Estados Unidos establece dos categorías generales de personas que pueden inmigrar permanentemente a los Estados Unidos; es decir, personas que están sujetas a un límite numérico mundial anual y personas que pueden inmigrar en cualquier momento, independientemente de la demanda mundial de visas de inmigrante. El primer grupo de personas está sujeto a un sistema por categorías o *preferencias* que determina la prioridad de admisión basada en la cuota anual correspondiente. Para el año fiscal 1992 que comenzó el 1% de octubre de 1991, hasta el año fiscal 1994, la cuota anual es de 700.000 personas. Para los años fiscales 1995 y posteriores la cuota anual es de 675.000 personas. Este es el sistema por preferencia para las visas permanentes.

Hay un segundo grupo de personas que no está sujeto al sistema por preferencia y que, si es apto, puede entrar a los EE.UU. a pesar del sistema numérico de cuotas. Se les conoce como inmigrantes *exentos de preferencia*. Esta categoría abarca a refugiados (que tienen su propia cuota), a personas que se les provee residencia permanente conforme a disposiciones especiales de la ley para trabajadores agrícolas (los programas *SAW, RAW*), a parientes cercanos de ciudadanos estadounidenses, y a hijos que les nazcan a residentes permanentes fuera de los Estados Unidos durante una visita temporaria al extranjero. La mayoría de quienes entran a los EE.UU. como inmigrantes exentos de preferencia están emparentados en un grado determinado con ciudadanos estadounidenses. En este libro distinguiremos las dos categorías por estos términos: visas por preferencia y visas exentas de preferencia.

El sistema por preferencia de los Estados Unidos para las visas de inmigrante a veces se denomina *juego de números*. Esto es debido a que la ley establece el número total de personas extranjeras que serán admitidas a los Estados Unidos para su residencia permanente. A fin de entender el sistema de visas de inmigrante, es importante comprender cómo funciona el *juego de números*.

La ley actual fija un límite de 480.000 personas a escala mundial que pueden ser admitidas como residentes permanentes a los Estados Unidos. De estas 480.000 visas, se le fija a cada nación un límite máximo anual de visas permanentes para visas por patrocinio familiar y para visas relacionadas con empleo, que no pueden excederse del siete por ciento del número total de visas disponibles en ese año fiscal.

En general, el lugar de nacimiento del extranjero determina el país al que será atribuido para propósitos de visa e inmigración; sin embargo, hay reglas especiales que confieren a las autoridades de inmigración el derecho de atribuirle el número de inmigración al país natal del cónyuge del extranjero o al de su hijo, en vez de al del extranjero en sí, a fin propiciar unidad familiar.

Una forma de conceptuar la cuota mundial por limitaciones numéricas es imaginarse una larga fila de personas intentando entrar a los Estados Unidos. Cada persona tiene que tomar un número y esperar en fila hasta poder acercarse al mostrador de inmigración para que le consideren su solicitud de visa según sus méritos. En nuestra metáfora, el *número* en la fila es la fecha de prioridad. Esa es la fecha en que la petición de la visa del extranjero o la solicitud se acepta como completa. Cuando llegue la fecha de prioridad del extranjero, entonces es que se considerará su petición de inmigrante según sus méritos. Es a este período de espera al que nos referimos cuando hablamos de los atrasos o demoras en la cuota anual por limitaciones numéricas. Si por ejemplo, hubiese un atraso de tres años para personas que vienen a realizar labores manuales, sólo las personas que presentaron peticiones o certificaciones de trabajo tres años antes serían aptas para ser admitidas a los Estados Unidos.

Además, las personas de ciertos país es podrían quedar aún en una lista de espera más larga porque tal vez sus país es natales ya hayan excedido su límite anual.

Por consiguiente, no todo el mundo que procura inmigrar a los Estados Unidos es apto. La ley establece ciertas categorías (*preferencias*) de personas que pueden entrar a los Estados Unidos mediante estas cuotas anuales por limitaciones a escala mundial y, asímismo, establece otras categorías de personas que pueden entrar independientemente de las cuotas por limitaciones numéricas. La entrada a los Estados Unidos estriba en restricciones cualitativas y cuantitativas que, en su totalidad, las autoridades de inmigración regulan escrupulosamente.

La siguiente subsección tratará el sistema por preferencia de visas permanentes.

El Sistema Numérico por Preferencia/Cuota

Tal como se afirmó al principio de este capítulo, la mayoría de las personas extranjeras que procuran entrar a los Estados Unidos como residentes permanentes o inmigrantes están sujetas a una cuota anual a escala mundial de 480.000 personas, a menos que también estén en una de esas categorías que previamente tratamos en el capítulo anterior. Véase el siguiente diagrama:

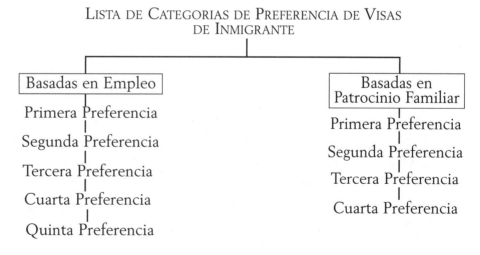

LISTA DE CATEGORIAS DE PREFERENCIA DE VISAS
DE INMIGRANTE

Basadas en Empleo

Primera Preferencia

Segunda Preferencia

Tercera Preferencia

Cuarta Preferencia

Quinta Preferencia

Basadas en
Patrocinio Familiar

Primera Preferencia

Segunda Preferencia

Tercera Preferencia

Cuarta Preferencia

La ley establece cuatro *preferencias* de inmigrantes por patrocinio familiar y cinco preferencias relacionadas con el empleo. El límite anual o cuota inmigratoria por patrocinio familiar es de 480.000. De este número, la ley establece que se reserve un mínimo de 226.000 visas para su distribución entre las cuatro categorías de preferencia que se exponen a continuación. El límite anual o cuota para visas relacionadas con el empleo es de 140.000. Las siguientes secciones tratan sobre los requisitos y condiciones principales que se deben reunir para cada una de estas preferencias.

Inmigrantes por Patrocinio Familiar

La ley establece cuatro preferencias para las personas aptas para obtener visas de inmigrante permanente a los Estados Unidos basado en relaciones de familia. El número total de visas correspondientes a Inmigrantes por Patrocinio Familiar es de 465.000 para los años 1992 a 1994. A partir de 1995, el número total de visas conforme a esta categoría asciende a 480.000 visas. Estas limitaciones numéricas anuales representan el número total de visas basadas en relaciones de familia emitidas a todos los inmigrantes, incluyendo a parientes cercanos de ciudadanos estadounidenses. Tengamos presente que los parientes cercanos de ciudadanos estadounidenses no figuran bajo la categoría de preferencia por patrocinio familiar.

El número de visas de preferencia por patrocinio familiar se fijó en un mínimo de 226.000. Por lo tanto, de hecho, el número total de visas por preferencia por patrocinio familiar puede exceder el mínimo de 226.000 si un gran número de peticiones por parientes cercanos fuesen presentadas en un año dado. (La fórmula para determinar el número exacto de visas por preferencia por patrocinio familiar es bastante compleja, pero para los propósitos de este libro basta entender que el número total de visas por preferencia por patrocinio familiar es ahora considerablemente mayor que el que había anteriormente.)

Primera Preferencia *Hijos e hijas solteros de ciudadanos estadounidenses.* La primera preferencia de personas abarca a quienes son hijos e hijas solteros de ciudadanos estadounidenses. A esta preferencia se le asignan 23.000 visas anuales. Según la ley, un hijo o hija soltero se define en forma diferente a un *niño*, puesto que, según la ley, un *niño* se define como una persona soltera, y menor de veintiún años. Por ello, un *niño* de un ciudadano estadounidense sería un menor de veintiún años soltero, hijo o hija de un ciudadano estadounidense y, por consiguiente, tiene derecho a entrar a los Estados Unidos sin tener en cuenta la fórmula de las limitaciones numéricas.

Segunda Preferencia *Conyuges e hijos e hijas solteros de extranjeros residentes permanentes legales.* Esta preferencia les corresponde a cónyuges y a hijos e hijas solteros de extranjeros residentes permanentes legales. Esta preferencia es distinta de la Primera Preferencia que se describió precedentemente porque esta Segunda Preferencia beneficia a ciertos parientes de residentes permanentes, en vez de a parientes de ciudadanos estadounidenses. Fijémonos que el término *hijo o hija soltero* es diferente de la definición de *niño*, y para satisfacer esta preferencia, el hijo o hija debe ser soltero al momento de solicitar la visa, aunque la persona puede tener cualquier edad.

A esta preferencia se le asigna un total mínimo de 114.200 visas. Además, por lo menos el 77 por ciento de dichas visas se asignan a cónyuges e hijos de residentes permanentes. El otro veintitrés por ciento del número total de visas conforme a esta preferencia se asignan a hijos o hijas solteros de residentes permanentes. Un hijo o hija divorciado es apto conforme a esta preferencia.

Si un extranjero residente permanente de los Estados Unidos se casa con una persona extranjera, entonces el cónyuge extranjero del residente no recibirá su visa de inmigrante y no se le permitirá entrar a los Estados Unidos hasta que su fecha de prioridad esté al corriente. Por ello, después de celebrado el matrimonio, el extranjero residente permanente presentaría una solicitud de inmigración para el cónyuge extranjero, y el cónyuge extranjero tendría que permanecer en el extranjero hasta que su fecha de prioridad estuviese al corriente. Si el cónyuge extranjero ya se encontrara en los Estados Unidos, no hay ninguna seguridad de que el USCIS le permitirá al cónyuge permanecer en EE.UU. hasta que su fecha de prioridad esté al corriente.

Por el contrarío, si a partir del 30 de abril de 1997, un extranjero permanece en los Estados Unidos (en *unlawful status*) por un período de tiempo de más de 180 días a partir de la fecha de expiración original, según lo indique el formulario I-94; este extranjero no podrá transformar su condición a residencia permanente en los EE.UU. y se le exigirá que salga del país para que se le puedan procesar sus documentos de residencia permanente. Esta salida del país ocasionará que se le imponga la prohibición de entrada por tres o por diez años. La única absolución a este reglamento se otorgará, estrictamente a discreción del USCIS, en situaciones en las que el esposo, hijo o padre quien es residente permanente o ciudadano EE.UU., pueda comprobar que esta prohibición causaría perjuicios excesivos para el ciudadano o residente permanente.

En diciembre del año 2000 el Congreso de los Estados Unidos promulgó una ley que hace posible que extranjeros beneficiarios de peticiones para residencia permanente, que ya residan en los EE.UU.(por lo menos desde el 21 de diciembre del 2000), puedan solicitar la transformacion a residencia permanente sin tener que salir del país (*ADJUSTMENT OF STATUS*), después de pagar una multa civíl de $1.000,00 si la solicitúd a su favor se ha registrado antes del 30 de abril del 2001.

El artículo de ley que autorize este proceso, se conoce como el Artículo 245 (i), e incluye una fecha limite dentro de la cual se tiene que registrar la petición a favor del extranjero para que éste pueda solicitar la transformación a residencia permanente. Es probable que el gobierno de vez en cuando otorgue extensiones a esta ley. Este proceso (Adjustment of Status) se explica en más detalle posteriormente en este libro.

Tercera Preferencia

Hijos e hijas casados de ciudadanos estadounidenses. Esta preferencia provee un total de 23.400 visas, más cualquier visa que no se hubiera usado para los primeros dos grupos de preferencia por patrocinio familiar. La tercera preferencia beneficia a personas que, además de reunir los requisitos, sean hijos o hijas casados de ciudadanos estadounidenses. Esta tercera preferencia debe diferenciarse de la primera preferencia, que, como ya se explicó, se aplica para los hijos e hijas solteros y adultos de ciudadanos estadounidenses. Al igual que la Segunda Preferencia por Patrocinio Familiar, una persona divorciada reúne los requisitos como beneficiario de esta categoría.

Cuarta Preferencia

Hermanos y hermanas de ciudadanos estadounidenses. La cuarta preferencia provee un total de 65.000 visas, o el veinticuatro por ciento de la cuota anual mundial, más cualquier visa restante no utilizada por los primeros tres grupos de preferencia por patrocinio familiar, y beneficia a quienes reúnan los requisitos y sean hermanos (hermanos y hermanas) de ciudadanos estadounidenses. El ciudadano solicitante debe tener por lo menos veintiún años de edad para poder presentar una petición en nombre del hermano. Los medios hermanos y hermanas pueden optar por los beneficios de esta preferencia, siempre que la relación de hermanos se haya creado antes de que ambos medio hermanos cumplieran veintiún años de edad.

Como resultado de que esta norma tenga una cobertura relativamente ámplia, esta preferencia sostiene un grande atraso y sufre de una larga lista de espera. En el lenguaje de la Ley de Inmigración, esta preferencia está sumamente *sobresuscrita*. De hecho, esta preferencia está tan sobresuscrita que, basado en el ritmo de avance actual, la solicitud de un peticionario nuevo quedará en lista de espera cierta, probablemente durante más de quince años. Esto se debe a que el avance de la fecha de prioridad no coincide con el avance normal del calendario. En estos últimos años, la fecha de prioridad para esta preferencia ha avanzado a un ritmo de aproximadamente una semana por cada mes del calendario real.

A fin de beneficiar a sus hermanos y hermanas, muchos ciudadanos estadounidenses presentan, casi en forma rutinaria, solicitud de visa de inmigrante para hermanos extranjeros, considerando que, en algún momento en un futuro indeterminado, sus hermanos o hermanas tal vez quieran inmigrar permanentemente a los Estados Unidos. Este proceder puede resultar en una trampa desafortunada, puesto que el hermano extranjero tal vez no pueda obtener una visa temporaria de no inmigrante a los Estados Unidos porque el hermano en los Estados Unidos presentó la petición basándose en la tercera preferencia por patrocinio familiar. Esto sucede debido a que la solicitud de la visa de inmigrante establece que la persona extranjera tiene la intención de residir en los Estados Unidos en forma permanente, y esta intención, por supuesto, entra en conflicto con la intención temporaria requerida por cualquiera de las diversas visas de no inmigrante, incluso la visa de visitante B-2.

Si el hermano extranjero es persona de negocios, tuviese que venir a Estados Unidos en forma temporaria por negocios, y aún no tiene en su poder una visa B, probablemente sea mejor que no presente solicitud basándose en la cuarta preferencia, a menos que este hermano extranjero ya tenga una visa B válida en su pasaporte. De lo contrario, como condición para obtener su visa B, el hermano extranjero tendría que convencer el cónsul estadounidense en el país natal de que él/ella piensa volver al país extranjero después de cada visita a los Estados Unidos y que en ese momento tiene intención de visitar los EE.UU. sólo en forma temporaria.

Aunque parezca lógico que una persona extranjera, en nombre de la cual se presentó una solicitud de cuarta preferencia con un período de espera de por lo menos siete u ocho años, tendrá la intención de regresar a su país natal después de una visita corta a los Estados Unidos, las autoridades consulares estadounidenses podrían requerir alguna prueba o documentación especial antes de concederle una visa temporaria a la persona extranjera.

NOTA: *La prohibición de re-entrada a los EE.UU. por haber permanecido illegalmente en los Estados Unidos aplica también a ésta y todas otras categorias o preferencias de Residencia Permanente.*

Inmigrantes— Preferencias Basadas en Empleo

Por cuanto lo descrito anteriormente como Preferencias por Patrocinio Familiar propician la unidad de la familia y estriban en la premisa de las relaciones familiares, las siguientes Preferencias Basadas en Empleo, con la excepción de la nueva visa de *creación de empleos*, están destinadas a beneficiar a patrones estadounidenses que reúnan los requisitos y precisen ciertos trabajadores capacitados. A menos que una persona extranjera sea afortunada y tenga un pariente cercano que ya es ciudadano o residente permanente de los Estados Unidos, o a menos que ésta reúna los requisitos como refugiado o asilado, las preferencias basadas en empleo son el único camino para obtener una visa de residencia permanente. La ley establece cinco categorías principales de inmigrantes basados en empleo. El número total de visas de inmigrante basadas en empleo es de 140.000 anuales, además de las restantes visas de inmigrante por patrocinio familiar que no fueron usadas durante el año fiscal anterior. Las categorías basadas en el empleo son las siguientes.

Visas de Inmigrante

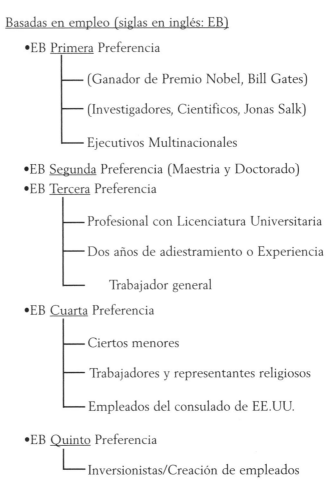

Basadas en empleo (siglas en inglés: EB)

•EB Primera Preferencia

└── (Ganador de Premio Nobel, Bill Gates)

└── (Investigadores, Cientificos, Jonas Salk)

└── Ejecutivos Multinacionales

•EB Segunda Preferencia (Maestria y Doctorado)
•EB Tercera Preferencia

└── Profesional con Licenciatura Universitaria

└── Dos años de adiestramiento o Experiencia

└── Trabajador general

•EB Cuarta Preferencia

└── Ciertos menores

└── Trabajadores y representantes religiosos

└── Empleados del consulado de EE.UU.

•EB Quinto Preferencia

└── Inversionistas/Creación de empleados

Primera Preferencia

Trabajadores con prioridad. Hay 40.000 visas anuales disponibles en esta categoría. Esta categoría de preferencia abarca a personas con habilidad extraordinaria en las artes y ciencias, en el campo de la educación, en los negocios o los deportes; profesores e investigadores excepcionales y ejecutivos o gerentes de empresas multinacionales quienes trabajarían en los Estados Unidos para la misma empresa multinacional. La característica más distinguida de esta preferencia de visa, aparte del alto nivel de logros que entraña, es el hecho de que no es preciso obtener un certificado de trabajo del Ministerio de Trabajo de los EE.UU. como requisito previo para obtener esta visa.

Extranjeros con capacidad extraordinaria. El alto nivel de logros requeridos para esta categoría de preferencia se demuestra mediante sostenida aclamación nacional o internacional que debe documentarse ampliamente. El extranjero debe tener como meta entrar a Estados Unidos para proseguir la labor en el campo de la especialidad que constituye el núcleo de la aclamación, y la presencia y actividades del extranjero deben brindar un beneficio a los Estados Unidos. El alto nivel de logros que se requiere puede demostrarse por haber recibido un premio reconocido internacionalmente, tal como el Premio Nobel o el Premio de la Academia para películas cinematográficas. Sino, el extranjero debe proporcionar por lo menos tres de los siguientes tipos de evidencia:

✪ haber recibido un premio, galardón o condecoración nacional o internacional de menor envergadura por eminencia en el campo específico de su especialidad;

✪ ser miembro de asociaciones que requieren logros superiores de sus miembros, tal como lo dictaminan peritos reconocidos a escala nacional o internacional en ese campo específico;

✪ haber publicado material en gacetas profesionales o en importantes publicaciones de ese ramo, o difusión en los grandes medios de comunicación referente a los logros del extranjero en su campo de especialidad. Estos artículos deben incluir el título, la fecha, el autor y deben estar traducidos al inglés;

✪ haber participado en una mesa redonda o en forma individual para juzgar la labor de otros en el mismo campo de su especialidad o en un conexo;

✪ haber realizado contribuciones científicas, de investigación, o artísticas originales de gran importancia en el campo de su especialidad;

✪ ser autor de artículos eruditos en su campo, que hayan sido publicados en gacetas profesionales u otros medios de comunicación importantes (periódicos nacionales, revistas, etc.);

✪ haber sido mostrado su trabajo en exhibiciones artísticas en más de un país;

✪ desempeñar un papel fundamental, principal, o crucial en organizaciones o establecimientos de distinguida reputación;

✪ recabar un sueldo alto u otra remuneración notablemente alta por servicios en comparación con otras personas;

✪ tener éxito comercial en las artes escénicas y poder demostrarlo mediante ingresos de ventas de taquilla, discos, cassettes, discos compactos o videos; o,

✪ otros medios de prueba comparables si los tipos de prueba mencionados no se aplican fácilmente a la ocupación del extranjero.

El USCIS ha determinado que a pesar de amueblar la cantidád mínima de documentación exigida del extranjero, también se le estudiará la totalidad de la evidencia para asegurarse que el extranjero ha satisfecho la condición cualitativa (y subjetiva) de *habilidad extraordinaria*. La lista arriba indicada es parte del régimen administrativo que muestra la intención de la ley y da ejemplos sobre el alcance de la documentación exigida.

Profesor o Investigador eminente. Un extranjero reúne los requisitos como profesor o investigador eminente si éste ha recibido aclamación internacional en un campo académico en particular; tiene por lo menos tres años de experiencia docente o de investigación en ese campo y procura entrar a los Estados Unidos para ocupar una cátedra o una plaza de catedrático docente o de investigación. La plaza puede ser en una universidad u otra institución educativa o para un patrón privado, siempre que el patrón tenga por lo menos otras tres personas a jornada completa empleadas como investigadores. Se requiere contar con por lo menos dos de los siguientes requisitos para probar que el profesor/investigador es reconocido a escala internacional:

✪ haber recibido grandes premios, galardones o condecoraciones internacionales por logros superiores en el campo académico;

✪ ser miembro de asociaciones académicas que requieren logros superiores de sus miembros;

✪ haber material y publicaciones profesionales impresas escritas por otros acerca de la labor del extranjero;

✪ haber participado en una mesa redonda o en forma individual para juzgar la labor de otros;

✪ haber hecho contribuciones originales a la investigación científica/erudita; o,

✪ ser autor de libros o artículos eruditos.

Ejecutivo o gerente multinacional. A fin de reunir requisitos como ejecutivo o gerente multinacional conforme a esta preferencia, el extranjero, durante los tres años que preceden a la solicitud, debe de haber estado empleado por lo menos un año en una empresa u otra entidad comercial y procurar entrar a los Estados Unidos para seguir prestándole sus servicios al mismo patrón/empresa en capacidad gestora o ejecutiva. La definición de *ejecutivo* y *gerente* es idéntica a la definición de esos términos conforme al reglamento pertinente a la visa L-1.

Esta categoría de preferencia representa una excelente oportunidad para planificar para aquellos que reúnen los requisitos. No hay ninguna limitación en particular con respecto al tamaño de la compañía o al volumen bruto del negocio, pero la compañía (patrón) debe llevar por lo menos un año operando en los EE.UU. antes de presentarse la petición de la visa de inmigrante (formulario I-140).

La ley establece la definición de los términos *capacidad gestora* y *capacidad ejecutiva* y son idénticos tanto para esta categoría de visa de inmigrante como para la visa L-1 de no inmigrante trasladado dentro de su compañía (como se explica más adelante en este libro). A fin de reunir requisitos como gerente, una persona debe:

✪ administrar una empresa, sección, subdivisión o función;

✪ supervisar y controlar el trabajo de otros empleados supervisores, profesionales o administrativos, o sino dirigir una *función esencial*;

✪ tener autoridad para tomar decisiones respecto al personal, ya sea en cuanto a contratación o terminación del empleo, o sino desenvolverse a *nivel gerencial*; o,

✪ ejercer influencia discrecional en el desenvolvimiento de las actividades cotidianas o en la función sobre la que tiene autoridad.

Tengamos presente que los supervisores de primera línea están excluidos de la definición estatutaria de gerente, a *menos que los empleados supervisados sean profesionales*.

Por lo tanto, un gerente abarca a personas que dirigen una función así como a otras personas. El término *capacidad ejecutiva* y la persona que así se desempeña se vuelven a definir de la siguiente forma:

✪ debe administrar una organización o una parte o función importante;

✪ tener la autoridad como para establecer metas y políticas empresariales;

✪ tener gran amplitud y autoridad discrecional para tomar decisiones; o,

✪ recibir únicamente supervisión general de altos ejecutivos, de la junta directiva, (consejo de administración) o de los accionistas.

Las definiciones reciénes mencionadas abarcan a ejecutivos que también realizan tareas necesarias para producir el producto o proveer el servicio ofrecido por la organización, tal como sería el caso de una persona que también es un profesional, como un ingeniero o arquitecto. Esta subcategoría permitiría al dueño de una empresa comercial inmigrar a los Estados Unidos siempre que, no obstante, satisfaga los requisitos substantivos para ser apto descritos precedentemente.

En una situación en la que el empleado/beneficiario fuese también codueño de la empresa que lo emplearía, el USCIS escrudiñará la petición en forma muy estricta para desenmascarar cualquier fraude o artificio. No se requiere una oferta de trabajo específica para la aprobación de una solicitúd a base de esta preferencia aunque se contempla que el extranjero intenta entrar al país para desempeñar servicios valiosos para una entidad comercial. Es de suponer que esta subcategoría será intensamente procurada por personas extranjeras y que estará sujeta a gestiones administrativas para restringir su uso, lo que resultará en interpretaciones judiciales de la misma.

Segunda Preferencia

Extranjeros con habilidad excepcional. Esta preferencia beneficia a extranjeros que poseen:

✪ títulos de posgrado o su equivalente en campos profesionales o

✪ capacidad excepcional en las ciencias, artes o negocios.

A fin de establecer el primer estado recién descrito, el extranjero debe presentar certificación académica oficial demostrando que posee un título avanzado de los Estados Unidos o un título extranjero equivalente, o una certificación académica oficial demostrando que el extranjero posee un título de licenciado de los Estados Unidos o un título extranjero equivalente, y presentar evidencia mediante cartas de patrones actuales o anteriores que afirmen que el extranjero tiene por lo menos cinco años de progresiva experiencia poslicenciatura en la especialidad.

A fin de establecer capacidad excepcional en las ciencias, artes o los negocios— el segundo estado recién descrito—el extranjero debe documentar por lo menos tres de los siguientes aspectos:

✪ un expediente académico oficial demostrando que el extranjero tiene un título, diploma, certificado, o galardón similar emitido por un instituto, universidad, escuela, u otra institución docente, relacionado con el área de capacidad excepcional;

✪ prueba mediante carta(s) de patron(es) actual(es) o anterior(es) demostrando que el extranjero tiene por lo menos diez años de experiencia a jornada completa en el cargo para el cual se le ha de contratar;

✪ una licencia para poder practicar la profesión o una certificación para una profesión u ocupación en particular;

✪ prueba demostrando que el extranjero recaba un sueldo, u otra remuneración por servicios que demuestra capacidad excepcional;

✪ prueba de ser miembro de una asociación profesional; o,

✪ prueba de reconocimiento por notables logros y aportaciones a la industria o la práctica expedida sus pares, entidades gubernamentales, u organizaciones profesionales o comerciales.

El USCIS ha indicado que considerará pruebas comparables que sean apropiadas a la solicitud del extranjero. Para esta categoría de preferencia se requiere una oferta de trabajo, a menos que el USCIS exima de ese requisito en aras del interés nacional. Así mismo, la persona que posee el título avanzado o su equivalente en campos profesionales requiere un certificado de trabajo. La nueva ley accede a que una persona posea el equivalente de un título avanzado si esa persona tiene por lo menos cinco años de experiencia progresiva en la profesión, superior al título de licenciatura. Las personas que tienen capacidad excepcional en los negocios, sin embargo, se les requerirá además obtener un certificado de trabajo.

Es importante señalar que poseer un título, diploma, certificado o certificación similar de un instituto, universidad, escuela u otra institución no constituye por sí sólo evidencia suficiente de capacidad excepcional. Por ello, tendrá que haber algo adicional a la mera capacitación básica en un campo de especialización para que una persona reúna los requisitos de poseer capacidad excepcional.

Tercera Preferencia

Trabajadores con y sin oficio. Esta preferencia es una categoria general que abarca a todos los demas extranjeros que pretenden entrar a Estados Unidos con oferta de empleo. Esta categoría también tiene 40.000 visas anuales, además de las visas restantes de las dos primeras preferencias basadas en empleo que no fueron usadas. Esta categoría requiere una oferta de empleo de un patrón, así como un certificado de trabajo del Ministerio de Trabajo de los EE.UU. El tema del certificado de trabajo se va a tratar más adelante en este capítulo. Hay tres subcategorías en esta preferencia, a saber:

- ✪ se define como trabajadores con oficio a extranjeros capaces de desempeñar un trabajo que requiere por lo menos dos años de adiestramiento o experiencia;

- ✪ profesionales con título de licenciatura (solamente); y,

- ✪ otros trabajadores, denominados también trabajadores sin oficio, que están capacitados para ocupar cargos que requieren menos de dos años de adiestramiento o experiencia.

Estas dos subcategorías comparten 30.000 de las 40.000 visas que se asignan a la tercera preferencia. Sólo 10.000 de las 40.000 visas anuales de la tercera preferencia están disponibles para trabajadores sin oficio. Como resultado de esta limitación, el autor predice que habrá grandes atrasos y tiempo de espera para esta subcategoría *sobresuscrita*, debido a que las solicitudes han rebasado la cantidad anual ofrecida.

Evidentemente, la meta de la ley consiste en atraer hacia la economía nacional a trabajadores con oficio, y está estructurada contra trabajadores sin oficio.

Al separar a trabajadores sin oficio de las otras dos categorías de trabajadores con oficio y profesionales mencionadas precedentemente, se evitará que éstas dos últimas (*subpreferencias*) se *sobresuscriban* por tener solicitudes que rebasen la cantidad disponible, y que haya intensos atrasos tal como ocurre en la categoría de trabajadores sin oficio.

Esta preferencia se basa en ofertas de empleo. Para poder registrar una dicha solicitude frecuentemente el gobierno exige un detallado análisis de los requerimientos del trabajo en el que se basa la petición de visa. Es importante tomar en consideración que en este tipo de peticiones, el trabajador extranjero tiene la responsabilidad de demostrar que él o ella está calificado para desempeñar el trabajo, ya sea por que dispone o del adiestramiento, los estudios, o la experiencia necesaria.

El jefe o empleador por su parte, tiene que probar que posee la solvencia económica para pagar el salario. Todas estas clausulas importantes tienen una definición administrativa y legal específica, y tanto el inmigrante como el empleador tiene que cumplir objetivamente con cada requisito a satisfacción de las autoridades gubernamentales.

Cuarta Perferencia *Inmigrantes especiales (incluso trabajadores religiosos.)* Se asignan 10.000 visas anuales a esta Categoría de Preferencia, además de las visas restantes de las categorías más altas basadas en empleo.

Trabajadores y representantes religiosos. Se incluye en esta categoría a ministros y trabajadores religiosos. A fin de reunir los requisitos, el trabajador religioso debe haber sido miembro y haber trabajado fuera de los Estados Unidos para una organización religiosa durante por lo menos dos años y procurar entrar a los Estados Unidos para continuar su trabajo religioso. Esta categoría tiene una fecha de expiración que por lo general siempre es extendida. Hay que verificar que esta preferencia en particular esté disponible en el momento de presentar la solicitúd.

Ciertos menores. Un tercer subgrupo de inmigrantes especiales son los extranjeros que fueron declarados como dependientes agregados por un tribunal de menores y para los cuales se decidió que no radica en su mejor interés regresarlos a su patria. Los padres naturales de dichos extranjeros no podrán obtener ningún beneficio inmigratorio simplemente porque su hijo adquirió un estado especial de inmigrante.

Quinta Preferencia

Inversionistas/creacion de empleos. Esta categoría de preferencia basada en empleo ofrece 10.000 visas anuales a personas extranjeras que inviertan una cantidad mínima de capital en una nueva empresa que genera empleos. Las 10.000 visas anuales son un número fijo y no se benefician de ninguna de las visas restantes que no fueron usadas en cualquiera de las otras preferencias basadas en empleo. La inversión requerida oscila entre un mínimo de US$500.000 que han de invertirse en zonas rurales o de alto desempleo, hasta US$3.000.000 que han de invertirse en una empresa ubicada en una región del país que está conceptuada como de bajo desempleo. El extranjero debe haber invertido el capital a partir del 29 de noviembre de 1990 o estar en el proceso activo de invertirlo.

La inversión normal debe ser de US$1.000.000.00 y deberá resultar en la creacion de por lo menos diez oficios a tiempo completo para ciudadanos o residentes permanentes EE.UU y otros inmigrantes que legalmente permanecen en el país. Este grupo de diez trabajadores que establece la ley no puede incluir al inversionista o a su familia inmediata.

Áreas selectas para fomentar empleo. La ley fomenta la inversión en áreas de alto desempleo o en otras áreas conocidas como *áreas selectas para fomentar empleo,* y éstas se definen como áreas que tienen una tasa de desempleo de por lo menos 1½ veces el promedio nacional. 3.000 de las 10.000 visas anuales en esta categoría de preferencia se reservan para este nivel de inversión.

A fin de efectuar la aplicación de los US$500.000 concomitante con la creación de empleos de diez trabajos, es necesario que cada estado designe, sujeto a aprobación del gobierno federal, la autoridad estatal que designará las áreas geográficas o subdivisiones políticas que se designen como áreas rurales o selectas para fomentar empleo.

El reglamento administrativo publicado por el USCIS establece que una inversión que reune los requisitos abarca la compra de un negocio existente siempre que el valor de la empresa, despúes de consumada la venta, sea por lo menos del 140% del valor de la empresa antes de la fecha de la adquisición o que haya el menos un cuarenta por ciento de incremento en el nivél de empleo. Este requisito evitará que un inversionista simplemente compre un negocio en marcha sin realizar ninguna mejora substancial en el capital o el nivel de empleo de la empresa.

Además, el reglamento dispone que una persona extranjera puede comprar y reconstruir una empresa comercial en dificultades o descapitalizada siempre que la adquisición preserve trabajos. Se define a un negocio en dificultades como uno que ha estado en existencia durante por lo menos dos años y que ha experimentado un veinte por ciento de disminución de su valor neto/patrimonio durante los dos años anteriores. De cualquier forma, un total de US$1.000.000 (o de US$500.000 si correspondiera) debe invertirse y diez trabajos deben de haber sido creados o conservados.

La capacidad de reorganizar un negocio en existencia para satisfacer esta categoría de visa es una característica muy interesante porque muchos consultores comerciales están de acuerdo en que, mayormente, es preferible comprar una empresa comercial en funcionamiento, en vez de que una persona intente emprender un negocio desde el principio—especialmente en el caso de una persona extranjera. La única excepción que yo admitiría es la de adquirir una *franquicia* como alternativa a la adquisición de una empresa existente.

Debido a que existe una industria altamente desarrollada en los EE.UU. para ayudar a adquirir y vender empresas comerciales en existencia, es conveniente que el inversionista extranjero en perspectiva utilice los servicios de estos profesionales para identificar una adquisición adecuada. En la Sección IV de este libro se explican más cabalmente los servicios de agentes de negocios y consultores de fusiones y adquisiciones.

Esta categoria de residencia permanente requiere que el inversionista administre personalmente el negocio y no prevée que el inversionista sea simplemente un financista pasivo, a menos que el inversionista sea socio de una sociedad limitada formada de acuerdo con los requisitos de cierta ley uniforme de sociedades limitadas. La estipulación pertinente al socio limitado contradice el requisito de que el inversionista administre y/o fiscalice directamente la inversión.

Esto es debido a que la ley de sociedades limitadas a la que se refiere, debido a su propia estipulación, define al socio limitado como inversionista pasivo. Puesto que un interés en una sociedad limitada es una garantía y respalda la visa de inversionista para la creación de empleos, uno se pregunta por qué el reglamento del USCIS no autoriza también otras clases de garantías o de convenios de inversión pasivos para garantizar una visa permanente, con tal de que se sostenga el requisito del nivel de empleo.

La ley establece una serie de medidas para disuadir del fraude a inversionistas inmigrantes, con multas de hasta US$250.000 y encarcelamiento de hasta cinco años. Además, la ley también concede en forma condicional la residencia permanente a inversionistas inmigrantes y ha establecido un período de prueba de dos años. Durante este período de dos años, según normas y regulaciones, el USCIS determinará si la empresa fue creada para evadir las leyes inmigratorias de los EE.UU., si en realidad se estableció la empresa, si en realidad se invirtió el capital, o si el extranjero no continuó con la empresa. Hacia el final del período de dos años, el inversionista debe presentar una petición adicional o documento al USCIS solicitando que se retire el estado condicional de residencia.

Cualquier persona que esté considerando esta visa debe también contemplar la posibilidad de obtener la residencia por medio de la Primera Preferencia Basada en Empleo, como ejecutivo o gerente multinacional. Suponiendo que no haya apuro en la adquisicion de la residencia, esta última preferencia le resultará también con la visa de residencia pero por base de una inversión mucho mas reducido.

Concesión condicional de visa. Inicialmente, se emitirá esta visa por un período de dos años después del cual, si la inversión está todavía vigente, la visa se transformará en permanente y ya no estará sujeta a la participación personal continua del inversionista en la empresa. Efectivamente, esta visa es apropiada para adquirir propiedades de hoteles/moteles, especialmente en zonas de vacaciones o turísticas donde se puede esperar que la propiedad inmueble retenga su valor. Según el punto de vista personal del autor, las personas extranjeras deben favorecer el enfoque de inversión en los EE.UU. más conservativo hasta tanto hayan desarrollado un discernimiento de la economía y costumbres comerciales de la localidad en la que invierten. Las inversiones inmobiliarias, incluyendo hoteles y moteles, generalmente se ajustan a este molde.

No obstante, debe tenerse presente que al hacerse residente permanente de los Estados Unidos, la persona extranjera se vuelve contribuyente tributario de los Estados Unidos y consiguientemente sus ingresos a nivel mundial sucumben a la imposición de contribuciones. Para evitar desastres fiscales, es absolutamente esencial realizar previamente una planificación adecuada de la inversión; y el inversionista extranjero debería consultar con distintos asesores, tanto en el extranjero como en los Estados Unidos, para que le asistan en las distintas fases de la inversión.

Esta preferencia ha sido poco menos que un fracaso total, puesto que, solamente un puñado de estas solicitudes han sido aprobadas. Los motivos para este fracaso son numerosos, pero quizás el más importante es el hecho de que el USCIS, como agencia, no cuenta con la experiencia y competencia necesarias para procesar solicitudes comerciales complejas. Al comienzo del programa, a principios de los años noventa, el USCIS aprobó algunos planes de inversión; los cuales eran claramente ilusivos y quizás aún fraudulentos. Debido a ésto, desde entonces se ha adoptado una política totalmente opuesta al sentido común desde un punto de vista comercial. En resumen, en la actualidad el gobierno exige que el extranjero compruebe lo siguiente:

- ✪ que el extranjero participó desde el principio en el planeamiento de la empresa. Los elementos para probar este requisito son como muchos, ambiguos; ya que pocos inversionistas que disfrutan de un capital líquido de un millón de dólares, son tan ingenuos como para invertir esta suma de dinero en una empresa que ellos planearon solos;

- ✪ que la inversión del extranjero no dependa de la obtención de residencia permanente. Este requisito es tan ridículo que no merecería ser mencionado más que para decir, que la mayoría de los bancos no estarían dispuéstos a prestar esa suma de dinero a una persona, si ésta no puede garantizar que él o ella va a residir en la comunidad o por lo menos en el estado donde se halla la empresa;

- ✪ que no se le garantize al extranjero ni por el sindacador ni por el socio general la devolucion de su capital;

- ✪ que se compruebe por medio de documentos comerciales y financieros que el capital tiene un origen legítimo. Este es un requisito que presenta un obstáculo mayór ya que es casi imposible eliminar la posibilidad que un determinado fondo de capital está parcialmente o completamente contaminado. Por causa a esta política extranjeros que provienen de países que disponen de un sistema avanzado de imposición y cobro de impuestos tienen una ventaja. Y ésto se debe a la tendencia del inspector migratorio aceptar lo que él reconoce como normal a base del ámbito de su experiencia y preparación particular. Un extranjero que proviene de un país sub-desarrollado o aún de un país que no dispone de un sistema tributativo muy establecido se verá obligado de organizar documentos y otras pruebas en una forma que para él sería desconocida. Si en la nueva empresa participan otros inversionistas entonces será necesario comprobar también la legitimidad de ese capital; o,

✪ que cualquier crédito u otro tipo de financeamiento sea también avalado y sujeto a la jurisdicción de cualquier acréedor en tal manera que dicho acreedor del crédito nombrado tenga plena acceso así al deudor y sus bienes avalados. Eso es importante porque a veces el inversionista en vez de utilizar capital en efectivo prefiere untilizar un préstamo avanzado por un tercero. En dicho caso la USCIS quiere estar seguro que el extranjero está verdaderamente arriesgando su capital.

Como es evidente de un estudio de la lista arriba mencionada ni el USCIS o su cuerpo apelativo, el AAO, no les interesan como una meta económica la promoción de inversión comercial en los Estados Unidos y que a lo contrario toman ellos una actitúd pedántica y obstaculativa así a esta categoría de residencia permanente. Parece que ya que el USCIS no se siente cómodo en la adjudicación de estas solicitudes complejas y cuantiosas insisten entonces que la inversión sea las más sencilla (tal véz ingenua) posible. El USCIS aún ha revocado solicitúdes que éste anteriormente aprobó, justificandose con el argumento que la previa aprobación fue incorrecta y por lo tanto ilegal.

El Proceso del Certificado de Trabajo

Según se explicó previamente, las visas de segunda, tercera y cuarta preferencia basadas en empleo, exigen como requisito previo que la persona extranjera obtenga un *certificado de trabajo* del Ministerio de Trabajo. El certificado de trabajo es, esencialmente, una conclusión de que no hay suficientes trabajadores que reúnan los requisitos en la localidad de Estados Unidos donde la persona extranjera desempeñará su trabajo o prestará sus servicios, y que el empleo del extranjero no afectará en forma desfavorable el mercado laboral de los EE.UU. En la práctica, esto significa que un patrón ofrecerá una plaza a una persona extranjera y empleará a esa persona extranjera si el Ministerio de Trabajo aprueba el empleo.

En algunas epocas por razón de no haber disponible cupos de residencia permanente no se permitía el empleador/patrocinador registrar la solicitúd con la autoridad migratoria en favor del beneficiario/extranjero. Ese atraso adicional entonces se le debe agregar al tiempo normal de gestion de la aplicación de certificación laboral para tener un idea completa sobre el tiempo total que tomará la gestion del patrocinador en favor del beneficiario.

NOTA: *En la fecha de la publicacion de esta obra el Departamento de Labor estaba considerando adoptación de un proceso nuevo para adjudicar aplicaciones en favor de trabajadores extranjeros. Las siglas para este proceso nuevo es el PERM y bajo este nuevo proceso se le eliminará la necesidad de una campaña empírica mostrando la indisponibilidad de trabajadores norteamericanos para el determinado oficio a base de anuncios en periódicos y revistas. El previo sistema se reemplazará con un proceso de certificacion voluntaria – apoyado por sanciones civiles y penales para evitar fraude. La fecha para la implementacion del programa PERM será, según fuentes del gobierno, el fin del año 2004 o principio del 2005.*

La solicitud de certificado de trabajo se presenta en un formulario que se conoce como formulario ETA 750, que comprende dos partes: Parte A y parte B. La parte A la llena el patrón y enumera los requisitos del patrón, mientras que la parte B la llena el empleado y enumera los requisitos que él/ella reúne.

El proceso comienza cuando el patrón le ofrece al extranjero un trabajo y entonces presenta la solicitud de un certificado de trabajo ante el Ministerio de Trabajo de los EE.UU. La presentación inicial se realiza ante la oficina de trabajo estatal local, que es la que procesa y transmite las solicitudes junto con sus recomendaciones a la oficina del Ministerio de Trabajo de los EE.UU.

A fin de obtener un certificado de trabajo, el patrón tiene que demostrarle al Ministerio de Trabajo que el puesto que se ofrece al extranjero está disponible y que por otra parte está abierto a cualquier persona de los Estados Unidos, y que no se agregó ninguna condición irrazonable o innecesaria al puesto. En los Estados Unidos, el requisito de que una persona hable un idioma extranjero en particular se considera irrazonable a prima facie y sólo se supera probando que el conocimiento del idioma extranjero es esencial para desempeñar adecuadamente el puesto. El patrón también debe probar que ha hecho un esfuerzo razonable para ocupar ese puesto con ciudadanos o residentes permanentes de los EE.UU. Se requiere que el patrón anuncie el puesto en un periódico de circulación general, a veces en una gaceta profesional o comercial, y debe colocar en el lugar del empleo información concerniente a la disponibilidad de ese puesto.

Para poder apreciar totalmente la filosofía del Ministerio de Trabajo y del USCIS con respecto a la emisión de *certificados de trabajo*, la siguiente cita del registro federal pertinente a visas de segunda y tercera preferencia basadas en empleo es instructiva.

Breve descripción del proceso del certificado de trabajo

Generalmente, se requiere un certificado de trabajo individual del Ministerio para los patrones que quieren emplear a un extranjero conforme a los Grupos de Preferencia 2 y 3. Al emitir tales certificados, el Ministerio de Trabajo aplica dos normas básicas para excluir al extranjero: (1) si hay trabajadores estadounidenses capaces, deseosos, disponibles y que reúnan los requisitos para el puesto; y/o (2) si el empleo de un extranjero afectaría en forma adversa los sueldos o condiciones de trabajo de trabajadores estadounidenses empleados en un puesto similar.

En resumen, el proceso actual para obtener un certificado de trabajo requiere que los patrones busquen activamente y de buena fe trabajadores estadounidenses durante por lo menos treinta días para los puestos vacantes destinados a extranjeros. El patrón debe tener requisitos de trabajo razonables y realistas y ofrecer los sueldos y condiciones de trabajo que rigen para el empleo. El patrón no puede favorecer a extranjeros o configurar los requisitos del trabajo de acuerdo con los requisitos que reúnan éstos.

Durante los treinta días correspondientes al período de búsqueda o captación de personal, se requiere que el patrón ponga durante tres días un anuncio de colocación de personal en un periódico de circulación general, o un anuncio de un día en un gaceta profesional, del oficio, comercial, o étnica. También se requiere que el patrón ponga por treinta días un pedido de personal en la oficina local del Servicio Estatal de Empleos. Si el patrón opina que ya ha efectuado una búsqueda adecuada, podrá solicitar al Ministerio que exima de la búsqueda obligatoria de treinta días. Si el patrón no solicita una dispensa de la búsqueda o si la petición de dispensa fuese denegada, los anuncios de colocación de personal que se ponen en conjunción con la búsqueda obligatoria durante treinta días pedirán a los solicitantes de trabajo ya sea presentarse personalmente ante el Servicio de Empleos o remitirle a éste su curriculum vitae.

Los solicitantes del trabajo son entonces referidos al patrón o se le envían sus curricula vitae. El patrón tiene entonces cuarenta y cinco días para informar al Servicio de Empleos las razones relacionadas con el trabajo por las cuales no contrató a ninguno de los trabajadores estadounidenses que fueron referidos. Si el patrón contrata a un trabajador estadounidense para ocupar el puesto vacante, entonces el proceso se detiene en ese punto a menos que el patrón tenga más de una vacante; sin embargo, si el patrón considera que no hay trabajadores estadounidenses que reúnan los requisitos, deseosos, capaces y disponibles para tomar el trabajo, la solicitud junto con la documentación de los resultados de la búsqueda y la información del sueldo vigente se envía a la oficina regional del Ministerio de Trabajo (DOL). Allí se analiza y se toma una determinación con respecto a emitir o no el certificado de trabajo.

En la práctica, la explicación anterior significa que el Ministerio de Trabajo negará el certificado de trabajo si el patrón requiere condiciones especiales que sólo una persona extranjera puede o está dispuesta a cumplir, a menos que esas condiciones sean esenciales para el negocio. Es por ello que el requisito de que la persona que ocupe un puesto hable un idioma extranjero inhabilitará el certificado de trabajo, a menos que el patrón pueda probar que el requisito del idioma extranjero es parte esencial del trabajo. La mera conveniencia o una leve ventaja competitiva para un patrón no es suficiente. Además, el patrón debe ofrecer el sueldo imperante para ese puesto que se paga en la comunidad y no ha de imponer requisitos de educación o de experiencia más altos de lo normal para el cargo.

Evidentemente, el Ministerio de Trabajo quiere asegurarse de que el patrón no desdeñe a trabajadores estadounidenses disponibles para así poder darle el trabajo a un extranjero de su predilección. El proceso del certificado de trabajo puede ser prolongado y arduo, y suele ocasionarle una responsabilidad administrativa considerable al patrón así como tensiones personales y financieras, y ocasionarle riesgos al empleado.

Es así como la economía y la ley favorecen a las personas que tienen capacidades y especializaciones particulares para el trabajo que no se obtienen fácilmente en el mercado laboral EE.UU. Un patrón que desea contratar a una persona extranjera que posee sólo habilidades administrativas y de ventas generales hallará muy difícil obtener el certificado de trabajo requerido. Por supuesto, para circunstancias particulares es aconsejable consultar con un abogado de inmigración versado en el mercado laboral del área de eventual empleo.

Hay dos impedimentos así, a la obtención de residencia permanente a base de una *Certificacion Obrera (Labor Certification)*. El primero es el requisito que el trabajo sea suficientemente especializado; es decir, el cumplimiento del trabajo debe exigir un entrenamiento o componente de adiestramiento de por lo menos dos años. Si el trabajo se puede aprender en menos de dos años este no calificará como un trabajo *especializado*.

Esto es importante porque si un trabajo es considerado *inexperto* una visa de residencia permanente no estará disponible dentro del futuro razonable. Es importante recordar que no es la industria o carácter de la compañía que es pertinente, más bien sea el propio trabajo. Así, un trabajo *inexperto* (representante de servicio de cliente, recepcionista, vendedor, etc.) aun sea muy remunerativo (vendedor de automoviles de lujo como Mercedes Benz o Lexus) para una empresa de alta tecnologia o de venta de productos de alto costo no calificará para la preferencia EB-3 para la Residencia Permanente.

Primero, como una materia de realidad práctica, las visas inmigrantes están sólo disponibles para personas cuyos trabajos requieren un mínimo de dos años o más de entrenamiento y experiencia para realizar. Esto es causado por los atrasos largo en la categoría de *otros obreros* en la 3cera Preferencia Basada en Empleo. La demora es tan larga (aproximadamente seis años a partir de la fecha de este libro) que la mayoría de las ofertas de trabajo no sobrevivirán el retraso largo—de hecho, ni el patrocinador del trabajo americano ni el beneficiario tampoco.

Segundo, el mercado del trabajo militará, como él normalmente hace, contra las ofertas para los trabajos para que hay una abundancia en el área particular. Como un ejemplo, puede ser muy difícil de demostrar que hay una escasez del trabajo por gerentes del hotel en una área del recurso como Miami, Florida o San Francisco, California porque estos trabajos así como estas áreas geográficas atraen a muchos candidatos norte-americanos calificados.

Es importante tomar en cuenta que el patrón no tiene el derecho de ofrecer el trabajo (en base a una certificación obrera) al extranjero simplemente porque en su opinion el obrero local no es igualmente experimentado. El patrón solo puede ofrecerle el trabajo al extranjero si el candidato local no reune todas las calificaciones mínimas para el trabajo. La Sección de Labor establece estas calificaciones mínimas y éstas están detalladas en una publicación titulada el *Diccionario de Títulos Profesionales.*

En ciertos casos, puede ser posible evitar la certificación obrera demostrando a la Sección de Labor que el patrón ha hecho durante un período de por lo menos seis meses un intento razonable y de buena fe en llenar la posición y no ha encontrado a los obreros calificados. Bajo estas circunstancias puede ser posible convencer la Sección de Labor de estar de acuerdo que no hay necesidad por una aplicación de la certificación obrera ya que el patrón no ha tenido éxito en sus esfuerzos de buena fe y razonables para llenar la posición.

Si el patrón puede documentar estos esfuerzos durante un período sostenido de tiempo, pedirá permiso para una *Reducción en Contratación* (RIR). Este es un proceso en el cual la campaña de aviso sobre la disponibilidad del puesto de trabajo es eliminado y el Ministerio de Labor emite la Certificacion de Labor y acepta que los esfuerzos del patrón como dispositivo de la prueba del mercado obrera.

NOTA: *Obviamente, ésta es una área de práctica que fuertemente hace pensar en contratar ayuda profesional.*

El Problema de la Intención (Nuevamente)

Como resultado de presentar la solicitud de visa de inmigrante, puede ser que al extranjero se le coarte la posibilidad de viajar a Estados Unidos. Esto puede acontecer en por lo menos dos circunstancias típicas:

1. el consulado de los EE.UU. en el país extranjero podría no concederle una visa temporaria al extranjero o

2. aun que se le otorgue al extranjero el visado solicitado, esto no le asegura el derecho de entrar al país ya que el oficial del control de la frontera (USCBP) le puede desafiar el derecho de utilizar el visado. Normalmente la entrevista en la frontera es sencilla y corta. Normalmente el inspector fronterizo le pregunta al extranjero cúal es su proposito de entrada al país, le verifica por computadora su nombre segun el pasaporte. En el mismo caso normal el inspector acepta la declaracion del extranjero y, si la computadora no muestra ningún acontecimiento penal o de seguridad, lo admite al país. Ahora, si el inspector decide de investigar el historial del extranjero mas en profundo es posible que le niegue la entrada o porque el extranjero intenta entrar al país

para realizar una actividad prohibida por el visado o porque el visado se ha nulificado anteriormente (tal vez por razón de una violación cometida durante una previa visita) o también porque se ha determinado que a razón de la busqueda computerizada se ha descubierto que el extranjero es inadmisible por otra causa.

La causa del problema descrito anteriormente se debe al requisito de la ley de que la intención del extranjero con respecto a la duración de su estadía coincida con el tipo de visa que éste posee. Si el extranjero ha presentado una solicitud de residencia permanente, él/ella declaró, en realidad, que su intención era quedarse en los EE.UU. en forma permanente. Por ello, el USCIS puede decidir que el extranjero no es apto para recibir o valerse de una visa de no inmigrante (temporaria), ya que estas visas requieren que el extranjero tenga la intención de permanecer en los Estados Unidos únicamente por un período temporario. Este problema de la intención puede presentar sorpresas muy desafortunadas. Por eso, un extranjero que desea efectuar una visita temporaria a los Estados Unidos no debe presentar la solicitud de residencia permanente hasta que su visita temporaria haya concluido.

Si el extranjero ya está en los Estados Unidos, presentar una solicitud de visa permanente puede descalificarlo para prorogar o renovar su visa temporaria o la duración de su estadía bajo la visa temporaria.

Realidades Sobre la Dinámica en la Inmigración a Base de Empleo

Cuando se describe el proceso migratorio con relacion a la obtención de residencia permanente a base de empleo yo acostumbro describir el proceso como una serie de pasos. Con el entendimiento que siempre habrán excepciones, se le presenta al lector la siguiente discusión que le podrá ilustrar el proceso en una manera útil.

La aplicación para una certificación laboral le pertene al empleador/patrocinador y no al extranjero. Es de suma importancia que se comprenda las consequencias de esta realidad. La filosofia que apoya la aplicación para certificatión laboral comprende que las autoridades migratorias EE.UU. le prestarán ayuda a un eligible empleador/patrocinador EE.UU. para que éste pueda ser autorizado emplear un extranjero para desempeñar un puesto que no atrae un obrero capacitado EE.UU.

El Primer Paso

El primer paso es la obtención de una certificación laboral. Se le he explicado este proceso en previas páginas de este libro. El propósito de este proceso preliminar es comprobarle al Departamento de Labor EE.UU. que existe una escazez de labor cualificado para el determinado trabajo. Aunque, las minucias del proceso pueden cambiar segun el criterio del gobierno, la filosofía subyacente continua siendo muy estable. La meta de dicha filosofia es la necesidad de documentar que no se desemplazará del puesto un cualificado trabajador EE.UU. La documentación exigida refleja una pura investigacion empírica. El patrón por medio del resultado[s] de una serie de anuncios en períodos y revistas intenta demostrar que ningún trabajador cualificado EE.UU. solicitó el trabajo.

Algunos trabajos, según enumerado en la primera o segunda preferencia a base de empleo (según explicado en este libro) son exentos de la necesidad de una certificación laboral. Esto porque la naturaleza del trabajo requiere un trabajador extraordinariamente cualificado o porque el desempeño del trabajo es de suma importancia para el bienestar de la nación.

El patrón se obliga, entre otras cosas, de compensar el prospectivo trabajador según la norma para dicho trabajo en dicho mercado laborál (denominado como el *prevailing wage*) y también de demostrar que las responsabilidades del trabajo son normales y no han sido personalizados de modo de reflejar solamente las cualificaciones del extranjero. Otra requisito negativo de grande importancia es que se le incapacita al patrón del derecho de someter dicha aplicación si el extranjero obtuvo su experiencia o conocimiento bajo el empleo del mismo patrocinador. Despúes de haber logrado la certificación laboral el proceso progresa al paso número dos, ilustrado en lo siguiente.

El Segundo Paso

El patrocinador registra la petición (el formulario I-140 junto con sus documentos de respaldo) así a la autoridád migratoria, el USCIS, con el propósito de transmitirle la residencia permanente al trabajador/benificiaro. Durante este proceso el patrón deberá establecer su capacidad financiera de compensar el trabajador según las especificaciones de la certificación laborál. Normalmente, este requisito se satisface por medio de la presentacion de los reportes sobre la renta que fueron sometidos al Departamento de Ingresos Internos (U.S. Internal Revenue Service) para el año del registro de la aplicación para certificación laboral o, en el caso de empleadores que cuentan con más de 100 empleados, comprobantes de dicho tamaño. En el caso de los reportes sobre la renta, éstos deberán mostrar que el patrón realizó un ingreso o utilidad neta de la suma que cubrirá el salario anual del extranjero/beneficiario. La USCIS también aceptará documentación que el valor de los bienes netos del patrón exceden el salario anual del trabajdor/beneficiario.

El trabajador/beneficiario, durante esta etapa del proceso, deberá documentar sus cualificaciones o por medio de experiencia laboral, adiestramiento técnico o preparación académica para poder desempeñar el trabajo. Dichas cualificaciones tienen que haber sido logrados por el trabajador/beneficiario antes del comienzo del trabajo con el patrocinador—aún si dicha experiencia se obtuvo durante otro empléo inautorizado (con otro empleador). Si se le aprueba dicha solicitúd, el trabajador/beneficiario ahora puede solicitar recibir la residencia permanente para él (u ella), su conyuge e hijos solteros menores de veintiún años. Si el trabajador/beneficiario reside al exterior, éste tendra que someter su solicitúd al consulado EE.UU. que tiene jurisdicción de su domicilio. Pero, asumiendo que el trabajador/beneficiario reside en Estados Unidos, el proximo paso será el de someter su solicitúd de residencia permanente. Este proceso comprende el registro del formulario I-485 según explicado en lo siguiente.

El Tercer Paso   La solicitúd del trabajador/beneficiario para obtener la residencia permanente. Cuando se han cumplidos exitosamente los primeros dos pasos arriba explicados el trabajador/beneficiario puede por fin solicitar recibir la residencia permanente. Este paso requiere el registro del formulario I-485 para cada persona, o sea, el trabajador/beneficiario, su conyuge y sus hijos solteros menores de veintiún años. Es necesario someter una acta de nacimiento para cada extranjero y, si algun miembro de la familia tiene antecedente penal (no obstante cuanto sencillo sea) copias certificadas de la corte y de la policia sobre dicho asunto. Para poder aplicar para la residencia permanente se tiene que comprobar que hay cupo según la cuota mundial migratoria para emitir una residencia para dicha persona extranjera. Esta cuestión se resuelve según la categoría (*preference*) de residencia a base de empleo y, en muchos casos, del país de origen del extranjero. El Departamento de Estado de EE.UU. publica un reporte denominado *visa bulletin* que se encuentre en el Internet que le mostrará inmediatamente si a la fecha hay cupo o no. En la fecha de esta publicación hay cupo para todas categorias (*preferences*) de trabajo y para todos países con la excepción de la India y las Filipinas.

También, el trabajador/beneficiario tiene que ser eligible de solicitar la residencia dentro de Estados Unidos. El proceso de obtención de la residencia permanente por extranjeros que residen en Estados Unidos se denomina en este libro el Ajuste de Estadía Migratoria (*Adjustment of Status* en inglés). Cada extranjero que somete dicha aplicacion en general deberá mostrar que éste entró al país legalmente, que es una persona de buen caracter, que no dispone de alguna enfermedad contagiosa y que no ha previamente violado las condiciones de su entrada a Estados Unidos según la visa que dispuso en ese entonces. La Sección 212 de la Ley sobre la Inmigración y Naturalización (*Immigration and Nationality Act*) contiene una lista complete de las causas de descalificación para otorgarle a un extranjero el privilegio de Ajuste de Estadía Migratoria.

El registro por el extranjero y la admisión por parte del USCIS del formulario I-485 consigue varios beneficios inmediatos. Primero, el registro del formulario I-485 congela la estadia migratoria del extranjero en el sentido que desde la fecha de la admisión del forumulario I-485 el extranjero ya no sigue acumulando tiempo en estadía ilegal (*time in unlawful status*) y para casi todos efectos el extranjero queda inmediatamente legalizado hasta tanto que el gobierno no descubra una razón de rechazarlo.

El registro del I-485 también permite el extranjero, o sea, el trabajador/beneficiario, su conyuge e hijos solteros menores de veintiún años solicitar la autorización de empleo (*employment authorization*). Cuando se le otorga este otro beneficio el extranjero recibirá un carnet que muestra que dicha persona ha sido autorizado a obtener empleo en Estados Unidos. Este carnet se denomina en inglés, Employment Authorization Document (*EAD*). Este documento permite el extranjero recibir un número de seguro social y, en la mayoría de Estados del país, una licencia de conducir y/o un documento oficial de identidad. Obviamente, si el trabajador/beneficiario no comienza (o sigue) empleo con el patrocinador el gobierno sospechará fraude y podrá entonces exigir documentación adicional para comprobar la buena fe tanto del patrocinador como del trabajador/beneficiario.

Yo sugiero que todo extranjero, inclusive los niños, obtenga el EAD, ya que este carnet autorize el otorgamiento del número de seguro social y éste es exigido por muchas instituciones privadas, escuelas, direcciones gubernamentales, etc., como prueba de eligibilidad para dicho servicio o beneficio.

El proceso de solicitar el Ajuste de Estadía Inmigratorio requiere un examen por un médico autorizado por la USCIS para determinar que el extranjero no dispone de ninguna enfermedad contagiosa y que ha recibido una serie de vacunas contra determinadas enfermedades contagiosas.

El proceso de Ajuste de Estadía Inmigratorio implica unas investigaciones minuciosas de parte de determinadas direcciones investigativas del gobierno EE.UU. para eliminar cualquiera duda sobre la admisibilidad del extranjero. Este proceso implica retrasos en la adjudicación final ya que hay un minimo de cuatro investigaciones que se deben realizar y la gran cantidad de solicitudes resulta en una cola considerable de solicitudes pendientes. Dado que estas investigaciones se hacen a base de procesos automaticos por medio de computadores, apellidos generalizados (*Rodriguez*, *Lopez*, *Muhammed*) resultarán identificados (*hits*) como posibles delincuentes o sospechosos hasta que la investigación a base de su profundizacion elimine de consideración el extranjero solicitante.

Es importante tomar en cuenta que el proceso de Ajuste de Estadia Inmigratoria es un privilegio y no un derecho, es decir, se le otorga al extranjero segun la discreción del gobierno como una conveniencia a todas las partes.

Problema Especial

Empleados Domésticos que Viven en Casa de los Patrones

Estados Unidos no contempla con agrado a empleados domésticos que viven en casa de los patrones. Primero, desde que se consideran obreros domésticos *inexperto*, no hay ninguna puestos de residencia disponible para esta categoría de obrero durante por lo menos los proximos diez años. Segundo, el Ministerio de Trabajo reconoce que hay escasez de empleados domésticos que viven en casa de los patrones, pero no de trabajadores domésticos que viven en su propia casa. Por lo tanto, este Ministerio del gobierno desalienta empleados que viven en casa de los patrones, pujando a favor de empleados domésticos que viven en su propia casa. Es una característica de la sociedad estadounidense que los empleados domésticos generalmente no quieren vivir en casa de sus patrones, por lo menos no sin solicitar un óptimo sueldo.

Un empresario de negocios técnicamente podría reunir los requisitos para la segunda o tercera preferencia de visa basada en empleo, salvo que él/ella tendrá que entrar a los Estados Unidos como empleado. La sugerencia más evidente que se nos ocurre sería que tal vez el inversionista pudiera formar una compañía en los Estados Unidos que a su vez lo contratara. Si bien esto es técnicamente posible, en el mundo de la práctica, es muy difícil de llevar a cabo.

Inversionistas

El inversionista debe competir con aquellos que buscan trabajo y que quieren obtener el cargo que él mismo procura ocupar. El Ministerio de Trabajo ha tomado una actitud muy negativa acerca de permitir a un inversionista evaluar a solicitantes que compiten con el inversionista mismo por el cargo. Evidentemente, el Ministerio de Trabajo de Estados Unidos está preocupado porque el inversionista tal vez no sea imparcial u objetivo en su análisis. El Ministerio de Trabajo requerirá que el inversionista pruebe que el proceso de selección de personal para obtener el certificado de trabajo sea efectuado por personas objetivas que no dependen de la influencia del inversionista.

NOTA: *Aparte de los que reúnen los requisitos para la nueva visa de Creación de Empleos.*

Si el Ministerio de Trabajo determina que el empleado para el cual se procura el certificado de trabajo es el jefe o es uno de los inversionistas principales de una compañía, negará en forma rutinaria el certificado de trabajo. Como resultado, el inversionista tiene la obligación de establecer la objetividad del proceso de selección. Dadas las circunstancias descritas, ésto sería una obligación casi imposible. Ha habido casos en que un inversionista con una pequeña participación minoritaria de acciones, generalmente sin excederse de un cinco por ciento, ha obtenido el certificado para el cargo que procuraba.

Estas circunstancias son excepcionales; sin embargo, yo aconsejaría que tal solicitante no invirtiese en la compañía en la cual procura empleo. Sería preferible obtener una opción futura de compra de acciones basada en el desenvolvimiento de la persona en el trabajo, en vez de tener la obligación de demostrarle al Ministerio de Trabajo que el inversionista, como resultado de su participación minoritaria de acciones, no está en posición de influir indebidamente en el proceso de selección de trabajadores para el cargo que éste también procura.

La Ley Protectiva de Menores (Child Status Protection Act)

En agosto del 2002 el presidente aprobó una ley que le presta una protección a los menores de edad que acompañan a sus padres inmigrantes y que posiblemente cumplirán su mayoría (veintiún años de edad) antes de recibir la residencia. Para explicarle el alcance del problema se debe comprender que la eligibilidad para beneficios migratorios que dependen a la edad del extranjero se establece en la fecha del otorgamiento de la visa o residencia y no según la edad del menor en la fecha del registro original. A razón de esta norma muchas veces el hijo de un inmigrante o beneficiario de una visa se perjudicaba tragicamente cuando al cumplir su mayoría antes del otorgamiento del beneficio migratorio. Esto implicaba que los padres, en el caso de la residencia permanente, se veían obligado de registrar una solicitúd adicional para su hijo y comenzar un proceso nuevo que no se cumpliría por algunos años adicionales. En el caso de beneficiarios para visados de no inmigrante el hijo, al cumplir su mayoría, quedaba eliminado por completo.

La ley arriba identificada mejora esta situacion para los hijos de candidatos para la residencia permanente en el sentido que la edad del menor, al registro de la solicitúd o en la aprobación de la solicitúd según las circunstancias, queda *congelado* según su edad en la fecha indicada. Esto es de suma importancia para familias que ya viven en Estados Unidos y que someten aplicaciones para ajustar su estadia migratoria así a la residencia permanente—o a base de familia o de empleo.

En algunos casos si no hay disponible de inmediato un cupo de residencia (acuerdese de las cuotas anuales de cupos de residencia) entonces de la edad del hijo en la fecha que se dispone un cupo de residencia se le resta de su edad cronológica el tiempo de espera, comenzando con la fecha de la aprobación de la solicitúd. Utilizando esta fórmula se le puede calcular la edad del hijo para propósitos de esta ley. Es mucho mas alla del alcance de este humilde ensayo cubrir todas las complejidades de esta ley pero basta decir que ahora y para muchas personas hay la posibilidad de mantener su eligibilidad aún tomando en cuenta las demoras normales en este proceso.

Como se puede ver según esta discusión, la aplicación de esta ley en casos particulares requiere un análisis profundo que toma en consideración diversos factores y que sugiere la intervención de un abogado de inmigración experimentado. En algunos casos aún el mismo oficial consular EE.UU. tendrá sus dudas sobre la aplicación o no de esta ley al caso particular que éste adjudique. La realidad es que la mayoría de oficiales consulares recibirán con agradecimiento la intervención y presentación organizada por un abogado de parte del extranjero. Le hemos incluido con este libro un memorandum corriente del USCIS que discute esta ley.

Ocupaciones para las que No Se Requiere el Certificado de Trabajo

La ley identifica un grupo de ocupaciones que se presume están en demanda en los Estados Unidos y para las cuales no se requiere ningún certificado de trabajo. Estas ocupaciones están indicadas en la *Lista A*, y hay dos grupos de personas que, al probar que reúnen los requisitos, no necesitan obtener un certificado de trabajo antes de aplicar para una visa de inmigrante. Estos grupos son los siguientes:

Grupo I   Terapeutas físicos y enfermeros profesionales. La ley define al terapeuta físico de la siguiente forma:

> *Una persona que aplica el arte y la ciencia de la terapia física para el tratamiento de desórdenes incapacitantes y lesiones de pacientes a fin de eliminar el dolor, desarrollar o restaurar las funciones, y mantener el movimiento, usando medios físicos tales como los ejercicios, masajes, calor, agua, luz, y electricidad según lo prescribe el médico (o cirujano).(20 CFR 656.10a4 I)*

Para probar ser apto para este grupo, el extranjero ha de reunir todos los requisitos necesarios para tomar el examen y obtener la licencia en el estado en que piensa ejercer la terapia física. Por ello, el extranjero ha de presentar, junto con su solicitud, una carta o declaración firmada por un funcionario autorizado para otorgar la licencia en el estado en donde se propone obtener empleo, declarando que el extranjero reúne los requisitos para tomar el examen estatal de licencia para terapeutas físicos. (20 CFR 656.22 C)

A los enfermeros profesionales también se les exime del requisito del certificado de trabajo, y éstos se definen como:

> *Personas que aplican el arte y la ciencia de la enfermería y el cuidado, que refleja comprensión de principios derivados de las ciencias físicas, biológicas, y del comportamiento. La enfermería profesional generalmente incluye tomar decisiones referentes a la observación, cuidado y consejo de personas que requieren de cuidado de enfermería; y la administración de medicinas y tratamientos prescritos por el médico o el dentista; la participación en actividades para promover la salud y prevenir enfermedades en otros. Un programa de estudio de enfermeros profesionales generalmente incluye teoría y práctica en aspectos clínicos tales como: obstetricia, cirugía, pediatría, psiquiatría y medicina. (20 CFR 656.50)*

Además de lo anterior, el enfermero extranjero debe aprobar el Examen de la Comisión sobre Graduados de Escuelas de Enfermería Extranjeras (Commission on Graduates of Foreign Nursing Schools Examination), así como poseer una licencia integral y sin restricciones para ejercer profesionalmente la enfermería en el estado donde se propone obtener empleo.

Grupo II   Personas de *capacidad excepcional en las ciencias o las artes, incluidos docentes universitarios y de institutos (colleges) que han practicado su ciencia o arte durante el año anterior a la solicitud.* El Ministerio de Trabajo establece que el término *capacidad excepcional* significa tener renombre internacional.

Dichos extranjeros deben destacarse tanto del promedio de los demás integrantes en sus campos, que patentemente constituirán un beneficio para Estados Unidos. (Registro Federal, Número 5, 1976)

A fin de reunir los requisitos para esta categoría de trabajador capacitado que elimina el requisito de la solicitud del certificado de trabajo, el extranjero tendrá que presentar una cantidad considerable de evidencia documental que establezca su renombre y reconocimiento internacional, firmada por expertos reconocidos en ese campo. La documentación puede incluir lo siguiente: documentación de premios, galardones o condecoraciones reconocidos a escala internacional, afiliación en asociaciones internacionales que requieren logros excepcionales de sus miembros, tratados y materiales publicados y publicaciones profesionales, evidencia de la participación del extranjero en mesas redondas o como juez de la labor de otros por contribuciones a investigaciones eruditas de gran notabilidad en el mismo campo u otro similar, evidencia de la erudición del extranjero y de haber publicado artículos científicos o eruditos, gacetas profesionales internacionales, evidencia de la muestra de las obras del extranjero en exhibiciones artísticas en más de un país.

Es imperativo enfatizar que esa documentación es crucial, y todo extranjero que opine que podría reunir los requisitos para ser admitido a los Estados Unidos bajo esta excepción debe recopilar tanta documentación detallada sobre su aclamación y credenciales como sea posible. Es improbable que dicha solicitud pueda ser presentada correctamente sin la asistencia de un abogado que se especializa en ley inmigratoria, pero aun cuando se utilice un abogado, es indispensable la cuantiosa documentación descrita antes.

Puestos que no Son Eligibles de Certificación

Igual como existe una lista de puestos que se reconoce de hacer falta en el mercado laboral existe también una lista de trabajos que son considerados sobrantes. Esta se conoce como *Schedule B*. En mayór caso estos puestos son los que requieren un mínimo nivél de experiencia u adiestramiento. Estos trabajos como ejemplo incluyen, sirvientes de lugares de estacionamientos automotrices, trabajadores generales de cocina, obreros generales, braceros, etc. Desde luego, estas listas (Schedule A o Schedule B) reflejan las condiciones actuales de la economía en general y el razonamiento de dichas listas puede desaparecer a base de cambios económicos.

Asi que durante una época en la cual existe una escaséz de labor es posible que estos puestos ubicados en la lista B pueden resultar muy en demanda y posiblemente estarían eligible a certificación. En tal caso el patrón tendrá que documentar las particulares circunstancias laborales que éste confronta y que supuestamente resulta en la necesidad de contratar extranjeros para estos puestos—aún supuestamente humildes. Este tipo de solicitúd se realiza a base de una amplia justificación por escrito sobre esta necesidad comercial (*business necessity letter*).

Inmigrantes Diversos (la Infamosa *Lotería*)

Desde el 1° de octubre de 1994, además de los inmigrantes que entran a los Estados Unidos basados en sus relaciones matrimoniales o de familia, y la entrada basada en las visas patrocinadas por empleo, existe una tercera fuente que se podría llamar de inmigrantes *diversos*. Habrá disponibles 55.000 visas anuales para inmigrantes diversos y los miembros de su familia mediante una especie de lotería.

Estas visas estarán disponibles para las personas que son oriundas de países de *baja admisión*. El eventual inmigrante debe tener por lo menos una educación que equivalga a escuela secundaria o su equivalente, o haber trabajado por lo menos dos años en una ocupación que requiere dos años de capacitación o experiencia. La ley divide el mundo en seis regiones y luego establece una fórmula para determinar qué región y qué estado reúne requisitos de alta o baja admisión. En el pasado reciente, el número más grande de inmigrantes a los Estados Unidos provino de Asia y América Latina, y un número más pequeño provino de Europa y Africa.

El propósito de la visa de Inmigrante Diverso es proveer una base de entrada independiente para las personas que provienen de regiones y estados de baja admisión. Está al margen del ámbito de este libro detallar la fórmula matemática que se utiliza para determinar qué regiones tienen baja admisión frente a alta admisión. Aunque el número y la identificación de las regiones y estados variarán de año en año, es prudente asumir que los países que actualmente tienen admisiones altas a los Estados Unidos, por lo menos durante el futuro próximo, seguirán siendo países de alta admisión en el futuro y por consiguiente, los ciudadanos de esos países estarían excluidos de participar en el programa de Inmigrantes Diversos. Los países que seguirán no siendo aptos para este programa probablemente serán los siguientes:

Canadá	Haití	Reino Unido
Colombia	India	República Dominicana
Corea	Jamaica	República Popular de China
El Salvador	México	Taiwán
Filipinas		

La Función del Departamento de Estado

El Departamento de Estado de los EE.UU., que está a cargo del funcionamiento del Programa de Inmigrantes Diversos, designará un período durante el cual las peticiones o solicitudes de visa de Inmigrantes Diversos deben ser presentadas para el siguiente año fiscal. Hasta este momento, el reglamento del Departamento de Estado no ha sido promulgado, debido a lo cual no está especificada la información que debe figurar en la petición ni tampoco la documentación que debe acompañarla. Estas reglas específicas probablemente cambien cada año según lo determinen las circunstancias.

Cada solicitante de visa de inmigrante diverso puede entregar sólo una solicitud en un año dado, y habrá alguna forma de control de manera que si se recibe más de una solicitud de visa de un mismo solicitante, ésto le anularía todas sus demás solicitudes. Es probable que el Programa de Visa de Inmigrante Diverso funcionará en forma similar a un sistema de lotería, con un sistema de selección al azar de todas las peticiones que son aptas.

Categorías sin Preferencia

Personas Aptas para Inmigrar a Estados Unidos Independientemente del Sistema de Cuota

Parientes inmediatos de ciudadanos estaounidenses. La ley establece que ciertos parientes cercanos de ciudadanos estadounidenses pueden recibir visas permanentes independientemente del sistema de limitaciones numéricas. Las categorías que aplican en este capítulo son las de los padres, cónyuge, o hijo de ciudadano estadounidense. La lógica subyacente de esto, así como de otras categorías del sistema inmigratorio, es velar por mantener la unidad de la familia. Es importante entender, sin embargo, que es el ciudadano estadounidense quien tiene el derecho de formular una petición ante el Gobierno de los Estados Unidos solicitando que el beneficiario reciba una visa permanente. Al entender este simple concepto, pueden evitarse muy a menudo consecuencias desafortunadas, especialmente con respecto al cónyuge de un ciudadano estadounidense.

Conyuge de un ciudadano estadounidense. Un ciudadano estadounidense puede solicitarle el USCIS o al cónsul estadounidense en el extranjero una visa permanente para el cónyuge extranjero. El requisito previo primordial conforme a la ley para esta categoría es que debe haber un casamiento válido y perdurable entre las partes y que el casamiento sea reconocido por la ley del lugar donde el casamiento se llevó a cabo. La ley no reconoce matrimonios polígamos ni matrimonios por poder, a menos que en este último caso el casamiento ya se haya consumado.

La ley tampoco reconoce casamientos fingidos o casamientos en que el propósito primario es obtener los beneficios inmigratorios y en que las partes nunca pensaron vivir juntas como marido y mujer; sin embargo, aparte de que los casamientos fingidos o fraudulentos no se reconocen con el propósito de conferir beneficios inmigratorios al cónyuge extranjero, valerse de un casamiento fingido a fin de solicitar la visa es contra la ley y expone a ambas partes así como a cualquier otra persona implicada en procurar la visa bajo estas condiciones fraudulentas a un procesamiento delictivo.

"COMPRENDO SU APURO, PERO TENGO QUE VERIFICAR SU
CERTIFICADO DE MATRIMONIO."

Conforme a los términos de la ley actual, si un matrimonio tiene menos de dos años de duración al momento de presentar la solicitud para la visa permanente, el cónyuge extranjero de un ciudadano estadounidense recibe sólo el estado de residente permanente en forma *condicional*. A los dos años de habérsele concedido el estado de residente permanente condicional original, el extranjero puede obtener el estado de residente permanente. El estado de residente temporario automáticamente caduca a los dos años, salvo que el extranjero y el cónyuge conjuntamente presenten una solicitud (form I-751) dentro de los noventa días antes de finalizar el período de veinticuatro meses solicitando que se elimine la cláusula condicional del estado del residente. Es costumbre que las partes sean entrevistadas por un funcionario de inmigración.

Si la persona extranjera no presenta el formulario necesario a tiempo, con la documentación que lo sustenta, el estado del residente permanente condicional será anulado. La presentación tardía de este formulario será aceptada sólo con prueba de causa real y circunstancias atenuantes que justifiquen la presentación tardía. Además, el estado condicional o de residente temporario será anulado por el Procurador General dentro de los dos años si se determina lo siguiente:

✪ que el matrimonio que otorga la facultad capacitante se contrajo con el propósito de obtener la entrada del extranjero como inmigrante;

✪ que el matrimonio que otorga la facultad capacitante fue anulado o se terminó, excepto que fuera por la muerte del cónyuge; o,

ıorarios u otra retribución para la presentación de la
le honorarios de abogados por asistencia en la
ılicitud).

ietud de un cónyuge extranjero es la condición (b)
ıador General está autorizado a cancelar la visa si el
ıebido a otro motivo que no sea la muerte. En el caso
o antes de expirar el período de dos años, es posible
ıener una dispensa con respecto a las consecuencias
ı terminado el matrimonio, únicamente si el extran-

ıcias durante el período de residencia permanente
ıasionarían extrema penuria si él/ella fuera deportado.

que otorga la facultad capacitante se contrajo de
ırminó por causa real y que el extranjero no tiene
lir con los requisitos prescritos normalmente para
ıondicional.

disposición en la ley que le permite a un cónyuge
o agredido físicamente o abusado emocionalmente
ıeger su derecho de retener el estado de residencia
ır que demostrar que perder su estado de residencia
ınaría extrema penuria si él/ella fuera deportado.

ıobar que el cónyuge extranjero es un *cónyuge agre-*
ı muchas circunstancias.

... .,...- ....njero opina que él/ella no puede continuar con el
matrimonio a causa de la agresión física, él/ella debe consultar con un
abogado de inmigración así como con un abogado versado en cuestiones
matrimoniales para así documentar la agresión en forma adecuada. Los
requisitos de prueba para un extranjero comprabar el nivel de abuso se
han liberalizado un poco de tal manera que el gobierno considerará
cualquiera y toda la evidencia pertinente y fiable para establecer el caso.
Donde el abuso ha sido solamente o mayormente emocional es necesario obtener una opinion de un profesional de salud mental o
emocional licenciado por el estado para comprobar el caso. Se utiliza el
formulario I-360 para solicitar residencia bajo estas circunstancias.

En tal caso el extranjero registra el mismo formulario conocido como formulario I-751 indicando en la sección apropiada que el matrimonio ha sido desuelto pero que el extranjero puede comprobar uno o mas de los argumentos arriba denominados.

NOTA: *Si el matrimonio ha sido terminado a base de un divorcio judicial, es imprescindible que el extranjero preserve todos esos documentos creados por terceros y que fueron rutinariamente redactados durante el matrimonio. El gobierno no favorece esos documentos preparados después del matrimonio por personas que desean prestar ayuda al extranjero. Documentos prepararados de parte de personas desinteresadas o por el extranjero y su esposo para agencias gubernamentales o para recibir tratamiento de médico son más persuasivos así al gobierno.*

Esto es importante porque depúes de la terminación del matrimonio se le transfiere al extranjero la obligación de persuadir el magistrado migratorio que el matrimonio que sirve como la base de la residencia en su origen fue contratado de buena fé y que los cónyuges convivieron normalmente en estado matrimonial.

Otro punto de mucha importancia es que la ley no permite el extranjero preservar su residencia permanente si éste esta solamente separado. La ley exige o que el matrimonio siga en existencia, en tal caso con el apoyo del esposo EE.UU, o que ha sido terminado por divorcio en cual caso el extranjero tiene que cumplir con las pruebas anteriormente mencionadas.

> Obviamente, en las circunstancias de un divorcio el extranjero debe recurrir a un abogado de inmigración experimentado aún antes de la finalización del divorcio.

Relacionado con las disposiciones expresadas anteriormente, hay un requisito de que un extranjero que obtuvo el estado de residencia legal permanente como cónyuge de un ciudadano estadounidense o de un extranjero residente permanente también está imposibilitado, por un período de cinco años, de obtener aprobación de una solicitud de visa que procura un estado de segunda preferencia por concepto de otro cónyuge con el cual contrajo matrimonio después de terminarse (por causa ajena a la muerte) el matrimonio que constituyó la base para la concesión de su residencia permanente original. Esta restricción puede ser suprimida si el extranjero puede establecer por medio de evidencia clara y convincente que el matrimonio anterior no se contrajo con el propósito de evadir las disposiciones de las leyes de inmigración.

Las enmiendas de la ley de inmigración más recientes han establecido un sistema que:

✪ automáticamente identifica a las personas cuyo matrimonio corresponde al perfil de un matrimonio que no es de buena fe y

✪ establece un método objetivo para anular judicialmente esas visas.

Viudas y viudas de ciudadanos estadounidenses. La ley establece que una viuda o viudo de un ciudadano estadounidense puede solicitar una visa de inmigrante como pariente cercano siempre que él/ella haya estado casado con el ciudadano estadounidense por un período de dos años anterior a la muerte del cónyuge estadounidense. Es preciso que el difunto haya sido ciudadano estadounidense por lo menos dos años antes de fallecer y que la solicitud sea presentada no más de dos años después de fallecer el ciudadano estadounidense. También se requiere que la viuda/viudo no se haya separado legalmente del ciudadano estadounidense al momento de fallecer el ciudadano. Es difícil imaginar cómo se llevará a cabo este requisito en el caso de personas que viven en países o estados donde no hay ninguna condición legal conocida como *separación legal*.

En el estado de Florida, el cual conozco a fondo, existe la separación matrimonial cuando las partes se separan físicamente o sólo sexualmente y no hay ningún proceso legal en particular que determine cuándo las partes lo hubieran hecho así. Esta es una de las peculiaridades del sistema inmigratorio de los EE.UU. en que intenta establecer una condición legal definida, aunque el país o estado en particular tal vez no use la misma nomenclatura o aún no esté de acuerdo en implantar la política de bien público que motiva la ley o regulación inmigratoria.

NOTA: *Normalmente, un extranjero no tiene un derecho intrínseco al estado de inmigrante basado en su casamiento con un ciudadano estadounidense. Si el matrimonio terminara, ya sea debido a divorcio o muerte, antes de habérsele concedido la visa, el extranjero no tendrá ningún derecho a solicitar una visa de inmigrante, excepto por lo que se señaló precedentemente, sin tener en consideración cuánto tiempo él/ella ha vivido en los Estados Unidos o cuán merecedor es el extranjero de obtener la visa.*

Por lo tanto, un extranjero debe inducir al cónyuge ciudadano estadounidense a que presente la solicitud en nombre del extranjero cuanto antes después del casamiento, a menos que el matrimonio ya pronto cumpla dos años de contraído, en cuyo caso es aconsejable esperar hasta que se cumplan los dos años para así evitar recibir la visa condicional de dos años. Todo este razonamiento presume que el extranjero ya se encontraba en los Estados Unidos en la época del casamiento.

Si las partes se encuentran fuera de los Estados Unidos al momento del casamiento, entonces no se le permitirá entrar al extranjero a los EE.UU. hasta que la solicitud de la visa haya sido aprobada en el consulado estadounidense en el extranjero. ¡Este proceso puede tardar hasta cuatro meses! Por eso, es aconsejable planear el matrimonio y/o la entrada a los Estados Unidos de acuerdo a eso. Asimismo, si las partes se casaron en los Estados Unidos entonces el cónyuge extranjero no debe partir de los EE.UU. hasta que el estado de extranjero haya sido conformado al de extranjero residente permanente (inmigrante). Reiteramos, el mero hecho de que un extranjero se case con un ciudadano estadounidense no le otorga al extranjero el derecho de entrar o permanecer en los Estados Unidos antes de haber recibido la visa de inmigrante. Tanto el ciudadano estadounidense como el cónyuge extranjero deben entender cabalmente esta simple explicación.

Si alguno de los cónyuges había estado casado previamente, será necesario demostrar la anulación válida del matrimonio anterior.

Hijo de ciudadano estadounidense. La ley otorga visas de inmigrante en forma ilimitada a personas que reúnen los requisitos como *hijo* (*child*) de ciudadanos de los EE.UU. *Hijo*, según lo define la ley, se refiere a una persona soltera menor de veintiún años de edad. Si un extranjero no reúne los requisitos conforme a esta categoría como resultado de su edad o estado civil, él/ella puede todavía reunir los requisitos para una visa de inmigrante conforme a la Primera o Cuarta Preferencia, la cuales fueron tratadas en este libro.

También se incluye al hijastro dentro del ámbito de *hijo* si el matrimonio entre el padre/madre natural y el padrastro/madrastra se contrajo antes de que la persona cumpliera dieciocho años de edad.

Los beneficios de la ley se adjudican sólo a hijos legítimos, a menos que el hijo hubiese sido legitimizado según la ley y/o las costumbres habituales del lugar de su nacimiento, o a menos que la madre del hijo ilegítimo sea ciudadana estadounidense.

En el caso de niños que son ciudadanos de países que han eliminado la distinción entre los niños legítimos e ilegítimos, la ley requiere evidencia por el padre americano (normalmente) que una relación del padre-niño normal fue establecida y se mantuvo ante de que el niño cumplió veintiún años de edad.

Un *hijo adoptivo* también se reconoce conforme a la ley como acreedor del estado de pariente cercano si el hijo fue adoptado antes de cumplir dieciséis años de edad y residió con los padres adoptivos por un período mínimo de dos años.

Un *huérfano también* reúne los requisitos conforme a la ley si el niño quedó huérfano antes de cumplir los dieciséis años de edad y ha sido adoptado ya sea por un matrimonio o por un padre/madre soltero estadounidenses, que tenga este último como mínimo veinticinco años de edad; o si el matrimonio o padre/madre soltero estadounidenses, según sea el caso, han demostrado a las autoridades de inmigración de los EE.UU. su intención de adoptar al huérfano en los Estados Unidos y han reunido los requisitos para la adopción conforme a la ley del estado en donde ellos piensan vivir.

Padres de ciudadanos estadounidenses. La tercera categoría de la categoría de *pariente cercano*, que habilita a un extranjero para entrar a los Estados Unidos independientemente de la cuota, beneficia a los padres de ciudadanos de los Estados Unidos. El ciudadano estadounidense, sin embargo, debe tener por lo menos veintiún años de edad para otorgarle al padre el derecho de entrada conforme a la visa de inmigrante. Los dos requisitos más importantes en esta sección son que la relación de *padre* e *hijo*, según está definida por ley, debe haberse establecido en el momento en que se creó la relación familiar. Por ello, si un extranjero adopta a una persona de los Estados Unidos mayor de veintiún años, el extranjero no obtendrá beneficios inmigratorios.

Esto sucede debido a que en el momento de la adopción la persona adoptada no era un *hijo/niño*, según lo define la ley. La persona adoptada era un adulto y por eso el padre/madre no es el padre/madre de un *hijo* estadounidense; sin embargo, si el ciudadano estadounidense era un *hijo/niño* en el momento de la adopción pero es un adulto en el momento de presentarse la solicitud, el padre/madre aún podría obtener los beneficios de esta sección puesto que la definición legal de inmigración de *padre/madre* e *hijo* se satisfizo cuando se creó la relación civil. De acuerdo con cada una las tres secciones anteriores con respecto al estado de pariente cercano, el ciudadano estadounidense debe presentar en nombre del extranjero un formulario I-130, que es una solicitud preliminar. Este formulario es asequible fácilmente en todos los consulados de los EE.UU. en el extranjero y en todas las oficinas de USCIS en los Estados Unidos.

Otras personas que no están sujetas al sistema de cuotas. Aparte de los parientes cercanos de un ciudadano estadounidense, hay otras personas que pueden entrar a los Estados Unidos para su residencia permanente sin el requisito de acatarse a la cuota numérica mundial. El primero de estos casos, por supuesto, es el extranjero residente permanente que vuelve a los Estados Unidos después de una visita temporaria en el extranjero. Por lo tanto, el extranjero debe haber sido ya legalmente admitido como residente permanente, y su visita en el extranjero debe haber sido temporaria sin la intención de abandonar su estado de inmigrante en los Estados Unidos. Habitualmente, la visa de inmigrante (*tarjeta verde*) por sí misma representa un documento suficiente para habilitar a un extranjero para regresar a los Estados Unidos luego de haber estado temporalmente en el extranjero.

Si el extranjero piensa quedarse fuera de los Estados Unidos por un período de uno o más años, debe obtener permiso del USCIS de los Estados Unidos para hacerlo, y este permiso se obtiene al complementar un formulario. Este formulario, una vez aprobado por el USCIS, establece que el extranjero no abandona su residencia permanente en los Estados Unidos, aunque pueda estar fuera del país por un período de más de un año. Otras personas que tienen estado especial son algunos graduados de facultades de medicina extranjeras que obtuvieron ciertas Visas H ó J antes del 10 de enero de 1978, permanecieron en los Estados Unidos y se les autorizó a practicar la medicina en los Estados Unidos inclusive el 9 de enero 1978 o antes.

Miembros inmediatos de familia acompañantes al unirse. El cónyuge e hijo(s) del solicitante extranjero reciben una visa derivativa que les permite entrar a los Estados Unidos junto con el solicitante extranjero. En casos de inmigración esta disposición de la ley contempla al cónyuge o hijo(s) como acompañantes del titular si reciben visas de inmigrante dentro de los cuatro meses después de que el titular haya obtenido una visa de inmigrante o un ajuste de estado dentro de los Estados Unidos, o dentro de los cuatro meses después de que el titular haya partido del país de origen. De hecho, si los miembros de la familia del titular, tal como lo define la ley, *le siguen para unirse* al titular, ellos tendrán derecho al estado derivativo en cualquier momento después de que el titular adquiera su visa de inmigrante.

Si la relación del cónyuge o hijo se crea después de que el titular ha obtenido su visa, entonces los miembros familiares no tendrán derecho al estado de visa permanente derivada. Este sería el caso del titular que se casa con su cónyuge después de haber adquirido su visa de inmigrante. Además, un pariente acompañante no puede preceder al extranjero titular en su viaje a los Estados Unidos. En cualquiera de los dos casos anteriores, se les requeriría a los miembros de la familia presentar una solicitud de visa de inmigrante por separado, y estarían sujetos a la cuota mundial de limitaciones numéricas.

Ajuste de Estado   Normalmente, las visas permanentes se emiten en un consulado de los EE.UU. en el extranjero. Desde hace mucho, el Congreso de Estados Unidos reconoció que para muchas personas que ya están en Estados Unidos, la necesidad de realizar un viaje al extranjero para el proceso final constituye una molestia y es muy costoso. Como resultado, se ha creado un procedimiento titulado Ajuste de Estado que habilita a una persona en los Estados Unidos a recibir la visa permanente dentro de los Estados Unidos; sin embargo hay una condición fundamental para poder utilizar este procedimiento.

Primero, la persona debe ser apta para recibir una visa permanente inmediatamente. Es por ello que una persona que se beneficiaría de una Petición de Preferencia que está actualmente demorada no es apta para el *ajuste*. Por ejemplo, la fecha de prioridad para la categoría de *sin oficio*, conforme a la tercera preferencia relacionada con empleo, tiene actualmente un atraso de cuatro años y medio. Por lo tanto, una persona que se encuentra en los Estados Unidos y que tiene aceptada la solicitud de tercera preferencia relacionada con empleo no es apta para solicitar el Ajuste de Estado hasta que la fecha de prioridad esté al corriente.

Salvo ciertas personas que archivaron la solicitúd de residencia antes del 14 de enero de 1998, las únicas personas que pueden recibir su residencia por medio de ajuste de estado (dentro de los Estados Unidos) son los siguientes:

✪   parientes inmediatos de ciudadanos americanos y

✪   personas en cuyo nombre una solicitúd de residencia permanante se ha archivado antes del 14 de enero, 1998 o en el caso de una solicitud corriente a base de empleo si el tiempo total en el que ellos han estado en estado ilegal no excede 180 días.

Las únicas personas que ahora pueden gestionar su visa en el consulado de los EE.UU. en el exterior son las que pueden recibir su visa de residencia inmediatamente y que están a la misma vez en conformidad con las condiciones de su visa de no-inmigrante. También se tiene que tomar en cuenta que si el extranjero debe salir de los Estados Unidos para gestionar su residencia y si ha acumulado más de 180 días en *presencia ilegal* es posible que esta persona se vea prohibido de reentrar a base de esta ultima condición.

La segunda condición es que la persona extranjera no sea excluible de los Estados Unidos. Consulte la sección titulada *Exclusiones Generales* en este libro, donde figura la lista de estas condiciones. Asimismo, el procedimiento de ajuste de estado no es aplicable a extranjeros que contraen matrimonio con ciudadanos estadounidenses a partir de noviembre de 1986 mientras que están tramitando con el USCIS procedimientos de exclusión o de deportación.

El privilegio del Ajuste de Estado también puede solicitarse mientras que la persona está compareciendo ante audiencias de exclusión o de deportación.

El Ajuste del Estado es esencialmente un privilegio procesal. El rechazo de la solicitud o no ser apta no afecta necesariamente a la persona extranjera en lo referente al hecho substantivo de ser apta para conseguir el estado de residencia permanente. Lo que sí quiere decir es que la persona tendrá que invertir en un boleto de avión para viajar al consulado de los EE.UU. de su país de origen o en ciertos casos a un consulado de los EE.UU. en un tercer país amistoso a fin de obtener su visa permanente.

Consideraciones Estratégicas sobre Obtención de la Residencia

Transformación a Residencia Permanente

Como se ha explicado anteriormente en este libro, normalmente, todo tipo de visa se otorga en el consulado EE.UU. en el país de origen del extranjero. El USCIS primero adjudica la solicitúd o en una de sus oficinas en Estados Unidos o en una de sus oficinas al exterior. Normalmente el solicitante es un ciudadano EE.UU. o una empresa según descrita en la Sección 2.2 de este libro. Despúes de la aprobación de parte del USCIS el extranjero nomalmente se presente al consulado EE.UU. quién le otorga permiso de viajar a los Estados Unidos y de reclamar la residencia permanente cuando éste llegue al país—usualmente al aeropuerto. Este último proceso se conoce como *consular processing* (gestionamiento consular).

En contraste con gestionamiento consular, si el extranjero ya permanece en los Estados Unidos entonces el procedimiento de *adjustment of status* (transformación a residencia permanente) le permite al extranjero transformarse en residente permanente sin tener que abandonar Estados Unidos y, por supuesto, sin tener que recurrir al consulado EE.UU. en el país de origen. El proceso de *Adustment of Status* es un privilegio que le presta al extranjero un número de ventajas.

✪ El extranjero puede evitar el costo y inconveniencia de un viaje al exterior. Esto es importante tomando en cuenta que normalmente existe una demora de varios días, y en algunos países, de semanas en el consulado EE.UU. ya que esta agencia se encuentra inundada con diversas otras responsabilidades y solicitudes. El costo e inconveniencia ocasionado por esta demora en el consulado puede ser considerable.

✪ El extranjero puede evitar una separación prolongada de su familia y de su trabajo, especialmente si se le presente alguna complicación con relación al gestionamiento de la solicitúd final.

✪ En determinados casos el extranjero no puede partirse de Estados Unidos porque esta sujeto a la prohibición de re-entrada o por tres o diez años. Como se le explicó en la Sección 1.5 de este libro, un extranjero que ha permanecido en *estado ilegal* por un período de al menos 180 dias se ve prohibido de re-entrar Estados Unidos despúes de una partida, no obstante la razón por dicha partida. Tome en cuenta que un extranjero que entra al país en forma ilegal (designada como *EWI*) comienza su estado ilegal desde su primer día de presencia física en el país.

Por lo tanto estos extranjeros se encuentran con el dilema de no poder marcharse de Estados Unidos aún para gestionar su residencia permanente porque si salen del país (por cualquier motivo) la ley sobre la prohibición de re-entrada se le aplica.

Por todas estas razones es mejor, o necesario, que el extranjero solicite el otorgamiento de su residencia permanente dento del país y asi evitar las consequencias de una partida de los Estados Unidos. El proceso conocido como *Adjustment of Status* (transformación a residencia permanente) le sirve este propósito.

Para poder utilizar el privilegio de *Adjustment of Status* (transformación a residencia permanente) el solicitante debera satisfacer los siguientes requisitos.

✪ El extranjero entró a los Estados Unidos legalmente y fue inspeccionado en la frontera. Esto se compueba a base del formulario I-94 que el inspector migratoria le adjunta al pasaporte.

✪ El extranjero se encuentra en estado legal migratorio.

✪ La residencia permanente tiene que estar inmediatamente disponible al extranjero. Por lo tanto el extranjero deberá ser benificiario de una solitúd de parte de un ciudadano EE.UU. que sostiene una determinada relación de familia con el extranjero y el extranjero deberá tener una fecha de prioridad corriente. Como recordatorio, con la excepción de cónyuges, hijos menores o padres de ciudadanos EE.UU. todo extranjero deberá disponer de una fecha de prioridad corriente como condición de poder solicitar el otorgamiento de su residencia permanente. Esto es porque con la excepción anteriomente expuesta normalmente hay un exceso de solicitantes para la residencia permanente y este hecho ocasiona una demora en poder recibir la residencia. Algunas veces la lista de espera puede ser de años en duración según la categoria administrativa del extranjero.

✪ También, se le prohíbe el privilegio de Adjustment of Status (transformación a residencia permanente) a las siguientes categorías de personas:

- tripulantes extranjeros;

- un extranjero que trabajó sin autorizacioñ;

- un extranjero que se ha ubicado en estadía ilegal a base de haber sobrepasado el período de tiempo estipulado en el documento de entrada (o sea el formulario I-94), aún por un solo día, a menos que éste no fuera el beneficiario de una solicitúd de parte de su cónyuge ciudadano[a] EE.UU. o en el caso de una solicitúd de un patrono EE.UU. no ha acumulado más de 180 dias un estadía ilegal;

- extranjeros que han sido admitidos a los Estados Unidos en tránsito a otra destinación extranjera;

- una extranjero con la visa J que todavía no ha satisfecho el requerimiento de residencia al exterior por el período mandado de dos años;

- extranjeros que contraten matrimonio después de haber sido procesados para deportación;

- extranjeros que son admitidos a los Estados Unidos sin tener que disponer de una visa bajo el programa especial para ciudadanos de determinados países (*VWPP*) con la excepción de cónyuges de ciudadanos EE.UU; o,

- extranjeros que son sujetos a deportación a base de antecedentes penales.

Ejemplo: Un residente permanente registra una solicitúd para su esposa quién es una extranjera. Ambas partes han permanecidos en los Estados Unidos por los últimos cinco años. En la fecha corriente la demora en conseguir la residencia para esta categoría de inmigrante es de aproximadamente seis años. Por lo tanto, aunque la solicitúd preliminar del esposo fue aprobada rapidamente, no hubo disponible una visa de residencia permanente durante los últimos cinco años.

Y esto se explica a la sobrante de solicitantes en comparación con el número de cupos de residencia disponibles en cada año según la cuota anual. Simplemente no habían cupos durante estos años y la señora tuvo que esperar. Para complicar la situación aún un poco más, la cónyuge extranjera (en nuestro ejemplo) tuvo que esperar estos cinco años en estado ilegal ya que su permitida estadía legal (según el formulario I-94 que ella supuestamente recibió cuando originalmente llegó al país) en nuestro país se expiró hace muchos años.

Siguiendo nuestro ejemplo, dado que nuestra cónyuge ha permanecido en estado ilegal por mas de 180 días, de hecho por más de un año, ésta no puede partir de los Estados Unidos aún para recibir su residencia o si no estará ella prohibida de re-entrar. En otras palabras, si nuestra cónyuge parte de los Estados Unidos ella se deporta por sí misma. La única alternativa para nuestra cónyuge es de solicitar su residencia dentro de los Estados Unidos a base del procedimiento conocido como *Adjustment of Status* (transformación a residencia permanente).

Pero ahora se presente el dilema final. Dado que nuestra cónyuge ha permanecido por tanto tiempo en estado ilegal (y probablemente también ha trabajdo sin autorización) ella tampoco puede utilizar el proceso de *Adjustment of Status*. Tomando en cuenta situaciones como éstas, el Congreso nacional de vez en cuando ha eliminado este dilema de dichas personas a base de una ley que se conoce como la 245(i).

Esta sección de la ley permite un extranjero que es benificiario(a) de una solicitúd de residencia registrada antes de una determinada fecha (en el presente, el 30 de abril, 2001) utilizar el proceso de *Adjustment of Status* (transformación a residencia permanente) en condición que éste pague una multa civil de $1,000.00 además de los derechos normales. Comparado con el costo de viaje y hospedaje para alguien que tiene que viajar, diremos a Korea o Chile, esta multa es una ganga.

Así, como en nuestro ejemplo el residente permanente registró su solicitúd en favor de su cónyuge antes del 30 de abril del 2001 ésta puede solicitar su residencia dentro del país a base de una aplicación de *Adjustment of Status* tan pronto que su fecha de prioridad sea corriente. Ella tendrá que pagar la multa civil de $1,000.00 además de los derechos normales. Ella mantiene este derecho no obstante cuanta demora pueda ocurrir antes de que su fecha de prioridad sea corriente. Nuestra conyuge pudo abordar el barco que la llevará a su residencia permanente no obstante cuanto tiempo le tome el viaje.

El proceso conocido como *Adjustment of Status* es muy dinámico y es también sujeto a modificaciones administrativas y judiciales. Por lo tanto se le advierte al lector de consultar con un períto en este campaún antes de registrar la solicitúd.

Mejoramientos en el Proceso de *Adjuste de Estadia* para Solicitantes a Base de Empleao

No hace poco que según los requisitos y demoras en el proceso administrativo, era posible frustrar la aplicación de residencia de parte del extranjero aún despues de un lapso considerable despúes del comienzo del proceso a causa de la revocación por el patrono de su patrocinio en favor del extranjero. Esto resultaba en la necesidad del extranjero comenzar el proceso de nuevo con un nuevo patrón patrocinador, habiendo desperdiciado todo el tiempo en el proceso abandonado y resultando también en la devolución del extranjero a estadia ilegal (*unlawful status*).

El otorgamiento de la ley conocida como *ACT21* ha mejorado esta situación. Ahora, despúes que el formulario I-485, el cual es registrado por el extranjero, ha estado pendiente por 180 días, el extranjero no pierde su eligibilidad a residencia aún que el patrono revoque la petición oríginal. El extranjero tiene siempre que documentar que éste desempeñará el mismo trabajo que formó la base de la petición originál. Pero la situación no está completemante clara. Las autoridades migratorias no han tomada una decisión finál sobre la cuestion si la ley ACT21 requiere la anterior aprobación de la petición patrocinadora (el formulario I-140) como condición previa a la aplicación de la ACT21 o si el mero lapso de 180 días a partir de la fecha del registro del I-485 no obstante la falta de una adjudicación final del formulario I-140 sera suficiente para ocasionar el beneficio del ACT21. Esto es importante porque en la fecha de la publicación de esta edición de esta obra la BCIS permitía el registro del formulario I-485 conjunto y contemporáneamente con la I-140, aunque el formulario I-140 no se adjudicaba hasta años despues de su registro. En tal caso los benefícios de la ACT21 quedarán suspendidas hasta el lapso de 180 dias del registro del forumulario I-485 despuúes de la fecha de aprobacion del formulario I-140. Ésta interpretación de la ley frustraría en gran parte el propósito del ACT21. Hasta que las autoridades migratorias no anuncie una política fija sobre esta cuestión, el mejor paso para el extranjero es esperar hasta que el formulario I-140 ha sido aprobada antes de considerar su opciones bajo la ACT21.

Refugiados y Asilados

Esta subsección trata de un estado inmigratorio que difiere de todos los otros descritos en este libro. A fin de derivar los beneficios de la ley con respecto a las designaciones de refugiado o asilado, el extranjero debe establecer cierta prueba pertinente a las condiciones políticas, ideológicas o sociológicas en su país natal que le afectan adversa y personalmente. Esta prueba entraña puntos controvertidos que afectan ciertos intereses de política extranjera específicos de los Estados Unidos, y por estas razones esta categoría se trata por separado en este libro.

Este aspecto de la ley induce a mucho litigio y discusión en los Estados Unidos y está sujeto a cambios en la interpretación de ley y en la inclinación política estadounidense, lo que dependerá de los acontecimientos mundiales. Ciertas condiciones políticas pueden causar que Estados Unidos presuma que un miembro de un grupo particular reúne los requisitos como refugiado o asilado, mientras que niega ese estado a otros miembros de grupos en situación análoga.

Refugiados   La ley define a un refugiado de la siguiente forma:

> *(42) El término* refugiado *significa (A) toda persona que está fuera de cualquier país de la nacionalidad de dicha persona o, en el caso de una persona que no tiene ninguna nacionalidad, está fuera de cualquier país que sea el último en el que dicha persona residía habitualmente y es incapáz o reacia a volver, y que es incapáz o reacia a valerse de la protección de ese país debido a persecución o temor de persecución bien fundado a causa de la raza, religión, nacionalidad, por pertenecer a un grupo social especial o por opinión política, o (B) en tales circunstancias especiales como el presidente de los EE.UU., después de consultas apropiadas (según se define en la Sección 207 (e) de la Ley) pueda especificar, cualquier persona que está dentro del país de la nacionalidad de dicha persona o, en el caso de una persona que no tiene ninguna nacionalidad, está dentro del país en el que dicha persona reside habitualmente y es perseguida o tiene temor de persecución bien fundado a causa de la raza, religión, nacionalidad, por pertenecer a un grupo social especial o por opinión política. El término refugiado no incluye a ninguna persona que ordenó, incitó, asistió, o de otra forma participó en la persecución de cualquier persona a causa de la raza, religión, nacionalidad, por pertenecer a un grupo social especial o por opinión política.*

Uno de los propósitos de la ley precedentemente expresada era adoptar las disposiciones más importantes del *Protocolo de naciones unidas referente al estado de los refugiados*, siendo Estados Unidos uno de los signatarios. Asi mismo, la ley intenta establecer un método permanente y consecuente para admitir a refugiados y asilados a los Estados Unidos. Las siguientes secciones tratan y explican las características principales de la ley.

Limitaciones   La ley establece un sistema separado de limitaciones numéricas para refugiados
Numéricas   de aquel que se aplica a personas que procuran residencia permanente en los Estados Unidos conforme al Sistema de Preferencias descrito en este libro.

La sección sobre refugiados del sistema inmigratorio de los EE.UU. establece un mecanismo por el cual el presidente de Estados Unidos con el asesoramiento y consentimiento del Congreso establece el número total de refugiados que se admitirá en un año dado, así como el límite numérico aplicable a los países o secciones individuales del mundo. La ley establece el ejercicio de la discreción ejecutiva en la determinación de los países o secciones del mundo y, por consiguiente, la disponibilidad de admisiones de refugiados puede variar de año en año. La variación de la política extranjera estadounidense y las condiciones políticas en otras partes del mundo pueden muy bien influir en la decisión del presidente con respecto a la implantación del programa de refugiados en un año dado.

Condiciones de Elegibilidad

Un refugiado, conforme lo define la ley, es una persona que está físicamente fuera de los Estados Unidos. Si una persona está físicamente dentro o en las fronteras de los Estados Unidos, entonces se la considerará como solicitante de asilo y por lo tanto estará sujeta a las estipulaciones de ser apta para ese estado, tal como se explicará en el capítulo siguiente.

La disposición clave en la sección de refugiados con respecto a ser apta es la estipulación de que la persona es reacia o incapaz de volver a su país oriundo u otro país, debido a la persecución o temor de persecución bien fundado a causa de la raza, religión, nacionalidad, por pertenecer a un grupo social especial o por opinión política.

Las personas que declaran ser perseguidas por un país cuyo gobierno o política extranjera es hostil a los Estados Unidos tienen mejores posibilidades de que se les adjudique como refugiados que personas provenientes de países que tienen relaciones amistosas con Estados Unidos.

A fin de probar que una persona está sujeta a las condiciones delineadas precedentemente, una persona tiene que probar primero que el país es despótico y tiránico y que por esa razón niega al solicitante la protección que de otra manera se proporciona a los ciudadanos de ese país mediante las instituciones legales o políticas de ese país. Segundo, la persona tiene que probar que ella misma estará sujeta a persecución o que tiene un temor bien fundado de que se le vaya a perseguir.

El primer requisito, es decir, la prueba con respecto a la índole general despótica del régimen extranjero, es más fácil de proveer que el segundo requisito, es decir, la prueba de la persecución del extranjero. Generalmente habrá más documentación disponible sobre la conducta del régimen en relación con los derechos humanos y en ciertos casos, Estados Unidos puede ya haber reconocido la índole despótica de ese gobierno extranjero. Hay distintas fuentes documentales y organizaciones de derechos humanos que mantienen información con respecto a la actitud hacia los derechos humanos en ciertos países y el solicitante del estado de refugiado podrá recibir esta información. El solicitante refugiado ha de probar que las instituciones del país natal y/o la política no sirven para proteger a personas como él/ella. El Departamento de Estado de los Estados Unidos no siempre está de acuerdo con la afirmación de un solicitante sobre la índole despótica del país natal, en cuyo caso recae sobre el solicitante la ardua responsabilidad de persuadirlo.

El segundo requisito, tal como se delineó precedentemente, suele ser el mayor impedimento para llegar a un fallo sobre el estado de refugiado cuando ello lo afirma una persona que no era miembro de un grupo reconocido como tal por el Departamento de Estado. El solicitante ha de presentar constancias de que él/ella personalmente o como miembro de un grupo estará sujeto a persecución. Por razones evidentes, el USCIS no aceptará la simple declaración en su favor que da la persona de que él/ella está sujeto a persecución.

A menos que la persona sea miembro de un grupo de personas que el gobierno de los Estados Unidos acepta como grupo perseguido en un país extranjero, la persona debe proveer constancias de que está personalmente expuesta. Como resultado de mi experiencia, este requisito presenta una gran responsabilidad para el solicitante de asilo debido a que por definición esa persona ya se encuentra fuera de su país natal, probablemente dentro de las fronteras nacionales de los Estados Unidos, y por ello hallará difícil, si no imposible, obtener y presentar el tipo de constancia que el USCIS requiere.

El solicitante extranjero también debe ser inocente de cualquier acto de persecución, y debe ser por otro lado una persona de buena conducta moral.

El Proceso de la Solicitud

Recae sobre el solicitante la responsabilidad de demostrar que él/ella es apto para ser acordado la designación de refugiado. La solicitud de por sí está completa al presentarse el formulario I-590, la información biográfica en un formulario G-325 y una tarjeta de huellas digitales por cada persona mayor de catorce años de edad. En el caso de que se acepte una solicitud de refugiado, el cónyuge e hijos que acompañan o vienen a unirse al titular tienen derecho al estado de refugiado derivativo, a menos que ellos mismos hayan sido expuestos a actos de persecución.

El proceso de solicitud se gestiona en el extranjero a través del USCIS en los países donde mantiene oficinas o en ciertos consulados designados en el extranjero. En cada caso, el solicitante está sujeto a la investigación habitual de seguridad y para fines policiales, y se requiere que presente una serie de documentos personales como comprobación. Además, el solicitante está sujeto a un examen médico para descartar ciertas enfermedades venéreas.

Si la solicitud se aprueba, se autoriza al refugiado a entrar a los Estados Unidos y se le autoriza a trabajar o de otra forma recibir remuneración. Después de un período de un año a partir de la fecha de entrada, se permite al extranjero presentar una solicitud de ajuste de estado para hacerse extranjero residente permanente. Antes de que se le permita entrar a un extranjero a los Estados Unidos, tendrá que haber prueba de que está patrocinado para empleo y morada en los Estados Unidos y que no se convertirá en carga pública. Es con este propósito que muchas instituciones de voluntarios y filantrópicas colaboran para reubicar a extranjeros, aunque una persona puede llegar a concretarlo por sí misma, como suele ser el caso con respecto a parientes u otros miembros de un grupo religioso o étnico íntimamente aliado.

Si un extranjero se estableció sólidamente en otro país, entonces no es apto para el estado de refugiado en los Estados Unidos. El criterio de estar sólidamente establecido depende de muchos factores, tales como el tipo de estado legal que se le ha concedido a la persona, así como la índole de cualesquiera restricciones que puedan habérsele impuesto y que podrían limitar la capacidad del extranjero de adaptarse en forma razonable al nuevo país.

Asilo

Si una persona extranjera ya está en los Estados Unidos y tiene un temor razonable de persecución en el extranjero a causa de la raza, religión, nacionalidad, por pertenecer a un grupo social especial o por opinión política entonces él/ella puede solicitarle el asilo a los Estados Unidos. La norma es esencialmente la misma que para conseguir el estado de refugiado. La ley establece lo siguiente con respecto al asilo:

> *Cualquier extranjero que es físicamente presente en los Estados Unidos o quién llega a los Estados Unidos (no obstante se entra en un puerto designado de llegada y incluso un extranjero después de que ha sido transportado a los Estados Unidos), puede solicitar asilo de acuerdo con la sección de la Sección 235 (b).*

Las siguientes categorías de personas no son elegibles a archivar una solicitúd para el asilo en los Estados Unidos:

✪ un extranjero que puede ser reubicado, consiguiente a un acuerdo bilateral o multilateral, a un tercer país en que el extranjero tendrá acceso a un procedimiento amplio y justo para juzgar su solicitúd al asilo o equivalente temporal, protección, a menos que el USCIS juzgue que es en el interés público que el extranjero reciba asilo en los Estados Unidos;

✪ un extranjero que archiva su aplicación después de un año después de su entrada, a menos que la persona puede demostrar a la satisfacción del USCIS que condiciones cambiantes en su país han causado el retraso en archivar la solicitúd. Esto aplica a un individuo que entró en los Estados Unidos en alguno otro estado visado de no-inmigrante y entonces debido a los cambios en el país de origen no pudo regresar sin estar sujeto a la persecución; y,

✪ un extranjero que ha solicitado asilo y se le ha previamente negada tal aplicación.

Restricciones La ley no le permite a un extranjero apelar la decisión del USCIS en cualquier tribunal con respecto a una decisión en cualquiera de los puntos anteriores.

Aunque el USCIS preparará regulaciones que definirán los requisitos y procedimientos para estas aplicaciones, el asilo no está disponible a un extranjero si el USCIS determina lo siguiente:

✪ el extranjero pidió, incitó, ayudó, o por otra parte participó en la persecución de cualquier persona a causa de la raza, religión, nacionalidad, miembresia en un grupo social particular, o por su opinión política;

✪ el extranjero, ha sido declarado culpable por un tribunal de un crimen particularmente serio y que constituye un peligro a la comunidad de los Estados Unidos;

✪ hay razones viables para creer que el extranjero ha cometido un crimen grave de naturaleza no-político fuera de los Estados Unidos antes de su llegada en los Estados Unidos;

✪ hay causa razonable para creer que al extranjero puede ser un peligro a la seguridad de los Estados Unidos;

✪ el extranjero es inadmisible por haber ser un terrorista o miembro de una organización terrorista. La Organización de la Liberación de Palestina (PLO) está en el momento identificada como una organización comprometida en actividad terrorista, o es trasladable por habido cometido una actividad terrorista después de la admisión al EE.UU., a menos que, en el caso un extranjero que solo es inadmisible el Abogado General juzgue que no hay base razonable para creer que dicho extranjero será un peligro a la seguridad de los Estados Unidos; o,

✪ el extranjero se reestablició firmemente en otro país antes de a llegar a los Estados Unidos.

También, se considerará que un extranjero que ha sido declarado culpable de una felonía agravada ha sido declarado culpable de un crimen particularmente serio y así no elegible para el asilo. La ley también le otorga la autoridad al USCIS para crear nuevas condiciones bajo las que un extranjero estará inelegible al asilo. Esto es raro bajo la jurisprudencia norteamericana en que un cuerpo administrativo generalmente no se da el poder para crear condiciones adicionales para crear ineligibilidad bajo la ley. No obstante, ésta es la ley cuando está de pie ahora. Además, el Internet tiene amplios recursos para desarrollar estas fuentes secundarias de condiciones nacionales.

Como resultado de los recientes cambios en la jurisprudencia del asilo tanto como el procedimiento así como la substancia, un extranjero deber utilizar asistencia competente legal en la preparación de una petición del asilo.

La diferencia principal entre las categorías del Asilo y de Refugiado es que la primera corresponde a extranjeros que ya se encuentran en los Estados Unidos, mientras que la segunda corresponde a personas que se encuentran fuera de los Estados Unidos. La ley provee un procedimiento mediante el cual un asilado que ha sido admitido a los Estados Unidos puede conseguir que su cónyuge y/o hijo(s) se unan a éste en los Estados Unidos una vez que demuestren la relación familiar. La concesión del estado de Asilo es discrecional. El Procurador General, actuando a través de sus representantes en el USCIS, puede suspender la concesión del asilo debido a causa bien fundada. Por ello, si un extranjero entrara en forma secreta a los Estados Unidos y se desdeñara el proceso normal de refugiado que de otra manera estaría a su alcance, la concesión del asilo puede serle denegada debido a esa razón.

Ciertas peticiones de asilo que son o pueden ser delicadas de un punto de vista político se llevan directamente a la atención del Departamento de Estado. Estas generalmente entrañan una petición de asilo de un oriundo de un país comunista y/o un diplomático o funcionario consular de un país extranjero. Las peticiones de asilo suelen plantearse en las audiencias de deportación como una alternativa a la deportación (Suspensión de la Deportación). La ley dispone que un extranjero no puede ser deportado a un país en donde será sujeto a persecución debido a y en un contexto que podría clasificar al extranjero como refugiado a menos que el extranjero ha cometido un crimen grave. Aunque este recurso es obligatorio después que el juez de inmigración ha fallado basado en las alegaciones del extranjero, en la práctica es un recurso muy difícil de obtener.

El rara vez tendrá un extranjero en su poder la evidencia para documentar que él, personalmente, estaría sujeto a la persecución en la tierra extranjera. No obstante, recae sobre el extranjero la responsabilidad de comprobar ante el USCIS que él/ella estaría sujeto a persecución en el extranjero. Rara vez bastará únicamente el testimonio del extranjero, a menos que haya alguna evidencia extrínseca, constancias o algo similar.

Es imprescindible comprobar que el solicitante personalmente será víctima de las acciones discriminatorias del gobierno. Alegatos en general que el solicitante no está de acuerdo con su gobierno o que él probablemente será víctima de algún tipo de acción represiva por parte de su gobierno no bastan como prueba del alegato de persecución.

Hay varias organizaciones en los Estados Unidos que compilan expedientes de constancias acerca de violaciones de derechos humanos en distintos países y éstas pueden ser útiles en un caso en particular. La organización llamada Amnistía Internacional sería un excelente lugar dónde comenzar para cualquiera que cree que tiene o debería tener el derecho a recibir la concesión del asilo político.

Amnesty International
705 G Street S.E.
Washington, D.C. 20003

3 VISAS DE NO INMIGRANTE TEMPORARIAS

En esta sección trataremos sobre las visas de no inmigrante más importantes y corrientes. Debido a que, salvo por la visa H-1B, no hay ninguna limitación numérica o cuota con respecto al número de visas de no inmigrante que se pueden emitir, se emiten y utilizan muchas más visas de no inmigrante que de inmigrante.

Normalmente una persona solicita la visa estadounidense de no inmigrante en el extranjero, en el consulado de los Estados Unidos en su país de residencia. Si la visa se emite, es evidencia a prima facie de que la persona es apta para entrar a los Estados Unidos. La persona extranjera usará por primera vez la visa cuando la presente ante el representante de la compañía aérea o naviera internacional como requisito previo para embarcar en el avión o barco.

Al llegar a la frontera de los EE.UU., la persona extranjera es inspeccionada por un agente de inmigración estadounidense. Si la persona extranjera es admitida a los Estados Unidos, se le emite una pequeña tarjeta o papel blanco conocido como el formulario I-94, el documento de entrada oficial que establece que el extranjero ha sido inspeccionado en la frontera. Este formulario comprueba que la persona entró legalmente a los Estados Unidos y también establece la categoría de la visa por la cual fue admitido, así como la duración designada de la estadía. El formulario I-94 debe guardarse en el pasaporte y la persona extranjera debe llevarlo consigo en todo momento. Pocas personas están informadas de este requisito y los agentes del USCIS suelen reprender al extranjero por no tener el pasaporte y el formulario I-94 a mano inmediatamente. Si bien éste es un requisito anticuado, sigue siendo la ley.

El plazo de tiempo que la persona extranjera puede permanecer en los Estados Unidos está señalado en el formulario I-94, no en el lenguaje de la visa que se estampa en el pasaporte. Es por ello que la reseña en la visa B-1/B-2, que establece que el portador tiene derecho a entradas ilimitadas a los Estados Unidos, no quiere decir que la persona puede permanecer en los Estados Unidos por un período indefinido, ni que puede volver a entrar a los Estados Unidos tantas veces como quiera. El plazo indicado en la visa simplemente significa que no hay necesidad de que la persona solicite otra visa dentro de un período de tiempo en particular. El plazo de tiempo que puede permanecer en los Estados Unidos se limita a la fecha indicada en el formulario I-94.

Visados de No Inmigrante

Las visas de no inmigrante tienen varias características que las distinguen de las visas de inmigrante que se expusieron en los capítulos anteriores.

Primero, la visa de no inmigrante le concede a la persona extranjera el privilegio de entrar a los Estados Unidos solamente por un período definido de tiempo. Por supuesto, esto requiere que la intención del extranjero en cuanto a la propuesta duración de su estadía sea también temporaria.

Segundo, cada visa en particular impone ciertas restricciones y condiciones referentes a las actividades a las que el extranjero se puede dedicar mientras se encuentra en los Estados Unidos. Es decir, hay diferentes visas para las diferentes actividades que se llevarán a cabo en los EE.UU. Por consiguiente, la visa de turista o de visitante no autoriza el empleo; la visa de estudiante autoriza a estudiar en sólo cierta institución; la visa de inversionista por tratado autoriza el empleo sólo en una empresa definida, y así sucesivamente.

Hay muchos tipos de visas de no-inmigrante que no se expondrán en este libro porque atañen a una clase muy limitada de personas y su pertinencia es muy especializada. Algunos ejemplos de estas visas son la visa NATO para funcionarios de la OTAN, la visa A-1 para personal diplomático y la visa I para reporteros y representantes de los medios de comunicación.

A veces, una visa de no inmigrante se conforma más a las necesidades de una persona extranjera que la visa de inmigrante, sobre todo para el inversionista y/o para fines empresariales y profesionales. Además, la visa de no inmigrante puede obtenerse rápidamente, por lo menos en comparación con el tiempo que demora obtener una visa de inmigrante. Puesto que casi todas las visas de no inmigrante se obtienen mucho más rápido que las visas de inmigrante, muchas personas extranjeras intentan usar la visa de no inmigrante como un substituto de la visa de inmigrante.

Debido a todos los factores expuestos precedentemente, ha habido un aumento en la demanda de visas de no inmigrante así como un creciente escrutinio de las peticiones de no inmigrante (solicitudes) por las autoridades de inmigración estadounidense. Por lo tanto, para una planificación adecuada es esencial que la persona o entidad extranjera posea un entendimiento cabal de los límites, condiciones y propósitos de las distintas visas de no inmigrante a los EE.UU. Quiero recalcar la importancia de que la persona extranjera realice una planificación actualizada y completa. Ello podría significar la diferencia entre el rechazo o la aprobación de la petición de visa por el funcionario que las otorga.

El Turista/Visitante de Negocios (B-1/B-2)

La visa B es la que predomina entre las distintas visas que las autoridades consulares de los Estados Unidos emiten para entrar a los Estados Unidos. Para la mayoría de las personas extranjeras, ésta es la más fácil de obtener entre todas las visas de no inmigrante. La visa B-1 se emite para tramitar ciertas categorías de negocios en los Estados Unidos, en tanto que la visa B-2 se emite a turistas o visitantes de placer; sin embargo, en ninguno de estos casos podrá el tenedor de la visa dedicarse a actividades que produzcan una remuneración, tal como sueldos, propinas, honorarios, comisiones, etc., y los *negocios* contemplados por la visa B-1 no incluyen la gestión activa de un negocio o empresa comercial en los Estados Unidos.

El tenedor de la visa B-1 puede lógicamente asistir a reuniones de negocios, audiencias de tribunales, etc., pero toda remuneración se gana y paga desde el extranjero, en tanto que el tenedor de la visa B-2, como ya se indicó, está limitado a actividades de visitante, ajenas a negocios.

A fin de reunir los requisitos para las visas B-1/B-2, la persona extranjera debe poseer un pasaporte u otro documento de viaje válidos, emitidos por su país natal y debe establecer lo siguiente a satisfacción del funcionario estadounidense que emite la visa:

✪ tener un domicilio permanente fuera de los EE.UU. que no tiene la intención de abandonar;

✪ tener la capacidad financiera necesaria para efectuar su negocio o viaje de placer en los Estados Unidos y tener un boleto de ida y vuelta de la compañía de transporte; y,

✪ no estar de otra forma descalificado (ser excluible) de entrar a los Estados Unidos por motivos tales como tener antecedentes penales, etc.

Si bien los requisitos cualitativos y de constancias son bastante fáciles de satisfacer, la persona proveniente de países en desarrollo tal vez halle difícil obtener esta visa si no es capaz de probar que tiene suficientes motivos para partir de los Estados Unidos dentro del período de tiempo establecido por el agente de inmigración en la frontera. Los funcionarios consulares que emiten la visa suelen usar *perfiles* para determinar si una persona puede representar un riesgo si recibe una visa B-1/B-2.

Ejemplo: A una persona joven, soltera, sin trabajo u otro medio visible de sustento, probablemente se le negaría una visa B-1/B-2 porque no habría suficiente motivo para que esa persona volviera a su país de origen. La situación empeoraría si, además de lo precedente, la persona joven tiene parientes cercanos en los Estados Unidos y proviene de un país en vías de desarrollo.

En una situación en la que figuren uno o varios de los factores anteriormente expresados, recomiendo que el solicitante de la visa se prepare para la indagación del funcionario consular mediante constancias que demuestren que éste tiene motivos tenaces para partir de los Estados Unidos al concluir la visita. Esto puede abarcar pruebas de ocupar un buen cargo en el país natal, la posesión de propiedad valiosa, así como la existencia de otros fuertes vínculos económicos, emocionales y culturales en el país natal.

Recordemos que la presunción es que el solicitante no tiene derecho a la visa hasta que pruebe lo contrario a satisfacción del funcionario consular que emite las visas. De cualquier forma, es aconsejable tener toda la evidencia adecuadamente organizada antes de presentarse en el consulado estadounidense para solicitar la visa.

La ley ahora permite un profesor universitario recibir un honorario academico por hasta nueve dias de actividad academica y por hasta cinco instituciones durante un periódo de seis meses.

La visa B-1/B-2 se obtiene en una oficina consular en el extranjero y es válida para una entrada inicial y una estadía de hasta seis meses. Este período se puede extender debido a causa fundada por un período adicional de seis meses, pero las segundas extensiones son muy difíciles de obtener. Ocasionalmente los visitantes extranjeros me preguntan si estas limitaciones de tiempo pueden ser legalmente exceptuadas al meramente realizar viajes cortos al exterior antes de expirar el plazo de la estadía señalado en el I-94.

La respuesta consiste en recordarle a mi cliente que el agente de inspección en la frontera tiene el derecho a negarle la entrada a una persona extranjera si el agente está convencido de que la persona en realidad vive en los Estados Unidos permanentemente o de alguna manera se desenvuelve al margen del estado inmigratorio que le corresponde. En términos sencillos, le pido a quién hizo la pregunta que presuma que el agente de inspección en la frontera es precisamente tan astuto como la persona extranjera. Por consiguiente, el agente puede deducir que alguien que ha pasado la mayoría de su tiempo (quizás los dieciséis meses pasados) de un período prolongado (quizás los dieciocho meses pasados o algo así) en los Estados Unidos sea probablemente un inmigrante *de facto*; es decir, un inmigrante que tiene la intención de serlo pero que no tiene la visa apropiada y por eso se le puede excluir.

Extensión de la Estadia

La duración de la estadía conforme a la visa B-1/B-2 puede extenderse. Una primera extensión de estadía es posible, pero no es automática. El visitante debe probar que posee un boleto de transporte de vuelta y debe probar que tiene los medios económicos para mantenerse, así como para sufragar sus actividades mientras se encuentra en los Estados Unidos. El USCIS examinará meticulosamente el motivo de la extensión y, si la persona extranjera conforma el perfil de un riesgo debido a que podría fugarse o de otra forma violar el estado de la visa B, se negará la extensión.

Recomiendo que la petición de la extensión se tome seriamente y que se consulte con un abogado de inmigración competente para que prepare la petición de la extensión. Independientemente de cuan fuerte sea la relación entre la persona extranjera y el funcionario del consulado estadounidense que emite la visa en su país natal, esto cuenta muy poco cuando la persona extranjera se encuentra en los Estados Unidos. Una segunda extensión es casi imposible de obtener.

La Ley de Reforma y Control de Inmigracion de 1986 estableció un programa piloto de *Dispensa de Visa* que dispone que los extranjeros de países designados pueden entrar a los Estados Unidos como visitantes por un período máximo de tres meses sin visa. Se limitó inicialmente el programa a visitantes del Reino Unido. Se consideran visitantes del Reino Unido a las personas que tienen derecho de residir permanentemente allí y no tienen restringido su derecho de viajar dentro del Reino Unido. El programa piloto de *Dispensa de Visa* incluye actualmente a los siguientes países:

Alemania	Finlandia	Mónaco
Andorra	Francia	Noruega
Australia	Holanda	Nueva Zelanda
Austria	Ireland	Portugal
Bélgica	Islandia	Reino Unido
Brunei	Italia	San Marino
Dinamarca	Japón	Singapore
Eslovenia	Lichtenstein	Suecia
España	Luxemburgo	Suiza

Los visitantes de los países mencionados precedentemente que entran conforme al programa de *Dispensa de Visa* están sujetos a ciertas restricciones, tales como la incapacidad de extender su estadía, cambiar el estado de no inmigrante o ajustar su estado inmigratorio al de residente permanente. El visitante aún puede ser vedado de entrar a los Estados Unidos en la frontera si éste no puede, por alguna razón, probar que procura entrar a Estados Unidos como visitante.

(No recomiendo que un inversionista o ejecutivo comercial en perspectiva se valga de este programa para visitas preparatorias o de investigación a los Estados Unidos, a menos que éste esté seguro de que no necesitará extender su visita o que no requerirá cambiar su estado inmigratorio a la categoría de visa que procura. Esto se debe a la inflexibilidad del programa que prohíbe extensiones de estadía o cambios de estado inmigratorio.)

Comerciante/Inversionista por Tratado (E-1/E-2)

Estas son unas de las más importantes visas a los Estados Unidos de no inmigrante. Estados Unidos ha firmado tratados de navegación y comercio con otras naciones que establecen, entre otras cosas, que los ciudadanos de esos países pueden entrar y trabajar en los Estados Unidos conforme a ciertas condiciones bien definidas. Si el comerciante por tratado o inversionista por tratado es una compañía, entonces el empleado en los Estados Unidos debe tener la misma nacionalidad que la compañía. El empleado generalmente debe ejercer funciones directivas o ejecutivas, aunque si el empleado posee algún oficio especializado, que por otra parte no puede obtenerse en los Estados Unidos, entonces aún un cargo de empleado consultivo o de trabajador puede sustentar la visa E.

Dicha visa autoriza una duración inicial de estadía de hasta dos años y no hay límite con respecto al período de tiempo total que el empleado puede permanecer en los Estados Unidos con debidas extensiones, siempre que continúe en el empleo que originalmente sustentó la visa. Al cónyuge y menores dependientes del tenedor de la visa E se les concede también la misma visa. Otra ventaja de la visa E consiste en que no es necesario establecer que el tenedor de la visa sigue manteniendo un hogar en el país extranjero al cual tiene la intención de retornar.

La Visa E-1 Esta visa se conoce como la visa de comerciante por tratado y beneficia a ciudadanos de la contraparte del tratado que participan en un volumen *substancial* de comercio con los Estados Unidos. Si bien no es posible definir precisamente el significado del término *substancial,* ello requiere un volumen de comercio que sea suficiente como para mantener al empleado en los Estados Unidos. Las transacciones comerciales no tienen que ser cuantiosas a nivel individual, siempre y cuando sean numerosas y el volumen del porcentaje total del comercio equivalga al 51% entre Estados Unidos y el país del tratado.

Desde el 1º de enero de 1989, el USCIS acordó ampliar el significado del término *comercio* para que incluya *intercambio, compra o venta de bienes y/o servicios.* Bienes se refiere a productos de mercadería tangibles que poseen un valor intrínseco, a excepción del dinero, valores e instrumentos negociables.

Servicios se refiere a las actividades económicas cuyos resultados no son bienes tangibles. Tales actividades abarcan, pero no se limitan a la banca, seguros, transporte, comunicaciones y procesamiento de datos, publicidad, contabilidad, ingeniería y diseño, asesoramiento de gerencia y turismo. Esta nueva definición amplía de gran manera la aplicabilidad de las disposiciones del tratado/comerciante, ya que el gobierno ahora acepta la realidad moderna de que gran parte del comercio internacional tiene que ver con la movilización de servicios en vez de la movilización de bienes y productos.

Los países que tienen privilegios por tratado pertinentes a la visa E-1 son los siguientes:

Alemania	Estonia	Macedonia
Argentina	Etiopía	Mexico
Australia	Filipinas	Nicaragua
Austria	Finlandia	Noruega
Bélgica	Francia	Oman
Bolivia	Grecia	Pakistán
Bosnia & Herzegovina	Holanda	Paraguay
Brunei (Borneo)	Honduras	Reino Unido
Colombia	Irán	Surinám
Costa Rica	Irlanda	Suiza
Corea	Israel	Sultanía
Croatia	Italia	Tailandia
China	Japón	Togo
Dinamarca	Latvia	Turquia
Eslovenia	Liberia	Yugoslavia
España	Luxemburgo	

La Visa E-2 Esta visa se conoce como la visa de inversionista por tratado y se otorga a un extranjero ciudadano de un país con tratado para que entre a los Estados Unidos con el propósito de desarrollar y administrar una empresa comercial en la cual ha invertido o se ha comprometido a invertir una cantidad substancial de capital y en la cual la inversión no es de menor escala.

Estados Unidos ha firmado tratados de amistad y comercio otorgando los beneficios de la visa E-2 de inversionista por tratado a los siguientes países:

Albania	China	Georgia	Luxemburgo	Slovenia
Alemania	Colombia	Grenada	Lithuania	Sri Lanka
Argentina	Congo	Haiti	Moldova	Suecia
Armenia	Corea	Holanda	Mongolia	Suiza
Austria	Costa Rica	Honduras	Marruecos	Surinám
Australia	Croatia	Irán	Noruega	Tailandia
Azerbaijan	Checa, República	Irlanda	Omán	Trinidad
Bahrain	Ecuador	Italia	Pakistán	Tobago
Bangladesh	Egipto	Jamaica	Paraguay	Togo
Bélgica	España	Japón	Panama	Tunisia
Bolivia	Estonia	Jordania	Polandia	Turquía
Bosnia & Herzegovina	Etiopía	Kazakhstania	Romania	Ucraina
Bulgaria	Filipinas	Kyrgyzstania	Senegal	Reino Unido
Camerún	Finlandia	Latvia	Slovakia	Yugoslavia
Canada	Francia	Liberia		

Condiciónes de elegibilidad. La inversión tiene que ser de índole *substancial* y no de índole menor. La ley no establece una cantidad específica de dinero como cantidad mínima requerida para satisfacer las condiciones de *substancial*, ni define claramente el térmio *substancial*, ni tampoco hay una fórmula matemática que pueda utilizarse para descifrar este significado. Además, el término *substancial* está sujeto a diversas interpretaciones en diferentes consulados, como así también, posiblemente habrá diferencias según los diferentes funcionarios consulares en el mismo consulado.

En lo que respecta a la puesta en marcha de una nueva empresa que desarrolla el inversionista desde sus comienzos, el que se considere substancial o no una cierta cantidad de capital suele determinarse en comparación con el tamaño de otros tipos de empresas similares. Habitualmente, el inversionista corre mucho más riesgos en una empresa recién establecida que en el caso de que el inversionista comprase un negocio ya existente. Además del tamaño total del negocio, el número de empleados que se piensa emplear es también un factor muy importante para predecir el éxito de la solicitud de la visa.

Cuanto más empleados haya, habrá menos énfasis en la interrogante de si la inversión es substancial o no. En empresas nuevas, generalmente hay menos dificultades en establecer a satisfacción del cónsul de los EE.UU. que el solicitante se compromete a hacer la inversión, que es una condición previa para la emisión de la visa. Puesto que no había ninguna estructura comercial previa con anterioridad a las inversiones de la persona extranjera, no es lógico esperar que el negocio esté funcionando antes de que, en efecto, se le emita la visa al extranjero.

El inversor extranjero debe establecer que la propuesta inversion está comprometida al punto donde el reuso de cumplir con el arreglo comercial implicará una sanción costosa. Los detalles de este tipo de evidencia variarán según las características particulares de cada caso.

Las empresas originales que se ponen en marcha, sin embargo, están llenas de riesgos desde un simple punto de vista comercial y la mayoría de los consultores comerciales estarían de acuerdo en que, de no haber un cambio en las condiciones, es preferible la adquisición de un negocio o empresa comercial ya existente y en funcionamiento. Los Estados Unidos tiene una economía relativamente libre, la cual, por un lado otorga libertad para triunfar, pero por el otro provee el entorno para fracasar.

Las estadísticas que lleva la Administración de Pequeñas Empresas del Departamento de Comercio de los EE.UU. indican que la mayoría de las nuevas empresas fracasan dentro de los primeros dos años de existencia. Sólo se puede inferir que, para una persona extranjera que no posee gran perspicacia sobre las normas y costumbres de la comunidad comercial en la cual se aventura, el riesgo del fracaso es al menos tan alto como para los residentes de los EE.UU. No tengo pruebas, pero me imagino que el porcentaje de fracaso por parte de inversionistas extranjeros, en lo que respecta a la puesta en marcha inicial de empresas, es más alto que para residentes de los EE.UU.

Como resultado del alto riesgo que implica poner en marcha una empresa, muchas personas extranjeras preferirían invertir en una empresa que ya está en existencia y en funcionamiento. Introdúzcase al mundo de la inmigración. Las normas y reglamentos establecen que la persona extranjera debe invertir un porcentaje relativamente alto del precio de la adquisición comercial.

Efectivamente, mucho más alto de lo que requieren los vendedores cuando los compradores son residentes de los EE.UU. Mi *método práctico* para determinar lo que se considera substancial en lo que respecta a la adquisición de un negocio ya en existencia es que el inversionista debe adquirir el negocio más grande que le sea posible invirtiendo directamente un mínimo de un 50% del precio del negocio.

¿Que cantidad es substancial? La magnitud de *substancial* frecuentemente se determina mediante el uso de una *proporcionalidad* o una prueba de proporcionalidad *relativa*. La prueba de proporcionalidad suele utilizarse para analizar la adquisición de una empresa ya en existencia por una persona extranjera. Como pauta general, a la fecha de este libro, la cantidad mínima de capital requerida para satisfacer la prueba de substancial es de US$100.000 dólares. En ciertos consulados de los EE.UU. en el extranjero, US$100.000 dólares se consideraría lo mínimo; por consiguiente, esta cantidad tiene que considerarse sólo como un método práctico y habría que analizarla desde el punto de vista del tipo de negocio, la inversión, la rentabilidad sobre la inversión y todos los demás factores descritos en esta sección.

A pesar de ello, en general, una inversión inferior a esta suma sería considerada por la mayoría de los consulados de los EE.UU., de por sí, como insubstancial a menos que se pueda comprobar que el negocio no requiere más capital de lo que se ha invirtido y que dicha suma represente todo o casi todo del precio de la adquisición.

Por supuesto que si la empresa comercial entraña un negocio de servicios, entonces una cantidad de capital relativamente menor, digamos unos US$50.000, se podrían considerar como substancial, especialmente en circunstancias en que el inversionista posee habilidades especiales y únicas tales como habilidades personales y talento, como sería el caso de un artista o un arquitecto.

Por ejemplo, en el caso de un arquitecto, ingeniero u otro diseñador que compra e instala computadoras de alta tecnología, programas de computación e impresoras con características avanzadas de *diseño computarizado* (CAD), las oficinas centrales tal vez no precisen mucho más que los muebles de oficina comunes para ser una empresa completa y en funcionamiento debido.

En una situación en que la persona extranjera adquiere una empresa comercial estadounidense ya en existencia y deposita menos del 50% del precio de compra, el requisito del 50% del capital todavía se satisface si el extranjero se compromete con algún otro capital para la empresa. En definitiva, el inversionista extranjero ha reorganizado la existente empresa comercial estadounidense con suficiente infusión de capital como para satisfacer el requisito del 50% del capital total.

El Departamento de Estado ha propuesto normas y reglamentos que requieren que la inversión del extranjero sea de un porcentaje mínimo del costo o valor de la empresa. La fórmula es la siguiente:

✪ empresas comerciales ya existentes cuyo precio de compra es de US$100.000 dólares o menos, la inversión debe ser entre noventa y 100%;

✪ empresas comerciales ya existentes cuyo precio de compra es de US$500.00 dólares o menos, la inversión debe ser aproximadamente 75%;

✪ empresas comerciales ya existentes cuyo precio de compra es de US$3.000.000 dólares o menos, la inversión debe ser aproximadamente 50%; y,

✪ empresas comerciales ya existentes cuyo precio de compra es mayor de US$3.000.000 la inversión puede ser de 30%.

Por consiguiente, una persona extranjera que compra un negocio conforme a estas normas se coloca inmediatamente en una competencia desventajosa, a menos que tenga también el capital adicional suficiente para los gastos de operación y otras contingencias comerciales. Evidentemente, los reglamentos no fueron escritos por personas de conocimientos comerciales prácticos. Por cierto, un colega, abogado de inmigración, me comentó sarcásticamente que toda persona que solicita una visa E-2 y está en estricto acuerdo con las pautas de proporcionalidad mencionadas anteriormente debería ser rechazada por carecer de habilidad comercial.

Las pruebas de proporcionalidad propuestas precedentemente no son obligatorias y pueden ser modificadas para casos individuales, pero me temo que la tendencia burocrática será utilizar estas pautas como pruebas únicas y si una inversión en particular no cuadra dentro de las proporciones de los principios generales, se conjeturará que no es apta. Esto es especialmente desalentador, ya que frecuentemente la persona extranjera podría tener gran experiencia y conocimientos comerciales mientras que el funcionario examinador del consulado, quien posee la habilidad de emitir o denegar la visa, podría no tener la suficiente experiencia y perspicacia comercial. En la Florida, mi estado de residencia, las empresas por lo general se compran por cantidades considerablemente menores a las requeridas por estos reglamentos.

Una técnica posible para evitar el problema económico inherente a la prueba de proporcionalidad consiste en bifurcar o subdividir la transacción para que con el capital de la persona extranjera se compren los bienes substanciales o claves o los componentes del negocio en la correcta proporción y los otros bienes sean comprados en una transacción conexa pero separada. Pueden existir muchas variantes de esta técnica que se podrían aplicar en circunstancias particulares y es imperativo que se lleve a cabo una planificación apropiada previa a la ejecución de cualquier documento para la adquisición de una empresa comercial. En este tipo de situación, es esencial contratar a un abogado de inmigración y a un consultor de negocios versados.

Claro está que en el caso de una inversión de un gran importe de dinero, tal como sería el caso de dinero en efectivo o de propiedades por un importe de US$1.000.000 o mayor, se puede presumir que es *substancial* como resultado del gran importe total, aunque tal vez éste no se aproxime a los porcentajes recomendados. En la mayoría de los casos, el concepto de *substancial* depende del tipo de negocio que se esté desarrollando, así como de la proporción de valor líquido que invierta el extranjero. La inversión no puede ser *de menor escala* y frecuentemente los conceptos de *substancial* y *de menor escala* se interrelacionan. El concepto *de menor escala* se explicará en mayor detalle más adelante en este capítulo. A continuación se narra un ejemplo del concepto de *substancial*.

Una inversión en una compañía de construcción marítima de gran volumen obviamente podría requerir millones de dólares, ya que cada pieza en particular de la maquinaria es muy costosa; es decir, el costo de las barcazas, las grúas, las lanchas remolcadores y demás maquinaria auxiliar semejante. Comparemos este tipo de inversión con una inversión en un negocio de distribución al por mayor para el cual el único capital de inversión requerido, salvo el inventario al por mayor, sería el del espacio de almacenaje, los muebles de oficina y posiblemente la compra de ciertos activos nominales, tales como derechos de contrato, etc. Este negocio podría estar lo suficientemente capitalizado con, digamos unos US$75.000.

En el segundo negocio, es muy probable que el USCIS o el cónsul de los Estados Unidos en el extranjero exija una inversión mínima de un cincuenta por ciento del importe total que se requiere para el negocio, en tanto que para la primera compañía en nuestra situación hipotética, un porcentaje menor probablemente sería aceptable si la inversión fuera grande y el inversionista también dirigiera la empresa.

El capital tiene que ser propio del inversionista. El cónsul de los EE.UU. en el extranjero habitualmente exigirá prueba documentada de que los fondos invertidos son los fondos propios del inversionista. Cualquier persona interesada en esta visa deberá comenzar a recopilar toda la documentación para demostrar cómo llegaron los fondos desde su cuenta en su país de procedencia a los Estados Unidos. El cónsul de los EE.UU. exigirá prueba documentada sobre el origen y/o propiedad del dinero y por lo general no se conformará con nada menos que esto. Puede que esto constituya un problema para ciertos inversionistas que viven en países donde hay restricciones en la conversión de moneda local a divisas extranjeras o donde haya distintas restricciones para la expatriación de capital. Es común que las personas con dinero en estos países hayan transferido cierta cantidad de dinero a un tercer país y que hayan usado distintas maniobras legales y contables para aislar a este dinero de sí mismos.

Por consiguiente, tal vez no sea prudente que esa persona revele que es el propietario real del dinero que en ese momento intenta transferir a los Estados Unidos. Aunque tal vez esto sea práctica común en un país en particular, el cónsul de los EE.UU. aún exigirá prueba documentada de que el dinero traído a los Estados Unidos le pertenece al inversionista. En el caso de una persona que extrae una gran cantidad de dinero en efectivo de su país y se presenta en la frontera de los EE.UU. y entrega las declaraciones de aduana apropiadas con respecto al dinero que trae a los Estados Unidos, el cónsul de los EE.UU. o el

USCIS, a fin de cumplir con los requisitos de la visa E-2, aún puede exigir que el inversionista extranjero pruebe que el dinero en efectivo que trajo consigo y declaró en la frontera de los EE.UU. es en efecto propiedad suya.

Si bien las normas y reglamentos establecen que el inversionista extranjero utilice su propio dinero, los préstamos garantizados por el crédito personal del inversionista serán suficientes parasatisfacer el criterio de *substancial*, siempre y cuando el préstamo no esté también garantizado por los bienes adquiridos. Los ingresos de préstamos garantizados por los bienes que el inversionista extranjero está por adquirir no cuentan como parte del capital que se le exige a la persona extranjera de acuerdo con la visa E-2. Si el inversionista compra o establece un negocio basándose específicamente en su influencia, con muy poco riesgo económico personal, entonces la inversión no surtirá efecto para fines de solicitud de la visa.

No se exige que el inversionista invierta en el negocio únicamente dinero en efectivo. Bienes tales como equipos, accesorios, inventario y otros bienes tangibles de valor son también válidos para la inversión. Incluso bienes nominales tales como derechos de patente o regalías u otros derechos contractuales pueden ser utilizados al valuar la inversión del extranjero, siempre y cuando puedan ser tasados objetivamente.

Inversionista dirije y administra la empresa creada o adquirida. Es imprescindible que el extranjero muestre evidencia de que entra a los Estados Unidos para dirigir y administrar la inversión/empresa. Este requisito se subordina a la evidencia de que el inversionista es propietario y/o controla la empresa que es el foco de la solicitud de la visa. Aunque comúnmente el extranjero tiene que establecer propiedad de por lo menos el 50% del valor líquido de la empresa, es posible demostrar su control por medio de contratos u otros acuerdos que esencialmente colocan la administración y el control del negocio en manos del extranjero.

La lógica únicamente indicará que si el extranjero no controla la inversión y no necesita estar presente en los Estados Unidos con el propósito de administrarla, la visa es innecesaria.

Tiene que ser una empresa *activa*. Las normas y reglamentos también establecen que la inversión sea una inversión activa en vez de ser una inversión pasiva. Cuando se invierte en terrenos o acciones, bonos, fondos mutualistas, etc., el inversionista no reuniría los requisitos para una visa E-2, independientemente de la cantidad implicada. La visa E-2 se creó para traer a los Estados Unidos a personas claves, cuya presencia se requiere para el crecimiento de una empresa. Evidentemente, si la inversión es tal que no requiere la participación personal del inversionista, la visa E-2 no sería una visa apropiada para esa persona. Se trata, claro está, de una generalización y puede haber unas pocas excepciones y algunos casos que precisarán de un análisis meticuloso si los límites entre inversión pasiva y activa no fueran claros. Un ejemplo de ello es la persona que invierte en el negocio de urbanización de terrenos o residencial. Aunque ser propietario del terreno de por sí no es suficiente como para que se considere una inversión comercial, la persona que asume el riesgo comercial activo de urbanizar el terreno para fines comerciales es inversionista para los propósitos de la visa E-2.

Es posible que los puntos explicados precedentemente sean difíciles de raciocinar en algunos casos. Recuerdo específicamente una situación hace algunos años cuando una conocida agente de bienes raíces trajo a mi oficina a dos inversionistas europeos acaudalados. Los señores tenían la intención de comprar una amplia extensión de un terreno de naranjos, que ya se encontraba bajo contrato de arriendo con un agente que iba a explotar el naranjal. Los inversionistas no participarían en absoluto en el negocio del naranjal y buscaban hacer su ganancia con la reventa futura del naranjal. Los extranjeros tenían la intención de invertir en esta propiedad más de un millón de dólares americanos en efectivo, ya que aportaba una tasa de rentabilidad favorable y se trataba de una inversión bastante segura. La agente de bienes raíces, una profesional, tenía la oportunidad de ganarse una considerable comisión en esta venta.

Sin embargo, los inversionistas tenían una condición para la inversión: la de obtener un visa E para poder entrar a los EE.UU. y pasar aquí extensos períodos de tiempo a su voluntad. Después de analizar la inversión y su participación en la inversión, llegué a la conclusión de que la inversión claramente no reunía los requisitos para la visa E-2 y así se lo informé a todos.

Los inversionistas estaban decepcionados de que la cuantiosa inversión que estaban dispuestos a hacer no les daría derecho a la visa, aunque se alegraron de enterarse de ello antes de comprometerse a realizar la transacción. La agente de bienes raíces se retorció las manos en desesperación al ver que su comisión se esfumaba. No obstante, no era posible obtener una visa E-2 para los posibles inversionistas bajo las condiciones de esa inversión y la manera en que la habían estructurado. De haber hecho la inversión con el entendimiento de que reunían los requisitos para esta visa, la decepción habría sido mayor y no habrían tenido un concepto favorable del profesional que les vendió la propiedad.

***La inversión no puede ser de menor escala* (marginal*)*.** Los reglamentos del USCIS recientemente emitidas declaran que una inversion se considerará *marginal*:

> *si ésta no tiene la capacidad de producir un ingreso, o en el imediato o en el futuro que es mas allá de un ingreso minimo. Una inversion que al inicio no tiene dicha capacidad pero tendrá la capacidad de fomentar una contribucion economica sustancial en el futuro es aceptable. Esta capacidad futura se tendrá que realizar entre cinco años desde el inicio de la inversión.*

La terminología de dicha regulación está repleta con importancia legal y debe ser considerada cuidadosamente.

En primer lugar, que suma es suficiente para ser un ingreso suficiente para el inversionista no está definido. Este término es muy a menudo definido en el extranjero por el oficial consular en el contexto del costo de vivir (normalmente alto) en la ciudad principal donde la mayoría de los Consulados americanos se localizan. Por lo tanto, lo que se puede considerar un ingreso minimo para una persona que reside dentro de la ciudad de Londres puede ser un ingreso cómodo para alguien que reside en una comunidad rural en los Estados Unidos. Segundo, no hay ninguna definición de *contribución económica significante*. Así, no está claro si esta terminología permite que la creación de solamente puestos basicos sean suficiente.

No está completamente claro tampoco si una empresa que actualmente es o podrá ser exitosa pero que crea pocos o ningunos puestos es aceptale. Y como se resuelve la aplicacion de un empresa que no proporciona empleo directo pero sí proporciona empleo indirecto como sería el caso de una compañía constructora en la que la mayoría del labor es proporcionado por contratistas independientes. Éstos son conceptos dinámicos que requieren interpretación basados en todos los factores anteriores, no de menos en cual Consulado americano particular esta involucrado.

También es obvio que la mayoría de las aplicaciones E-2 deberán ser aumentadas por una proyección economica detallado pero escrita en idioma clara y simple para que una persona que tenga poco o ningún entrenamiento en materias de negocio puede entenderlo.

Sin embargo, el negocio todavía tiene que justificar que podrá hacer una *contribución económica significante* a la comunidad en la cual esta ubicada. Está claro que el enfoque está en los beneficios completamente económicos de una empresa en lugar de sus otros posibles beneficios no-económicos.

La rentabilidad esperada o proyectada de la inversión debe proveer una tasa de rentabilidad o la posibilidad de rentabilidad, que sería lo esperado por parte de un inversionista prudente. Por consiguiente, si la inversión provee sólo el dinero suficiente para que la persona pueda mantenerse, la inversión no surtirá efecto a fines de la visa E-2. Como requisito se establece que la persona debe tener ingresos de otras fuentes y que no dependerá de la inversión como única fuente de ingreso.

En cuanto a esto, se le pedirá a la persona extranjera que documente sus otros ingresos, lo cual entonces se compararán con la rentabilidad esperada de la inversión en los EE.UU. Esto es frecuentemente un concepto que le es difícil entender al extranjero porque se trata de un concepto negativo; es decir, para que la solicitud de la visa sea aprobada, el inversionista tiene que demostrar que la inversión propuesta no tiene las características de ser *de menor escala*.

Otro elemento del concepto de menor escala es si la inversión tiene la capacidad de proveer empleo a ciudadanos de los EE.UU. y/o a sus residentes. Si la inversión comercial propuesta provee empleo a otras personas, la inversión tendrá menos posibilidades de considerarse de menor escala. Por consiguiente, si el negocio sólo mantiene al inversionista y a uno o dos otros empleados auxiliares, es posible que la inversión no sustente una visa E-2, a menos que los otros factores descritos estén presentes en gran medida. Si la índole del negocio es tal que por lo general no es necesario un gran número de empleados, tal como sería el caso de un inversionista que es artista comercial, entonces el requisito de empleo puede ser aminorado. Esto es porque la índole del negocio o el esfuerzo, es decir, la creación de arte, depende del talento singular del inversionista, cuyo resultado no se puede delegar a otros empleados.

Mientras más personas estadounidenses estén empleadas por el negocio, menos atención o importancia se le dará a la rentabilidad del negocio. Los requisitos descritos precedentemente se interrelacionan y dependen mutuamente unos de otros.

Ejemplo: Un vendedor estadounidense pone un restaurante a la venta por un valor de US$175.000. La transacción requiere una inversión total en efectivo de tan sólo US$75.000, ya que el propietario estadounidense actual está dispuesto a financiar el resto (US $100.000) del precio de la compra. En realidad, se trata de una relación entre la deuda y el valor líquido, que sería lo acostumbrado en muchas zonas de los Estados Unidos.

Además, presumamos en nuestra transacción hipotética que el inversionista extranjero espera obtener un sueldo razonable de US$25.000 anuales y no posee ninguna otra fuente de ingresos para mantenerse. El USCIS y/o el Departamento de Estado (Consulado de EE.UU. en el extranjero) probablemente decidirá que una inversión de US$75.000 no es en sí substancial en estas circunstancias. En segundo lugar, el USCIS determinará que una rentabilidad de US$25.000, en el caso en que no existe ninguna otra fuente de ingreso, indica que la inversión es una que meramente proveerá a la persona un sueldo mínimo. Por consiguiente, esta inversión probablemente no surtirá efecto por faltarle lo substancial y por ser de menor escala.

Si, por otra parte, el inversionista fuese capaz de demostrar que va a componer un negocio con problemas y por consiguiente protegerá los puestos de trabajo—o aún mejor, si el inversionista extranjero puede demostrar un aumento en el número de empleados, la inversión puede llegar a aprobarse, especialmente si el inversionista puede demostrar que la cantidad invertida es mayor de lo que las normas requieren para establecer o comprar un restaurante similar en la zona. Uno no puede dejar de enfatizar una y otra vez la importancia de las constancias documentadas para establecer la veracidad y exactitud de todas las afirmaciones pertinentes al concepto de inversión *substancial* y la ausencia concomitante del calificativo *de menor escala*.

Tal como se dijo anteriormente. El Departamento de Estado y el USCIS ejercen cautela en lo que se refiere a presuntas inversiones que no son más que un intento de esquivar el proceso normal de solicitud de visa de inmigrante e inmigrar a los Estados Unidos. Por lo tanto, estas autoridades están pendientes de indicios que indiquen la intención de inmigrar en solicitudes para visas de no inmigrante. A juicio del escritor, el inversionista que compra una residencia en los Estados Unidos antes de que se autorice la visa de no inmigrante habrá cometido un error táctico.

En el caso de una persona que solicita una visa E-2, el dinero invertido en una residencia privada (casa o departamento, por ejemplo) está básicamente malgastado en lo que se refiere a la cantidad de capital disponible para satisfacer el requisito legal de substancial. Esto es especialmente cierto cuando la proporción de la inversión de dinero en efectivo para una residencia excede a la de la inversión para una empresa. En estos casos, parece ser que "*la casa se ha empezado por el tejado*".

En mi zona geográfica en particular, el hermoso estado de la Florida, la mayoría de los inversionistas extranjeros con quienes he conversado piensan adquirir o ya han adquirido una residencia costosa y en algunas ocasiones el pago ha sido en efectivo. Por lo general, les advierto a mis clientes que, a menos que sean lo suficientemente adinerados como para que la compra de una residencia represente un compromiso económico insignificante, sería más apropiado posponer esa compra hasta que la inversión se haya establecido firmemente. He hablado con extranjeros que equivocadamente pensaban que satisfacían el requisito de substancial porque habían invertido US$150.000 en una residencia y US$50.000 en un negocio.

No se trata de una norma rígida, claro está. En ciertos casos, la compra de una residencia al comienzo de una inversión de negocios se puede justificar objetivamente—pero no creo que sea prudente imponerle esa carga adicional a la solicitud. Es mejor enfrentar la situación de forma conservadora y con paciencia al concentrarse primero en el negocio y luego en las comodidades personales.

La ley ahora no exige que la persona extranjera mantenga una residencia en el extranjero ni requiere evidencia específica de la intención de regresar al país de origen. No obstante, es una técnica excelente, especialmente cuando se trata de solicitudes de inversiones de menor escala, el tener la capacidad de demostrar voluntariamente que el extranjero en efecto mantiene una residencia en el extranjero y que el interés de éste en adquirir o desarrollar una empresa en los EE.UU. es puramente económico.

Además, como resultado de la aprobación por parte del Parlamento Canadiense de la Ley de Libre Comercio entre Estados Unidos y Canadá, del 1º de enero de 1989, los canadienses ahora son aptos para obtener las visas E.

El inversionista deberá estar irrevocablemente comprometido a la inversión. El gobierno otorgará la visa solamente cuando el inversionista ha demostrado que se ha comprometido irrevocablemente a la empresa. Para cumplir con este requisito y también proteger al inversionista, en el caso del rechazo de la solicitud, es viable consumar la transacción condicionada al otorgamiento de la visa. En esta situación el capital del extranjero se deposita en una cuenta bancaria especial (denominada *escrow account*) hasta que el cónsul o del USCIS la conceda. En esta situación es recomendable contratar a un abogado competente.

Empleados que Trabajan para Comerciantes o Inversionistas con Visa E

Si el solicitante de la visa E no es el comerciante o el inversionista poderdante, entonces su cargo tiene que ser de índole gerencial o ejecutiva o tendrá que ser una persona que posea un alto nivel de capacitación o que reúna ciertos requisitos especiales. Además, su nacionalidad tiene que ser la misma que la del poderdante del Tratado E. Las normas y reglamentos establecen que el empleado

tiene que desempeñarse en funciones de supervisión o deberes de carácter ejecutivo, o si se emplea a la persona en una capacidad menor, tiene que reunir requisitos específicos que harán de los servicios parte esencial para la operación eficiente de la empresa del patrón y no se empleará únicamente como mano de obra no especializada.

Con relación al requerido carácter ejecutivo y de supervisión, los reglamentos mandan que la posición del solicitante debe ser principalmente, ejecutivo o de supervisión en naturaleza. Los deberes ejecutivos y de supervisión son aquéllos que ocupan la mayoria del tiempo y esfuerzo de dicho ejecutivo o gerente. En la determinación si el solicitante ha establecido posesión del mando requerido y responsabilidad, un funcionario de Servicio considerará lo siguiente en su adjudicación donde aplicable:

✪ que una posición será considerada como ejecutiva si la posición le proporciona gran autoridad al empleado para determinar la política y la dirección de la empresa;

✪ que una posición será considerada gerencial si la posición requiere una proporción significativa de responsabilidad supervisoria y generalmente no involucra la vigilancia directa de empleados de bajo nivel; y,

✪ si el solicitante posee experiencia o habilidades ejecutivas o supervisoras; si goza de un sueldo y título correspondiente; si se reconoce la posición como una de autoridad y responsabilidad en la estructura orgánica global; si la posición muestra responsabilidad de tomar decisiones discrecionales, estableciendo políticas, dirigiendo y manejando funcionamientos comerciales, dirigiendo otros profesionales y personal de supervisión; y si la posición normalmente requiere realizacion de algún trabajo rutinario, que tales funciones sólo pueden ser de una naturaleza incidental.

Calificaciones especiales. Las calificaciones especiales son esas habilidades o aptitudes que un empleado en una capacidad menor ejerce que son esenciales al funcionamiento exitoso o eficaz de la empresa. En esta determinación, el funcionario del USCIS deberá considerar, donde sea aplicable:

✪ el grado de especialización probado del inversionista en el área de funcionamientos involucrada en dicha posición; si otros poseen la habilidad específica del solicitante; la longitud de la experiencia del solicitante y/o entrenamiento con la empresa del tratado; el período de entrenamiento o otra experiencia necesario para realizar los deberes proyectados; la relación de la habilidad o conocimiento a los procesos específicos de la empresa o aplicaciones, y el sueldo que las calificaciones especiales pueden ordenar; ese conocimiento de un idioma extranjero y cultura no satisface, por sí mismo, el requisito de las calificaciones especial y

✪ si las habilidades y calificaciones son facilmente obenibles en los Estados Unidos. En todos los casos, en la determinación si el solicitante posee calificaciones especiales que son esenciales a la empresa, el funcionario del USCIS debe tomar todo lo anterior en cuenta. También una habilidad que es en un período esencial puede convertirse en común a una fecha más tarde. Habilidades que se necesitan poner en marcha una empresa ya no necesariamente satisfacen las necesidades de la empresa cuando esta madurezca y corre eficientemente.

Algunas habilidades sólo son esenciales en el a corto plazo para el entrenamiento de empleados localmente contratados. Bajo ciertas circunstancias, un solicitante puede poder establecer su esencialidad a la empresa para un período más largo de tiempo, como, en relación con las actividades en las áreas de mejora del producto, mando de calidad, o la provisión de un servicio no todavía generalmente disponible en los Estados Unidos.

Donde la necesidad de la empresa para las calificaciones especiales del solicitante, y por consiguiente, la esencialidad del solicitante, está limitado a un dicho tiempo, funcionarios de Servicio pueden pedir que el solicitante proporciona evidencia del período para el que se necesitarán habilidades y una fecha proyectada razonable para la realización de salida o reemplazo de los obreros experimentados esenciales.

En una nueva empresa, las normas sobre lo esencial no son estrictas, siempre y cuando se demuestre que después de la fase de inicio, los empleados extranjeros serán reemplazados por personal estadounidense que será adiestrado para ocupar sus cargos.

> E-2 INVERSIONISTA POR TRATADO
> ★ Ciudadano de país con tratado
> ★ Inversión substancial
> ★ Inversión empresarial, participativa
> ★ Dirigir y administrar
>
> -o-
>
> empleado ejecutivo o gerencial
> ★ No puede ser de menor escala crear puestos
>
> -o-
>
> beneficios economicos a la comunidad
> ★ Comprometido a invertir

Ventajas de la Visa E-2. La visa E-2 puede ser renovada indefinidamente, siempre y cuando la inversión original que sustenta la emisión de la visa siga existiendo, aunque la visa se concede inicialmente por un período total de cinco años en la mayoría de los consulados de los EE.UU. La duración de la visa E-2 inicial depende de la duración de una visa similar emitida recíprocamente a inversionistas de los EE.UU. por el otro país signatario.

Asimismo, el inversionista de visa E no tiene que mantener un domicilio en el extranjero al cual tiene la intención de regresar; por consiguiente, se puede evitar el gasto de mantener dos residencias. No obstante, como resultado de la actitud y la filosofía imperante en consulados de los EE.UU., sigo recomendándoles a mis clientes que mantengan un domicilio canadiense así como también otros contactos allegados con el Canadá para establecer la intención temporaria que todavía se requiere de un solicitante de visa E. Además, el emplear miembros de la familia no se percibe como violación de la condición del estado inmigratorio y las normas tampoco prohíben específicamente tal empleo; sin embargo, según los términos de la *Ley de Reforma y Control de Inmigración* de

1986, es dudoso que un miembro de la familia tenga derecho a ser empleado en los Estados Unidos, ya que los patrones ahora enfrentan cargos penales y civiles por emplear a personas que de otra manera no están autorizadas a trabajar.

Sin embargo, ahora por razón a una enmienda de la ley los conyuges de extranjeros visados con el E-2 como principales (la persona designado como el inversor o como el empleado clave) pueden ahora solicitar permiso de empleo. Asi, este problema se ha eliminado.

Otra ventaja de la visa E-2 es su flexibilidad, ya que no requiere que la persona extranjera haya participado en algún tipo de negocio en particular en su país de residencia. A diferencia de la situación de la visa L-1, la persona, al invertir el dinero, podría reunir los requisitos para la visa E-2 aunque haya actuado y tenga la intención de actuar en el futuro como único propietario.

Además, el inversionista no tiene que mostrar evidencia de que es ejecutivo, gerente, etc., sino meramente probar que se encuentra en una posición para dirigir y administrar el negocio. Esto ha sido interpretado por normas y reglamentos debido a la jurisprudencia para que signifique que el inversionista tiene que estar en control del negocio. Esta distinción elimina muchos de los problemas técnicos que entraña probar la condición de ejecutivo o gerente tal como se indicó previamente.

Procedimiento. Es preferible tramitar la solicitud de la visa en el consulado de los EE.UU. en el extranjero. La visa E-2 en particular está sujeta a ciertos ataques basados en *intenciones previamente concebidas* si la visa se tramita en los EE.UU. con la intención de cambiar el estado inmigratorio de alguna otra visa de no inmigrante.

Cada consulado de los EE.UU. ha desarrollado su propio método para el procesamiento de solicitudes para la visa E-2. Algunos consulados de los EE.UU. han formulado un cuestionario, en tanto que otros operan de manera más informal. En todo caso, el cónsul exigirá evidencia de todos los elementos especificados en este capítulo; por lo tanto, la persona que solicita la visa E debe reunir todos los requisitos y documentarlos. Aun cuando no se exige, se recomienda enfáticamente que una persona que esté por solicitar esta visa, así como también algunas otras visas temporarias, utilice los servicios de un profesional de inmigración con experiencia para que le ayude a ordenar la evidencia requerida y a contestar cualquiera de las preguntas del cónsul de los EE.UU.

El Departamento de Estado ha adoptado un formulario uniforme que se utilizará en todos los consulados de los Estados Unidos para adjudicar las aplicaciones para la visa E-1 y E-2. El uso de un formulario uniforme mejorará la posibilidad de que las visas se concedan objetivamente, tomando en cuenta que cada consulado es completamente independiente del otro.

Existe un dicho que no hay una segunda oportunidad para causar una primera buena impresión, por lo que sería imprudente presentar una solicitud para una visa E-1/E-2 que no demuestre una cabal atención. En muchos casos, el cónsul apreciará que un profesional se encargue de la solicitud, ya que así podrán evitarse muchos problemas y demoras.

Hay otra variación del problema de la intención que se explicó en capítulos anteriores, que puede afectar a poseedores de visas de no inmigrante. Puesto que frecuentemente es más fácil obtener una visa en particular que otra, (por ejemplo, la visa de visitante B-2) un extranjero puede tener la tentación de entrar a los Estados Unidos utilizando una visa, y luego de estar en los Estados Unidos, presentar una solicitud para un cambio a otra visa diferente.

Este procedimiento no es indebido, si el cambio de intención es genuino; sin embargo, si el USCIS opina que el extranjero entró a los Estados Unidos con la intención previamente concebida de solicitar un cambio de visa tras su llegada, entonces la visa solicitada puede ser denegada por esa razón exclusivamente. Además, aún si el USCIS aprobara el cambio de estado inmigratorio, esto no implica una garantía de que el consulado de los Estados Unidos en el extranjero emitirá la visa en caso de que la persona extranjera tenga que viajar fuera de los Estados Unidos.

NOTA: *El Consulado de los EE.UU. puede denegar la emisión de la visa E-2 aún cuando la persona extranjera haya comenzado operaciones comerciales en los Estados Unidos según autorización del USCIS. La base lógica es que el USCIS tiene pautas diferentes a las del Departamento de Estado bajo el cual operan los consulados de los EE.UU. El Departamento de Estado protege sus prerrogativas con mucho celo. Como resultado de la falta de acuerdo entre estas dos dependencias gubernamentales, algunas veces es preferible procesar la solicitud para la visa E-2 directamente en el consulado de los EE.UU. El Departamento de Estado es requerido por ley de ejercer su propio juicio independiente con respecto a la emisión de la visa y una manera segura de provocar la animosidad del funcionario consular es indicar por palabra o hecho que se espera que el consul norteamericano automaticamente imprimirá la visa E-2 en el pasaporte en base solamente de la previa aprobación por el USCIS.*

Tratados Bilaterales de Inversión

Poco antes de la publicación de este libro, el senado de los Estados Unidos ratificó una serie de acuerdos bilaterales conocidos como *Tratados Bilaterales de Inversión* (sigla en inglés: BIT) con los siguientes países:

Albania	Ecuador	Panama
Argentina	Egipto	Polandia
Armenia	Estonia	Romania
Azerbaijan	Georgia	Senegal
Bangladesh	Grenada	Slovakia
Belarus	Jamaica	Sri Lanka
Bolivia	Kazakhstania	Trinidad
Bulgaria	Kyrgyzstania	Tobago
Camerún	Latvia	Tunisia
Congo	Moldova	Turquía
República Democrática	Mongolia	Ucraina
de (Brazzaville)		
Checa, República	Marruecos	Zaire

Los acuerdos con Bangladesh, Marruecos y Turquía todavía no han sido ratificados por esos países y existen acuerdos BIT pendientes con Haití y Panamá. La ventaja de estos acuerdos BIT es que una compañía o persona que es ciudadana de esos países puede obtener una visa E para una persona ejecutiva o de gerencia ciudadana de otro país ajeno al país en cuestión del tratado BIT.

Por consiguiente, como ejemplo, si una compañía una persona de negocios proveniente de Egipto desea hacer una inversión en los Estados Unidos y tiene la necesidad de emplear a un gerente o ejecutivo, éste tiene la opción de emplear a un empleado de otro país ajeno a Egipto y a esa persona le será acordada una visa E. Ruego comparar esto con el requisito, que por otra parte, corresponde a las disposiciones de la visa E sobre los tratados de intercambio y comercio firmados por Estados Unidos y otros países, tal como se describió en este capítulo. En esos acuerdos, un empleado de una entidad poseedora de visa E-1 o E-2 tiene que ser también ciudadano del mismo país del tratado.

El Tratado de Libre Comercio entre Canada, México, y los Estados Unidos— Ventajas Especiales

Tradicionalmente, el sistema de Inmigración de los Estados Unidos ha tratado al Canadá de manera especial y con favoritismo. Por ejemplo, los canadienses (al igual que ciertas clases de ciudadanos mexicanos) no han necesitado de visas para entrar a los Estados Unidos. Esto, claro está, no quería decir que la ley de inmigración no correspondía a los canadienses, sino que los canadienses que entraban a los Estados Unidos meramente tenían que demostrarle al agente en la frontera que no obstante, reunían los requisitos para entrar bajo cualquier categoría de visa solicitada. Además, dado que el Canadá no tiene un tratado de navegación y comercio con Estados Unidos, sus ciudadanos no tuvieron las ventajas de las visas E.

El 1º de enero de 1994 entró en vigencia el *Tratado de Libre Comercio* (sigla en inglés: *NAFTA*, sigla en español: *TLC*) que estableció entre Canadá, México y los Estados Unidos de América una serie de derechos y responsabilidades comerciales que facilitará el intercambio comercial entre estos países.

Este acuerdo consigna primordialmente temas tales como el intercambio, el comercio y los aranceles, pero a fin de facilitar los propósitos de intercambio comercial de esta ley en su totalidad, también se hicieron cambios mayores en los procedimientos de inmigración de ambos países. Las disposiciones inmigratorias no reemplazan a la ley de inmigración substantiva existente, sino que modifican la ley existente. Las disposiciones inmigratorias del NAFTA proporcionan cambios muy favorables para la persona/inversionista de negocios canadiense o mexicano.

Como un ejemplo, la legislación y administración de las normas y reglamentos ponen a disposición de ciudadanos canadienses y mexicanos, la clasificación de visa de inversionista/comerciante por tratado (el E-2). Todas las disposiciones y requisitos tal como se describen en este libro, que corresponden a solicitantes del Tratado E-1 y E-2, ahora corresponden a ciudadanos de estos países. Los ciudadanos canadienses que solicitan una visa E en el hemisferio occidental no necesitan tener un pasaporte y se emitirá su visa en un documento aparte (formulario OF-232). El ciudadano mexicano debe tener un pasaporte en el cual se le pondrá el sello de la visa correspondiente.

Las disposiciones del NAFTA corresponden solamente a ciudadanos de estos países. Los inmigrantes terratenientes no se benefician. Para reunir los requisitos según la sección apropiada del NAFTA, una persona tiene que satisfacer la definición de la condición previa de *persona de negocios* que se desempeña en el intercambio de bienes o servicios o actividades de inversión; y *entrada temporaria* que se define como la *entrada sin la intención de establecer residencia permanente*. En lo que se refiere al último requisito, corresponde toda la explicación previa sobre la intención.

Existen cuatro grupos de no inmigrantes amparados por el NAFTA. Son los siguientes.

Visitantes de Negocios   Los visitantes de negocios pueden entrar a los Estados Unidos en forma temporaria con fines de investigación y diseño, desarrollo, fabricación y producción, mercadeo, ventas, distribución, servicios de posventa y servicios generales. El extranjero que reúna los requisitos conforme a esta disposición no tiene el derecho de cobrar sueldo o remuneración originario de los Estados Unidos; sin embargo, un visitante de negocios puede recibir remuneración por gastos no previsibles de una fuente estadounidense.

Según la ley el estado migratorio al extranjero que ha sido aprobado bajo el Tratado de Libre Comercio (*NAFTA*) se la designado el visado titulado *TN* mientras sus dependientes recibiran el visado *TD*.

Pero se debe tomar en cuenta que el visado TN siempre requiere que el extranjero tenga y muestre la intencion de regresar al exterior tan pronto que el proposito del visado se ha realizado. Esto contrasta con la posibilidad de tener a lo que se refiere una intención doble la cual es el caso con el visado H-1B o L-1. Por lo tanto el extranjero siempre tiene que mostrarle o al inspector aduanero/fronterizo o a la oficina apropiada de la USCIS que éste no ha abondonado su domicilio al exterior y que intenta volver tan pronto que el trabajo que le proporciona el visado TN se termine. Por lo tanto, sería solamente una extensión de la lógica para el inspector decidir de no seguir extendiendo el visado TN solamente porque dado la duración de tiempo ya permitido permanecer en Estados Unidos le parece que el extranjero ya, solamente por dicha duración de tiempo, ha desarrollado una intención de permanecer en Estados Unidos.

Tomando en mente esta característica de la visa TN el extranjero debería programar su vida y carrera de tal manera de no depender en la continuada extensión de este visado.

Esto puede cambiar con el tiempo a medida que el USCIS agregue normas y reglamentos. Claro está, los miembros de familia que acompañan, es decir, el cónyuge o hijos de un ciudadano de los países del NAFTA, pueden ser admitidos conforme a los mismos términos y condiciones que el tenedor principal.

Comerciantes e Inversionistas Ciudadanos canadienses y mexicanos

Como se afirmó anteriormente, antes de que se aprobara el NAFTA, el Canadá no había estado amparado por el tratado de amistad y comercio; por lo tanto, las disposiciones de la visa E no estaban a disposición de ciudadanos canadienses. El NAFTA extiende los beneficios de las disposiciones del Tratado de Intercambio E-1/E-2 a ciudadanos Mexicanos.

El ciudadano de los países del NAFTA que procura permiso de entrada al amparo de este artículo tiene que solicitarle una visa a un funcionario consular de los EE.UU. en el extranjero para entrar de acuerdo con el estado inmigratorio denominado visa E. Tengamos también presente que ahora se han añadido *servicios* a la definición anterior de *Comercio*.

Empleados Trasladados Dentro de la Misma Compañia (Visa L-1)

El único cambio substancial en las disposiciones de la solicitud de la visa L-1 para ciudadanos canadienses es que el ciudadano puede tener la opción de presentar todos sus documentos justificativos, etc. en lugares de cruce fronterizo designados, evitando de esta manera la necesidad de que las solicitudes estén previamente aprobadas por el USCIS. Esto, a mi entender, será difícil de implementar ya que el volumen de documentación que se exige para estas visas puede algunas veces ser un tanto oneroso y, a menos que se llegue temprano al lugar de cruce fronterizo (se recomiendan tres horas), es improbable que el agente fronterizo pueda analizar los documentos adecuadamente. A menos que el funcionario del USCIS de la frontera tenga tiempo suficiente para examinar los documentos del extranjero, éste será admitido en forma condicional y se concertará una cita en la oficina del USCIS más cercana al lugar donde se propone trabajar el ciudadano canadiense, a fin de que se examinen cabalmente los documentos justificativos.

El ciudadano mexicano tendrá que presentar una solicitud de visa según los requisitos normales.

Ciudadanos canadienses o mexicanos que Procuran Ser Clasificados en Actividades a Nivel Profesional

De acuerdo con las disposiciones del NAFTA, los ciudadanos canadienses y mexicanos pueden entrar a Estados Unidos temporariamente para *dedicarse a actividades comerciales a nivel profesional*. A fin de reunir los requisitos conforme a esta categoría, la persona debe presentar evidencia de ciudadanía canadiense y documentación que muestre que se dedica a una de las profesiones que figuran en la lista número dos del Anexo 1502.1.

Esta *Lista 2* se ha incluido al final de esta subsección. Una ventaja importante de esta disposición es que el ciudadano canadiense podrá entrar a los Estados Unidos sin que el patrón haya tenido que presentar una solicitud de entrada para la persona extranjera. La legislación que pone en práctica el NAFTA enmienda la Ley de Inmigración y Naturalización e incluye como profesionales a evaluadores de socorro para desastres y tasadores de reclamaciones de seguros, a analistas de sistemas de informática y a consultores de empresas.

Los reglamentos H-1 exigían en el pasado que la persona tuviese una licenciatura o que poseyese algún título de posgrado para reunir los requisitos de profesional. El NAFTA establece que la persona que no posee uno de estos títulos demuestre por lo menos cuatro años de experiencia o el equivalente al tiempo que normalmente se precisa para obtener un título de licenciatura en los Estados Unidos.

Se le proveerá al ciudadano canadiense, que de otra manera reúne los requisitos, un formulario I-94 con el símbolo de clasificación TN, por un período inicial de entrada que no exceda de un año. Las extensiones podrían ser autorizadas en incrementos de un año. El mexicano debe presentar una solicitud en el Northern Regional Service Center del USCIS y recibir su visa en el consulado norteamericano más cercano a su residencia.

Aunque el NAFTA no exige que la solicitud se presente en nombre del profesional del negocio, el reglamento que la implementa específica que el nivel de documentación esté *a la par de aquella documentación que se exige para una clasificación de no inmigrante para la cual se exigen solicitudes*. La documentación que debe ser presentada abarca lo siguiente:

- ✪ la actividad profesional a la cual se va a dedicar;

- ✪ el propósito de la entrada;

- ✪ la duración prevista de la estadía;

✪ los requisitos educativos o las credenciales apropiadas que demuestren que el ciudadano de los países del NAFTA reúne las condiciones a nivel profesional;

✪ evidencia de que el ciudadano de los países del NAFTA cumple con todas las leyes de los estados y/o requisitos correspondientes para obtener la licencia en la profesión a la cual se va dedicar;

✪ los acuerdos sobre la remuneración por los servicios que prestará; y,

✪ la solicitud de extensión de estadía debe estar acompañada por una carta del patrón que confirme la necesidad de la continuación de los servicios temporarios del extranjero y que especifique el tiempo adicional que se necesita.

A continuación se reproduce una lista (Lista 2) de aquellas profesiones específicas que la ley y la legislación han identificado:

✪ Contador—título de licenciatura

✪ Arquitecto—título de licenciatura o licencia provincial

✪ Analista de Sistemas de Informática—título de licenciatura

✪ Tasador de Reclamaciones por Desastre—título de licenciatura o tres años de experiencia en el campo del ajuste de reclamaciones

✪ Economista—título de licenciatura

✪ Ingeniero—título de licenciatura o licencia provincial

✪ Guardabosques—título de licenciatura o licencia provincial

✪ Diseñador Gráfico—título de licenciatura o título de postsecundaria y tres años de experiencia

✪ Gerente de Hotel—título de licenciatura y tres años de experiencia

✪ Agrimensor—título de licenciatura o licencia provincial/federal

✪ Abogado—miembro de la asociación de abogados de la provincia, licenciado en Derecho (LL.B), Doctor en Leyes (J.D), Maestría en Derecho (LL.M.) o Licenciado en Derecho Civil (B.C.L.)

✪ Bibliotecario—Maestría en Ciencias de Bibliotecología (M.L.S.) o Licenciado en Ciencias de Bibliotecología (B.L.S.)

✪ Asesor de Empresas—título de licenciatura o cinco años de experiencia en asesoramiento o campo relacionado

✪ Matemático—título de licenciatura

✪ Profesionales relacionados con el campo de la medicina:

- Tecnólogo de laboratorio clínico—título de licenciatura

- Dentista—Doctor en Cirugía Dental (D.D.S.), Doctor en Medicina Dental (D.M.D.) o licencia provincial

- Dietista—título de licenciatura o licencia provincial

- Tecnólogo de Medicina—título de licenciatura

- Nutricionista—título de licenciatura

- Terapista Ocupacional—título de licenciatura o licencia provincial

- Farmacéutico—título de licenciatura o licencia provincial

- Médico—(profesor y/o investigador solamente) Doctor en Medicina (M.D.) o licencia provincial

- Terapista Fisio/físico—título de licenciatura o licencia provincial

- Psicólogo—licencia provincial

- Terapista recreativo—título de licenciatura

- Enfermero/a Graduado/a—licencia provincial

- Veterinario—Doctor en Medicina Veterinaria (D.V.M.) (D.M.V) o licencia provisional

✪ Administrador de Bosques (Protector de Bosques)—título de licenciatura

✪ Asistente de Investigación (desempeñándose en una institución educacional postsecundaria)—título de licenciatura

✪ Técnico/Tecnólogo Científico—tiene que desempeñarse asistiendo directamente a profesionales en las siguientes disciplinas: química, geología, geofísica, meteorología, física, astronomía, ciencias agrícolas, biología, ciencia forestal—tiene que poseer conocimiento teórico de la disciplina; tiene que resolver problemas prácticos de la disciplina; tiene que aplicar los principios de la disciplina a la investigación básica o aplicada

✪ Científico:

- Agricultor (Agrónomo)—título de licenciatura

- Reproductor de Animales—título de licenciatura

- Científico de Animales—título de licenciatura

- Apicultor—título de licenciatura

- Astrónomo—título de licenciatura

- Bioquímico—título de licenciatura

- Biólogo—título de licenciatura

- Químico—título de licenciatura

- Científico Lácteo—título de licenciatura

- Entomólogo—título de licenciatura

- Epidemiólogo—título de licenciatura

- Geneticista—título de licenciatura

- Geólogo—título de licenciatura

- Geofísico—título de licenciatura

- Horticulturista—título de licenciatura

- Meteorólogo—título de licenciatura

- Farmacólogo—título de licenciatura

- Físico—título de licenciatura

- Reproductor de Plantas—título de licenciatura

- Científico de Aves - título de licenciatura

- Científico de Suelos—título de licenciatura

- Silviculturista (especialista en ciencia forestal)—título de licenciatura

✪ Maestro:

- Instituto—título de licenciatura

- Seminario—título de licenciatura

- Universidad—título de licenciatura

✪ Escritor de Publicaciones Técnicas—título de licenciatura o título de postsecundaria y tres años de experiencia

✪ Urbanista—título de licenciatura

✪ Consejero Vocacional—título de licenciatura

El ciudadano canadiense debe presentar el fallo de la verificación de ciudadanía al agente del USCIS en el puerto de entrada; además, tendrá que mostrar una carta y todo otro documento solicitado que demuestre que la persona posee los antecedentes de formación educativa requeridos y la experiencia para la profesión que se declara. También tendrá que establecer que reúne los requisitos para desempeñarse en el empleo indicado. Por supuesto que el cónyuge e hijos dependientes pueden también obtener permiso de entrada conforme a la misma categoría de visa, siempre y cuando sean también ciudadanos canadienses. Si los dependientes no son canadienses, podrán entonces obtener permiso de entrada conforme a la visa B-2 para visitantes.

El ciudadano canadiense perteneciente a esta clasificación podrá obtener permiso de readmisión a los Estados Unidos durante el resto del período autorizado en el formulario I-94 original que recibió en la frontera al momento de la primera entrada, sin necesidad de presentar la carta o documentación original. Un canadiense admitido conforme a este artículo puede pedir una extensión de estadía utilizando el formulario I-539, que es el reglamentario cuando se trata de solicitudes para extensiones de estadía. La solicitud para la extensión debe estar acompañada por una carta o cartas escritas por el patrón o patrones en los Estados Unidos, en las cuales se confirma la necesidad de continuar con los servicios del canadiense y donde se especifica la duración del período adicional que se necesita.

Las solicitudes para cambiar de patrones estadounidenses se hacen también mediante el formulario I-539, al que entonces debe adjuntársele una carta escrita por el nuevo patrón en la cual se describen los servicios a ser desempeñados, el período de tiempo que se necesita para prestar dichos servicios y los términos correspondientes a la remuneración por servicios. No se autorizará el empleo con un patrón diferente o adicional hasta después de que el USCIS haya autorizado la solicitud para la extensión de la estadía.

Además, el NAFTA establece un procedimiento que permite a ciertas personas de negocios canadienses o mexicano la entrada temporaria a los Estados Unidos. Este procedimiento les permitiría a estas personas la entrada a los Estados Unidos con el propósito de extender el cumplimiento posterior a la posventa, el de servicio y el de adiestramiento conforme a la duración del acuerdo de garantía o de servicio.

Empleados Trasladados Dentro de la Misma Compañía (L-1)

Esta visa, también conocida como la visa de empleados trasladados dentro de la misma compañía, es una de las visas temporarias más flexibles y codiciadas que proporciona empleo.

El artículo 101(a)(15)(L) de la Ley de Inmigración y Nacionalidad establece los requisitos para la visa L-1, una de las visas de no inmigrante más útiles que hay para empleados de compañías extranjeras. El propósito de la visa L-1 consiste en facilitar el traslado de empleados claves a los Estados Unidos que a su vez provienen de compañías afiliadas o relacionadas con corporaciones estadounidenses. Esta visa es muy útil ya que no se limita a países específicos con los cuales Estados Unidos tiene un tratado. Son aptas aquellas personas ciudadanas de cualquier país, siempre y cuando reúnan los requisitos específicos de la visa.

Duración de la Estadía

La visa L-1 tiene una duración de siete años para *gerentes* y *ejecutivos* y de cinco años para personas con *conocimientos especializados*. La duración inicial de la estadía se aprueba por un período de tres años y puede ser extendida por dos períodos adicionales de dos años cada uno.

Duración de Empleo

El empleado que va a ser trasladado tiene que haber estado empleado por la compañía extranjera fuera de los Estados Unidos por un período consecutivo de por lo menos un año de los tres previos a su entrada a los Estados Unidos. Los viajes cortos de negocios o de placer a los Estados Unidos durante el período del año no descalifican al empleado para obtener la visa; sin embargo, los viajes o las visitas a los Estados Unidos por períodos extensos pueden ser considerados por el USCIS como una interrupción del requisito de un año de empleo en el extranjero.

Relación con la Compañía

El patrón/compañía extranjero previo tiene que estar relacionado con la compañía estadounidense, ya sea como una compañía subsidiaria, afiliada o una división. Esta unidad de identidad se satisface con cualquiera de las relaciones legales mencionadas precedentemente, y en la mayoría de los casos, tiene que documentarse ante el USCIS. La relación entre la compañía extranjera y la estadounidense no tiene que estar documentada en el caso de que se trate de una compañía multinacional grande y reconocida tal como lo es la compañía de automotores Ford, las empresas Monsanto, Dupont, etc.

Requisitos para Obtener la Visa L-1

A fin de establecer que las entidades nacionales-extranjeras son las mismas, para fines de inmigración, es necesario que las corporaciones estén controladas por la(s) misma(s) persona(s) (afiliación) o que una corporación controle a la otra (subsidiaria). A fin de documentar lo mencionado precedentemente, hay que mostrar evidencia de que la corporación de los EE.UU. es propietaria de por lo menos el 51% de las acciones de la corporación extranjera, o viceversa, o como alternativa, que los mismos accionistas son propietarios del 51% de cada una de las corporaciones.

Otra alternativa sería la de demostrar que la corporación extranjera es una sucursal o una división de la corporación estadounidense o viceversa. El requisito de control común puede ser satisfecho en ciertos casos, incluso en el caso en que la entidad en control no posee el 51% de las acciones. Por consiguiente, en el caso de que una persona/s sea propietaria de menos del 51% de la corporación extranjera, hay que demostrar que tiene control verdadero de esa corporación por medio de documentos legalizados, contratos o algún otro acuerdo documentado.

El USCIS ha adoptado la postura de que el grado e índole de propiedad de las compañías extranjera y estadounidense debe ser idéntico; es decir, la propiedad indirecta de ya sea la compañía extranjera o de la nacional por medio de otra compañía o entidad comercial sería, en opinión del USCIS, motivo para descalificar ya sea a la compañía estadounidense o a la extranjera para presentar una solicitud de una visa L-1. Esta interpretación sumamente técnica de la ley ha sido rechazada por lo pronto por un tribunal federal de los Estados Unidos y parece ser que el USCIS se está apartando de esta postura.

Esto es primordial, ya que para muchas personas extranjeras es importante no poseer bienes raíces directamente en su nombre como tal vez tampoco en nombre de una compañía, una vez que dejen de poseer los beneficios finales de la compañía estadounidense; sin embargo, donde sea posible, sería beneficioso evitar tener diferentes niveles de propiedad entre las compañías afiliadas estadounidenses y las compañías matrices extranjeras.

Ejemplo: Una familia de Taiwán es propietaria del 75% de una fábrica en Taiwán. La misma familia adquiere una compañía estadounidense, pero en vez de poseerla de la misma manera en que posee a la compañía matriz en Taiwán, la familia forma dos compañías matrices extranjeras (constituidas en el país de Barbados), las cuales a su vez son propietarias de todas las acciones en la compañía estadounidense afiliada. Aunque la familia es propietaria indirecta de la compañía estadounidense afiliada en la misma proporción en que es propietaria de la compañía en Taiwán, el USCIS puede hacer una objeción técnica basada en la diferencia que existe entre las dos formas distintas de propiedad de las compañías.

Esta actitud pedante por parte del USCIS puede cambiar en relación con este asunto, pero hasta la fecha de redacción de este libro, tal actitud representa la postura actual del USCIS. La razón por la cual la persona extranjera tal vez decida tener intereses de negocios y de bienes raíces en los EE.UU. utilizando una estructura empresarial de varios niveles puede ser debido a inquietudes bien fundadas debido a impuestos u otros requisitos de información, pero el USCIS no entiende ni acepta automáticamente estas otras motivaciones, que efectivamente son muy genuinas.

Además, la compañía solicitante tiene que seguir siendo una *organización que reúne los requisitos*; por consiguiente, la compañía extranjera tiene que seguir funcionando como una entidad comercial viable durante el período de empleo del tenedor de la visa L-1. Si la entidad extranjera dejara de existir o de funcionar como entidad comercial viable, entonces el estado inmigratorio del empleado como tenedor de la visa L-1 se verá perjudicado. Esto es un punto sumamente importante que la pequeña compañía tiene que tener en cuenta.

Requisitos que debe reunir el empleado. La ley define al *gerente*, al *ejecutivo* y a la *persona con conocimientos especializados* de la siguiente forma:

Gerente:

✪ Se encarga primordialmente de administrar la organización, un departamento, subdivisión, función o componente de la organización. Al agregar el concepto de *función*, esto le otorga más utilidad a la definición cuando éste se utiliza para compañías pequeñas o para compañías en las cuales una función clave la dirige o la realiza primordialmente la misma persona.

✪ Primordialmente supervisa y fiscaliza la labor de otros empleados de supervisión, profesionales o gerenciales, o maneja una función esencial dentro de la organización, o un departamento o subdivisión de la organización. A fin de reunir los requisitos de *gerente* conforme a estos reglamentos, un supervisor principal debe supervisar a personas profesionales; por consiguiente, un gerente no reuniría los requisitos como tal si fuera el supervisor principal que forma parte del personal de producción.

✪ Tiene la autoridad de contratar y despedir o de recomendar éstas así como también otras medidas de personal si otro empleado o empleados son supervisados; si no hay otros empleados que son supervisados, se desempeña a un nivel de alto rango dentro de la jerarquía de la organización o con respecto a la función que dirige.

✪ Ejerce discreción sobre el desenvolvimiento de las actividades o funciones cotidianas sobre las cuales el empleado tiene autoridad.

Ejecutivo:

✪ Dirige la administración, o un componente o función importante de la organización. Téngase presente que esto es similar a lo estipulado en la subsección (c) bajo *Gerente* tal como se define precedentemente.

✪ Establece las metas y políticas de la organización, componente, o función.

✪ Ejerce amplia latitud en la adopción de decisiones discrecionales.

✪ Solamente recibe supervisión o dirección general de ejecutivos de niveles más altos o de la junta de directores o accionistas de la organización.

Persona con conocimientos especializados:

✪ Debe poseer conocimientos especiales o únicos sobre el producto, servicio, investigación, equipo, técnicas, administración o demás intereses de la organización solicitante y saber aplicarlos a mercados internacionales, o poseer un nivel avanzado de conocimientos o de pericia en los procesos y procedimientos de la organización.

✪ Los *conocimientos especiales* son conocimientos diferentes o que supera los conocimientos ordinarios o habituales de un empleado en un campo en particular.

✪ Un profesional con conocimientos especializados es una persona que posee conocimientos especializados y es miembro de la profesión.

No existen requisitos que indiquen que el cargo que va a ser ocupado por el empleado tiene que ser idéntico al cargo que ocupara en el extranjero, o que tenga las mismas responsabilidades, pero el cargo en los Estados Unidos tiene que ser por lo menos de la misma clasificación que el cargo que ocupara el empleado en el extranjero.

Compañías Nuevas

Originalmente, el propósito de la ley era permitir el traslado a los Estados Unidos de gerentes y personas claves de corporaciones multinacionales; sin embargo, de acuerdo con la forma en que está redactada la ley, ésta también permite que las compañías pequeñas se beneficien de las visas L-1, aún las compañías que están formadas por no más de dos o tres personas.

Los reglamentos del USCIS tienen los siguientes requisitos adicionales para las compañías recién constituidas. Una *compañía recién constituida* es una compañía que ha estado operando como máximo un año. Una compañía estadounidense recién constituida que es subsidiaria o afiliada de una compañía extranjera tiene que establecer que ha adquirido un lugar para efectuar sus actividades comerciales, que el beneficiario había estado empleado en el extranjero como gerente o ejecutivo y que continuará en ese cargo en los Estados Unidos y si el beneficiario es un accionista principal de la compañía, habrá que presentar evidencia de que el empleado será trasladado al extranjero al cumplir sus compromisos temporarios en los Estados Unidos.

Todos los factores mencionados precedentemente tienen que ser documentados minuciosamente para presentarse el USCIS. En efecto, se debe proveer, entre otras cosas, de copias del contrato de arriendo del local, copia de todo contrato de negocios, una proyección del capital del negocio, copias de registros de contabilidad y bancarios que indiquen que la compañía extranjera al igual que la compañía matriz en los Estados Unidos son entidades viables. Esto generalmente supone presentar prueba de que la entidad estadounidense tiene la capacidad financiera de sufragar el sueldo del trasladado durante por lo menos el primer año de operaciones.

La solicitud, junto con las constancias, tienen entonces que presentarse en la oficina de distrito correspondiente del USCIS para ser tramitada. No puedo dejar de recalcar la importancia de presentar un conjunto de documentos corroborativos bien organizado y con amplias pruebas junto con el formulario I-129. Sugiero que el lector examine detenidamente la hoja de instrucciones del formulario I-129, que se adosa como apéndice en este libro. El éxito o el fracaso de la solicitud estará basado mayormente en la entereza de la constancia presentada como apoyo de la solicitud. Después de aprobada la solicitud, el empleado puede llevar la carta de aprobación al consulado estadounidense más cercano para que se le emita la visa.

El propósito de este reglamento consiste en prevenir que compañías relativamente pequeñas patrocinen visas para uso exclusivo de un único propietario/gerente o de sus familiares, cuando la intención verdadera es la de inmigrar permanentemente a los Estados Unidos; sin embargo, el reglamento ignora los aspectos económicos y las realidades comerciales y nuevamente exige un enfoque mecánico de la organización comercial.

Además, los reglamentos establecen que al definir los términos *ejecutivo o gerencial* para fines de la visa L-1 el USCIS examinará el tamaño de la compañía y el número total de empleados que trabajan para la compañía. Los reglamentos parecen estar creando un requisito adicional con respecto al tamaño y/o la estructura que no está contenido en la ley original y, por lo tanto, es propenso a ser atacado a través del sistema judicial. Esta nueva evolución exige un estudio y análisis meticuloso por parte de cualquier compañía extranjera que procure expandir sus operaciones a Estados Unidos.

La compañía tiene que estar *tramitando negocios*. La ley también exige que la compañía solicitante esté dedicada a la negociación de bienes y/o servicios de forma regular, sistemática y continua y específicamente no ampara la mera presencia de un agente u oficina de la organización que reúne los requisitos en los Estados Unidos y en el extranjero. La ley claramente favorece las actividades comerciales en vez de las inversiones pasivas. En realidad, si no se necesita a la persona para que administre o supervise activamente una función clave de la organización, probablemente no necesitará estar presente físicamente en los Estados Unidos—o al menos esa es la postura del gobierno en cuanto a este asunto.

La intención del extranjero. Una consideración importante de esta visa (como es el caso de todas las visas que se tratan en este libro) es el factor de la intención. Esto corresponde tanto al patrón como al empleado. En ambos casos, se exige que la intención sea de índole temporaria; es decir, tanto el patrón como el empleado tienen que demostrar por medio de documentación que el empleado tiene la intención de regresar al país de origen tan pronto como termine su tarea en los Estados Unidos. Desde el punto de vista del patrón, la compañía tiene que demostrar su intención en lo que se refiere a la duración de la estadía al contratar a la persona extranjera. Habitualmente se exige que el patrón declare su intención de adiestrar a una persona estadounidense para que tome posesión del cargo ocupado por el empleado extranjero tan pronto como sea posible.

Por lo general, la mera declaración de intención por parte del patrón es suficiente, a menos que el empleado trasladado sea también propietario principal de la compañía y/o la corporación estadounidense sea una nueva empresa. En estos casos, se requerirá documentación adicional y esto se explicará más adelante en este capítulo.

La visa L-1, al menos en lo que se refiere a gerentes y ejecutivos, se presta para una conversión relativamente fácil a una visa permanente.

Normalmente, un extranjero tiene que haber recibido una oferta de trabajo por parte de un patrón estadounidense, certificada por el Departamento de Trabajo como que no priva de empleo a trabajadores locales que reúnen los requisitos o que no afecta en forma negativa el mercado laboral estadounidense. Este proceso puede tomar mucho tiempo. Un gerente o ejecutivo que sea tenedor de una visa L-1 puede probablemente reunir los requisitos para una visa permanente, como puede ser la visa de Empleo de Primera Preferencia como gerente o ejecutivo de una compañía multinacional, sin necesidad de una certificación de trabajo. Esto es una ventaja muy codiciada.

Además, se permite que el empleado tenga una *intención doble* en lo que respecta a su intención en cuanto a la duración de la estadía; es decir, en la actualidad, el patrón y el empleado pueden tener la intención de permanecer en los Estados Unidos en forma temporaria en cumplimiento de los requisitos de la visa L-1, en tanto que al mismo tiempo pueden tener la intención de presentar una solicitud para una visa permanente en algún momento en el futuro.

El USCIS debe estar convencido de que tanto el patrón como el empleado están de acuerdo en que el empleado regresará al extranjero si la visa permanente no se aprueba durante el período de validez de la estadía autorizada por la visa L-1. Por consiguiente, al expresar la intención, ésta puede interpretarse de la siguiente manera:

> *Es mi intención permanecer en los Estados Unidos en forma temporaria durante el período de tiempo de validez de mi visa L-1. Puede que decida permanecer en los Estados Unidos como residente permanente y para ello presente una solicitud para una visa permanente, pero acepto abandonar Estados Unidos en el caso de que la visa L-1 caduque antes de que obtenga mi visa permanente.*

La manera de comprabar esta intención mental es a menudo difícil de comprender afuera del contexto del régimen inmigratorio. Normalmente en este tipo de asunto el gobierno acetará la mera declaración del extranjero de su intención de cumplir con los requisitos de la ley de partir del país en el caso que su solicitúd de extension de la estadía inmigratoria L-1 sea dengada. Pero hay una excepción a esta dispensacion jurídica en cuanto se refiere a una nueva empresa, según la definicion administrativa de *nueva empresa*, o en el caso de una empresa cuyo accionista principal es el mismo empleado transferido. Esta excepcion negativa se manifiesta a base del pedido de parte del gobierno de documentación y/o explicacion sobre el hecho o hechos que ocasionará definitivamente la partida del extranjero de Estados Unidos. En la mayoría de las adjudicaciones de visados el oficial inmigratorio no pide este tipo de evidencia.

La razón por el alto nivél de interés de parte de la autoridad inmigratoria en este estado mental tan esotérico es la relativa facilidad de transformar esta estadía inmigratoria de no-inmigrante a una de residencia permanente. Esto merece una explicación más profunda.

Normalemente, antes de un patrono poder solicitar el otorgamiento de residencia permanente a un extranjero es necesario que el patrono reciba como condición previa imprescindible una certificación laboral del Departamento de Labor. Este proceso se explica en este obra. Esto ultimo proceso es tan difícil como costo y lento. Pero este paso preliminar (la certificación laboral) en el caso de un ejecutivo o gerente quien satisface también los requisitos del visado L-1(a) se puedo eliminar por completo. Obviamente esto es una ventaja considerable y por lo tanto es muy deseada tanto por el patrocinador como el extranjero/beneficiario. Tomando esto en cuenta el gobierno intenta proteger esta avenida de la residencia permanente de todo tipo de abuso o fraude. Y como ya se la ha explicado al lector en esta obra, el régimen inmigratorio considera la distinción entre visados temporáneos y la residencia permanente como clave en la adjudicación de solicites de beneficios inmigratorios.

Como resultado de las largas demoras para obtener una visa permanente, puede que el empleado necesite extender su visa L-1 antes de que la visa permanente se apruebe. Una nueva determinación de la política del USCIS a la fecha de redactarse este libro establece que el presentar una petición de certificación de trabajo o de una solicitud para una visa permanente no descalificaría *de por sí* a la persona para obtener una extensión de la visa L-1.

En otras palabras, el USCIS examinará otra evidencia para determinar si en el momento en que la persona solicita una extensión de su visa L-1, ésta tiene intenciones verdaderas de regresar a su país de residencia, en el caso de que la visa permanente sea denegada. Para complicar aún más esta situación confusa de la intención, aún se considera como fraude que una persona utilice la visa L para entrar a los Estados Unidos si su intención inmediata y primordial es la de solicitar una visa permanente en el futuro.

A pesar de que la distinción entre una *intención doble* y una intención de permanencia previamente concebida puede no estar clara, el empleado y el patrón tienen que entenderla cabalmente, para evitar dificultades con el USCIS. Este es precisamente el caso de la persona que empleada por una pequeña empresa o una empresa en la cual él/ella tiene un interés substancial.

Cambio de Estado Inmigratorio, de Otras Clasificaciónes de No Inmigrante a la Visa L-1

Si el extranjero ya se encuentra en los Estados Unidos y efectivamente reúne los requisitos para la visa L-1, tiene la opción de presentar una solicitud para un Cambio de Estado Inmigratorio, evitando así la necesidad de viajar al extranjero para hacerlo en un consulado de los EE.UU. Hay un formulario conocido como el formulario I-506, que se utiliza para este cambio de estado inmigratorio. Cuando una persona tenedora de una visa B-1 presenta una solicitud para un Cambio de Estado Inmigratorio con el propósito de establecer la oficina y ha estado en los Estados Unidos durante un período de tiempo prolongado, puede que haya una interrupción en el período de un año de empleo en el extranjero, lo cual es requisito exigido.

Autorizacion Laboral para Determinados Conyuges

La ley ahora permita los conyuges de extranjeros que son visados de la E-1/E-2 o L-1 obtener autorizacion de empleo. Esta modificación corrige una anomalía anterior que prohibía los conyuges de empresarios o de ejecutivos de poder trabajar. La ley anterior reflejaba uas consiciones socios/económicas obsoletas que no admitian la posibilidad de mujeres/esposas tener su propia carrera. La ley ahora es mucho más flexible en que le permite a la familia programar su solicitúd de mejor ventaja económica. Por ejemplo en el caso de un empresario E-2, la pareja que tiene mas potencial en el campo laboral EE.UU. puede ser el *conyuge* mientras la otra pareja puede desempeñar el paper del empresario bajo el visado E-2.

Además, el cónyuge que accompaña el visado E-2 puede también perseguir la residencia permanente mientras su pareja sigue desempeñando sus responsabilidades segun el visado E-2 o L-1.

Para poder tomar ventaja de esta ley basta solamente documentar la relación matrimonial. Esto se realiza a base en la somision de una acta (certificada) de matrimonio junto con el formulario I-765.

Como resultado de la complejidad legal en cuanto a los requisitos de la visa L-1, el patrón y/o el empleado deben procurar la orientación y el asesoramiento de un abogado de inmigración capacitado antes de tomar cualquier iniciativa.

Trabajadores Temporarios

La Visa H-1B   Esta es una de las visas de no inmigrante más importantes que están a disposición de personas extranjeras que reúnen los requisitos y desean entrar a los Estados Unidos para trabajar. Los reglamentos administrativos que definen esta visa establecen lo siguiente. Una clasificación H-1B corresponde a un extranjero que viene temporariamente a Estados Unidos:

✪   *a prestar servicios en un empleo especializado (con la excepción de enfermeros graduados, trabajadores agrícolas y extranjeros con habilidades extraordinarias o logros en las ciencias, educación o los negocios) descritos en la Sección 214 (i)(1) de la Ley, y para quienes el Departamento de Trabajo ha determinado y certificado ante el Procurador General que el patrón en perspectiva ha presentado una solicitud de condición laboral conforme a la Sección 212 (n)(1) de la Ley;*

✪   *arestar servicios de una índole excepcional que requiera mérito y habilidad excepcional relacionados con un proyecto cooperativo de investigación y desarrollo o un proyecto de coproducción estipulado conforme a un acuerdo de gobierno-a-gobierno administrado por el Departamento de Defensa; o,*

✪   *a prestar servicios como modelo de moda de méritos y habilidades distinguidos y para quien el Departamento de Trabajo ha determinado y certificado ante el Procurador General que el patrón en respectiva ha presentado una solicitud de condición laboral conforme a la Sección 212 (n)(1) de la Ley.*

Esta visa es muy codiciada ya que, a diferencia de muchos otros tipos de visas, el cargo que ocupa el extranjero puede ser permanente; es simplemente la necesidad de ocuparlo con un extranjero lo que tiene que ser temporaria. Además, al ciudadano extranjero no se le exige ninguna experiencia de trabajo previa con el mismo patrón, ni el patrón tiene que ser de índole internacional.

> *Empleo especializado. Una ocupación que requiere de la aplicación teórica y práctica de un caudal de conocimientos altamente especializados en campos de aplicación/especialización humana que abarcan, pero no se limitan a, la arquitectura, la ingeniería, las matemáticas, las ciencias físicas, la medicina y la salud, la educación, las especialidades comerciales, la contabilidad, el derecho, la teología y las artes, las cuales requieren la obtención de un título de licenciatura o superior en una especialidad específica o su equivalente como mínimo para obtener el empleo en los Estados Unidos.*

Esta definición en realidad describe una profesión clásica, que requiere aplicar un caudal teórico de conocimientos a circunstancias particulares.

Requisitos del patrón. Antes de presentar una solicitud H-1B, el patrón en perspectiva (solicitante) debe haber presentado y aceptado una solicitud de condición laboral del Departamento de Trabajo. La solicitud de condición laboral es esencialmente una solicitud que indica que el solicitante ha acordado pagarle al beneficiario de la visa H-1B el salario vigente por su trabajo. El patrón también deberá presentar evidencia que el puesto normalmente requiere para su desempeño una persona de *ocupación especializada*.

Requisitos del empleado (beneficiario) para una ocupación especializada. A fin de reunir los requisitos para un empleo especializado el beneficiario-empleado tiene que reunir uno de los siguientes criterios:

✪   poseer un título de licenciatura o superior requerido por el empleo especializado, otorgado por un instituto o universidad acreditado;

✪   poseer un título extranjero que se haya determinado que es equivalente a un título de licenciatura o superior en los Estados Unidos, tal como lo requiere el empleo especializado y que sea de un instituto o universidad acreditado;

✪ poseer una licencia, registro o certificación estatal sin restricciones que le autoriza a ejercer plenamente el empleo especializado y a emplearse inmediatamente en esa especialidad en el estado donde tenga la intención de trabajar;

- Si hay una licencia temporaria disponible y a la persona extranjera se le permite realizar los deberes del empleo sin una licencia permanente y un análisis de los hechos demuestra que el extranjero bajo supervisión tiene la autorización de realizar todos los deberes del empleo, se le puede conceder la visa H-1B. Este podría ser el caso de ciertas profesiones relacionadas con la salud, tales como la del terapista físico, profesiones para las cuales el estado puede proveer una licencia temporaria hasta que se reúnan todos los requisitos para la licencia permanente.

- Para ciertas profesiones que por lo general requieren de licencias, un estado puede autorizar a una persona a que ejerza plenamente el empleo bajo supervisión del personal de supervisión licenciado en esa profesión. En tales casos, si los hechos demuestran que el extranjero que se halla bajo supervisión puede realizar todos los deberes del empleo, la clasificación H-1B será concedida. Este puede ser el caso de arquitectos, por ejemplo, quienes pueden llegar a realizar plenamente sus funciones siempre y cuando trabajen bajo la autorización de una licencia estatal del patrón arquitecto.

✪ tener formación educativa, adiestramiento especializado, y/o experiencia con responsabilidad progresiva que equivalga a un título de licenciatura o superior de los Estados Unidos en la profesión de la especialidad y que sea reconocido por su pericia en la especialidad, debido a haber ejercido cargos de responsabilidad progresiva relacionados directamente con la especialidad;

✪ para la clasificación H-1B hay que presentar evidencia de que se presentó una solicitud de condición laboral junto a la solicitud para el empleo de modelaje de moda;

✪ una evaluación por parte de un funcionario que tiene autoridad de conceder créditos (unidades docentes) a nivel universitario por adiestramiento y/o experiencia en la especialidad en un instituto o universidad acreditado, que tiene un programa para la concesión de tales créditos basado en la capacitación y/o experiencia laboral de la persona;

✪ los resultados de exámenes de equivalencia reconocidos a nivel universitario o programas especiales que conceden créditos (unidades docentes), tales como el Programa de Exámenes a Nivel Universitario (sigla en inglés: CLEP), o el Programa de Instrucción No Universitaria Patrocinado (PONSI);

✪ una evaluación de formación educativa por un servicio confiable de evaluación de credenciales que se especialice en evaluación de credenciales educativas extranjeras;

✪ evidencia de certificación o registro emitida por una asociación profesional o sociedad de la especialidad reconocida a escala nacional en el país del interesado, que se sabe otorga certificación o registro a personas en la especialidad profesional que hayan alcanzado un cierto nivel de capacitación en la especialidad; o,

✪ una determinación por parte del USCIS de que el equivalente del título requerido para el empleo especializado ha sido alcanzado por medio de una combinación de educación, adiestramiento especializado y/o experiencia laboral en aspectos relacionados con la especialidad y que el extranjero ha obtenido reconocimiento por su pericia en la profesión especializada como resultado de dicho adiestramiento y experiencia. Para propósitos de determinar la equivalencia con un título de licenciatura en la especialidad, el USCIS exige tres años de adiestramiento especializado y/o experiencia por cada año de adiestramiento a nivel universitario que le falte al extranjero.

Además, el USCIS requiere que el extranjero presente al menos un tipo de documentación, tal como un reconocimiento por su pericia profesional especializada de por lo menos dos autoridades reconocidas en la misma profesión especializada; afiliación en una reconocida asociación o sociedad de la profesión especializada, extranjera o estadounidense; material publicado por o sobre el extranjero en publicaciones profesionales, gacetas de la industria, libros, o diarios importantes; licencia o registro para ejercer profesión especializada en un país extranjero; o logros que una autoridad reconocida ha determinado que son contribuciones significativas al campo de la profesión especializada.

El USCIS ha emitido una nueva solicitud I-129, la cual se utiliza para todas las visas mencionadas precedentemente, excluyendo a las Visas por Tratado E-1/E-2.

El nuevo formulario incluye un conjunto de instrucciones relativamente claras y útiles. La hoja de instrucciones se adosa a este libro en el Apéndice A; sin embargo, debe tenerse en cuenta que el formulario requiere documentación completa y correcta para que se considere como una solicitud completa.

Duración de la estadía. La visa H-1B se emite por tres años y puede ser extendida una vez. A las personas extranjeras que se les emite una visa H-1B para trabajar en un proyecto del Departamento de Defensa, se les emite una visa válida por cinco años.

Cuota anual de visas H-1B. Se emite un máximo anual de 65.000 visas en todos los años siguientes.

Por supuesto que el patrón siempre debe establecer que posee los recursos financieros para pagarle al extranjero su sueldo y que, efectivamente, es una entidad económica viable. Si el extranjero es propietario o copropietario del negocio, tendrá que convencer el USCIS de que su intención de permanecer en los Estados Unidos es solamente de índole temporaria, independientemente de su porcentaje de interés en el patrimonio de la compañía.

La visa puede extenderse por un período adicional de tres años, lo cual equivaldría a una duración de estadía máxima de seis años. Al presentar una solicitud para la extensión, el patrón deberá justificar la necesidad de contratar al empleado en forma temporaria durante otros tres años adicionales y el empleado deberá probar que aún tiene intenciones temporarias y que en efecto abandonará Estados Unidos tan pronto como la duración de la estadía de la visa caduque. La presentación por parte del ciudadano extranjero con visa H-1B de una certificación de trabajo, como primer paso al solicitar una visa permanente, no será motivo para descalificar al extranjero de obtener la extensión H-1B, pero sí ocasionará que el USCIS someta a escrutinio su intención.

Médicos. La ley originalmente estableció un *vacío* que permitía la entrada a los Estados Unidos a médicos extranjeros para ejercer la medicina (atención directa del paciente); sin embargo, ese vacío se ha eliminado parcialmente y un médico extranjero puede ejercer la atención directa del paciente si:

✪ tiene una licencia u otra autorización provisional, que por otra parte, exija el estado donde tiene la intención de trabajar en el ejercicio de la medicina y

✪ tiene una licencia completa y sin restricciones para ejercer la medicina en un país extranjero o se ha graduado de una escuela de medicina de los Estados Unidos o de un país extranjero.

Si se le otorga permiso de entrada al médico primordialmente para fines docentes o para realizar investigaciones en una institución educativa o de investigación pública o privada sin fines de lucro, solamente habrá que cumplir con la condición secundo que se menciona precedentemente. En lo que se refiere al patrón solicitante, éste tiene que establecer que el extranjero viene a los Estados Unidos primordialmente para fines docentes o para realizar investigaciones tal como se describe precedentemente o, si viene a proveer atención al paciente, tiene que haber aprobado el Examen Federal de Licencia (sigla en inglés: FLEX) y ser competente en inglés o ser graduado de una escuela de medicina acreditada. Para demostrar competencia en inglés, el extranjero debe aprobar el examen de capacidad en inglés ofrecido por la Comisión Educativa de Graduados Extranjeros de Medicina (sigla en inglés: ECGMG).

Esta norma del USCIS entró en vigor antes de la fecha de publicación de este libro. Los detalles adicionales y la experiencia en la ejecución de estas nuevas reglas determinarán la viabilidad para usar esta categoría de visa para extranjeros que tienen la intención de ejercer la medicina en los Estados Unidos, si bien en forma temporaria. Con esta visa es posible entrar a los Estados Unidos y luego cambiar el estado inmigratorio al de residente permanente si las condiciones y las circunstancias así lo justifican.

Extranjeros con Habilidades Extraordinarias

La visa O-1. Esta es una nueva categoría de visa creada por la ley para extranjeros con habilidades extraordinarias en los campos de la ciencia, arte, educación, negocios o atletismo. Con la excepción de aquellas personas de la industria del cine y la televisión, las personas con habilidad extraordinaria son aquellas que *gozan de un nivel sostenido de aclamación nacional o internacional.* Parece ser que, al menos en lo que respecta a los negocios, la ciencia y la educación, el criterio para que ser considerado apto, resulta ser un tanto alto—quizás el equivalente de ganar un Premio Nobel.

En el caso de personas extranjeras que se desempeñan en la industria del cine y la televisión, la habilidad extraordinaria se muestra por medio de *antecedentes de logros extraordinarios demostrados.* La documentación requerida incluye cartas y material impreso, artículos de aclamación, copias de premios así como también carpetas con información que indiquen la índole y magnitud de las actividades del artista.

Consulta con grupos de la industria local. La ley también exige que el USCIS consulte con el sindicato y los grupos de administración en la industria del cine y la televisión para asesorarse, antes de emitir o denegar la visa. La norma del USCIS recientemente promulgada establece que los solicitantes de visas O y P para extranjeros tienen que obtener un dictamen consultivo antes de presentar la solicitud. Si a la solicitud le falta el dictamen consultivo, entonces el USCIS le pedirá a un grupo de compañeros o a un sindicato de trabajadores un dictamen consultivo solamente si el USCIS está de acuerdo en que la solicitud justifica una tramitación expeditiva. Si el USCIS no considera que el caso justifica una tramitación expeditiva, entonces denegará la solicitud.

Está de más decir que el USCIS por lo general no simpatiza con esta costumbre y uso por la industria del entretenimiento en lo que se refiere a la planificación de programas y promoción de último minuto. Por ello, junto con la solicitud se debe presentar prueba de la índole expeditiva del acuerdo contractual. El personal del USCIS opina que la falla del solicitante en planificar apropiadamente no obliga al USCIS a adoptar una actitud de *crisis* en lo que se refiere a la decisión con respecto a la solicitud. Hay algo de lógica en esta postura.

Las normas del USCIS establecen que un sindicato de trabajadores o grupo de compañeros tiene que proceder al recibir la petición del USCIS de presentar un dictamen consultivo dentro de los primeros quince días después recibir una copia de la petición.

En el supuesto de que no haya un sindicato o grupo de compañeros con el cual consultar, el USCIS podría emitir la visa sin el mismo. Esta ley es una mejora con respecto a la ley anterior que ponía en práctica los antiguos reglamentos de la H-1, los cuales no establecían que hubiera consultas con grupos de administración o laborales. Los dictámenes consultivos de los grupos de administración o del sindicato que recomienden la denegación tienen que presentarse por escrito y el USCIS debe incluir dicho(s) dictamen(es) en su decisión definitiva.

Duración. La duración inicial de estas visas tiene un límite de tres años. La duración de la visa será suficiente para completar el/los evento/s o la actividad, pero no se permitirá un período de más de tres años. Las extensiones de estadía se conceden, sin embargo, con el único propósito de completar el/los evento/s o la actividad.

Condiciones para las habilidades extraordinarias. El Código Administrativo de Reglamentos Federales establece las condiciones para la determinación de la habilidad extraordinaria de la siguiente manera:

✪ haber recibo un galardón importante que sea reconocido a escala internacional, tal como sería el Premio Nobel y

✪ poseer al menos tres de los siguientes tipos de documentación:

- documentación que muestre que el extranjero ha recibido premios o galardones reconocidos a nivelnacional o internacional por excelencia en su campo de especialización;

- documentación que indique que el extranjero está afiliado o forma parte de una asociación en el campo para el que se desea obtener una clasificación, lo cual requiere logros destacados por parte de sus miembros, conforme lo juzguen expertos reconocidos a nivel nacional o internacional en las disciplinas o campos correspondientes;

- tener textos publicados en publicaciones profesionales o del ramo o en los grandes medios de comunicación acerca del trabajo del extranjero en el campo en el que se desea obtener una clasificación. Este texto debe incluir el título, la fecha y el autor de dicho texto publicado y toda traducción que sea necesaria;

- tener evidencias que establezcan la participación individual del extranjero o como miembro de una mesa redonda para juzgar la labor de otros en el mismo campo o un campo afín de especialización para el cual se desea obtener la clasificación;

- tener evidencias de contribuciones originales del extranjero, ya sean científicas, eruditas o comerciales, de mayor trascendencia en el campo de su especialización;

- tener evidencias de la paternidad literaria del extranjero de artículos eruditos en el campo, en gacetas profesionales u otro tipo de medio de comunicación de importancia;

- tener evidencia de que el extranjero ha estado empleado en funciones cruciales o esenciales para organizaciones y establecimientos que tienen una reputación destacada; o,

- tener evidencia de que el extranjero recababa y/o recaba alto sueldo u otra remuneración por sus servicios, demostrado por contratos u otra evidencia confiable.

El USCIS ha promulgado las normas definitivas que establecen las condiciones para determinar logros o habilidades extraordinarias en las artes. Se reproduce la Sección del Registro Federal (Vol. 57, No. 69, del 9 de abril de 1992) a saber:

(A) Evidencia de que el extranjero ha sido nominado o ha sido beneficiario de galardones o premios nacionales o internacionales significativos en el campo en particular, tal como lo sería un premio de la Academia Cinematográfica, un Emmy, un Grammy o un Galardón del Gremio de Directores; o (B) Por lo menos tres de los siguientes tipos de documentación:

(1) Evidencia de que el extranjero se ha desempeñado y desempeñará servicios como actor principal o participación estelar en producciones o eventos que tienen una reputación destacada como lo demuestran reseñas de crítica, propagandas, comunicados publicitarios, otras publicaciones, contratos o auspicios;

(2) Evidencia de que el extranjero ha alcanzado reconocimiento nacional o internacional por sus logros, demostrado por reseñas de crítica u otro material publicado por o sobre el extranjero en diarios importantes, gacetas profesionales, revistas u otras publicaciones;

(3) Evidencia de que el extranjero ha representado un papel principal, estelar o papel esencial para organizaciones y establecimientos que tienen una reputación destacada, demostrado por artículos en diarios y gacetas profesionales;

(4) Evidencia de que el extranjero tiene antecedentes de éxitos comerciales importantes o aclamados por la crítica, como lo demostrarían índices tales como el título, la clasificación, posición en el campo, recibos de taquilla, reputación por

investigación original o desarrollo de producto, clasificaciones de cine o televisión, y otros logros de la profesión registrados en gacetas profesionales, diarios importantes u otras publicaciones;

(5) Evidencia de que el extranjero ha recibido reconocimientos significativos por sus logros por parte de organizaciones, críticos, dependencias gubernamentales, u otros peritos reconocidos en el campo al cual el extranjero se dedica. Tales testimonios tienen que aparecer de una manera que claramente indique la autoridad del autor, la pericia, y el conocimiento difundido de los logros del autor; o,

(6) Evidencia de que el extranjero recababa o ahora recaba un alto sueldo u otra remuneración substancial por sus servicios, y en relación con otras personas en su campo, como lo demostrarían contratos u otra evidencia confiable; o,

(C) Si las condiciones mencionadas precedentemente no corresponden precisamente a la profesión del beneficiario (extranjero), el solicitante puede presentar evidencia comparable para establecer la aptitud del beneficiario.

Una opinión reciente del Subcomisionado Interino de Decisiones del USCIS ha declarado que los extranjeros solicitantes de la visa O-1 pueden presentar la petición por sí mismos y, por consiguiente, no necesitan ser contratados por un patrón estadounidense.

La visa O-2. Esta visa se utiliza para las personas extranjeras que acompañan y/o ayudan al extranjero en su desempeño atlético o artístico. La persona tiene que ser parte integral del desempeño del tenedor de la visa O-1 y debe tener habilidades esenciales y experiencia con el extranjero tenedor de visa O-1 que no son de índole general y que otras personas no pueden duplicarlas fácilmente.

Los solicitantes de la visa O-2 que ayudan a las personas de la industria del cine y la televisión tienen que tener una perdurable relación laboral previa y de larga data con el extranjero tenedor de visa O-1. En el caso de una filmación, se les necesita para mantener la continuidad de la filmación tanto dentro como fuera de los Estados Unidos.

A diferencia del extranjero tenedor de visa O-1, el solicitante de la visa O-2 debe mostrar que tiene residencia en el extranjero y que no tiene ninguna intención de abandonarla. También se requiere una consulta para este grupo, pero sólo por parte de organizaciones laborales con experiencia en la habilidad correspondiente. Según se redacten los reglamentos, este requisito de consulta puede resultar en demoras y conflictos, ya que la opinión de la organización laboral y el extranjero tenedor de visa O-1, el principal, pueden diferir en lo que se refiere a la importancia que tiene el extranjero tenedor de visa O-2 para el tenedor de la visa O-1.

A los miembros de la familia que son dependientes de extranjeros tenedores de visa O-1 y O-2 se les emite una visa O-3.

La visa P-1. Esta visa es para dos tipos de personas reconocidas a escala internacional:

1. Atletas que compiten individualmente o como miembros de un equipo a *un nivel de desempeño reconocido a escala internacional* y

2. Artistas que se desempeñan como parte de un grupo que ha recibido reconocimiento internacional de *destacado* durante un *período de tiempo substancial y mantenido*. El USCIS promulgó recientemente normas y reglamentos que establecen las condiciones para estos términos.

La Sección del Registro Federal se reproduce a continuación (Vol. 57, No. 69., del 9 de abril de 1992):

> *(A) Un atleta tenedor de visa P-1 tiene que tener una reputación reconocida a escala internacional como atleta internacional o tiene que ser miembro de un equipo extranjero reconocido a escala internacional. El atleta o el equipo tiene que venir a los Estados Unidos con el propósito de participar en una competencia atlética que tenga una reputación destacada y que exija la participación de un atleta o equipo atlético de reputación internacional.*

> *Poseer las condiciones para ser un atleta o pertenecer a un equipo atlético reconocido a escala internacional. La solicitud para un equipo atlético debe estar acompañada por evidencia que muestre que el equipo como unidad ha alcanzado reconocimiento internacional en el deporte. A cada miembro del equipo se le concede una clasificación P-1 basada en la reputación internacional del equipo.*

Una solicitud para un atleta que competirá individualmente o como miembro de un equipo de los Estados Unidos debe estar acompañada por evidencia de que el atleta ha alcanzado reconocimiento internacional en el deporte, basado en su reputación. La solicitud para un atleta tenedor de visa P-1 o equipo atlético deberá incluir lo siguiente:

(1) un contrato ofrecido por una de las grandes ligas o equipo estadounidense o un contrato ofrecido en un deporte individual que equivalga a un reconocimiento internacional en ese deporte y

(2) documentación que incluya por lo menos dos de los siguientes:

(i) evidencia de haber participado de manera significativa durante una temporada anterior en una liga deportiva de importancia en los Estados Unidos;

(ii) evidencia de haber participado en una competencia internacional con un equipo nacional;

(iii) evidencia de haber participado de manera significativa en una temporada anterior para un instituto o universidad de Estados Unidos en competencias interuniversitarias;

(iv) una declaración escrita de un funcionario de una de las grandes ligas de deportes en los Estados Unidos o un funcionario de un cuerpo gubernativo del deporte que detalle la manera en que el extranjero o el equipo son reconocidos a escala internacional;

(v) una declaración escrita por parte de un miembro de los medios de comunicación deportivos o un experto reconocido en el deporte que detalle la manera en que el extranjero o el equipo son reconocidos a escala internacional;

(vi) evidencia de que el deportista o el equipo tienen clasificación jerárquica, si el deporte tiene clasificación jerárquica internacional; o,

(vii) evidencia de que el extranjero o el equipo han recibido un honor o un galardón significativo en el deporte.

(B) Requisitos de criterio y documentación para miembros de un grupo de espectáculos reconocido a escala internacional. Se le concederá una clasificación P-1 a un grupo internacional para que se desempeñe como una unidad basado en la reputación internacional del grupo. A los artistas individualmente no les será acordada una clasificación P-1 para desempeñarse en forma separada y aparte de su grupo.

Excepto como se establece en el párrafo (p)(4)(iii)(C)(2) de esta sección, se debe establecer que el grupo ha sido reconocido a escala internacional como destacado en su disciplina durante un período de tiempo substancial y mantenido. Setenta y cinco por ciento (75%) de los miembros del grupo deben haber tenido una relación substancial y mantenida con el grupo durante un período de por lo menos un año y deben proporcionar funciones integrales al espectáculo desempeñado por el grupo.

Condiciones para miembros de grupos de espectáculos reconocidos a escala internacional. La solicitud de la clasificación P-1 para los miembros de un grupo de espectáculo debe incluir lo siguiente:

(1) evidencia de que el grupo, bajo el nombre con el que figura en la solicitud, ha estado establecido y desempeñándose con regularidad por un período de como mínimo un año;

(2) una declaración del solicitante en la que figure cada miembro del grupo y las fechas exactas en que cada miembro del grupo ha estado empleado de manera habitual por el grupo; y,

(3) evidencia de que el grupo ha sido reconocido a escala internacional en la disciplina. Esto puede demostrarse al presentarse evidencia de que el grupo ha sido nominado o por haber recibido galardones o premios internacionales signi-

ficativos por logros notables en su campo o se puede demostrar también al presentar tres de los siguientes tipos de documentación:

(i) evidencia de que el grupo se ha desempeñado y se desempeñará como un grupo de espectáculos estelar o principal en producciones o eventos que tienen una reputación prestigiosa, tal como lo demuestran las críticas, las propagandas, los comunicados de publicidad, demás publicaciones relevantes, los contratos o los auspicios;

(ii) evidencia de que el grupo ha alcanzado reconocimiento y aclamo internacional por los logros notables en su campo, tal como lo demuestran las críticas en los diarios principales, las gacetas profesionales, las revistas u otro material impreso;

(iii) evidencia de que el grupo se ha desempeñado y desempeñará servicios como grupo estelar o principal para organizaciones y establecimientos que tienen una reputación prestigiosa, tal como lo demuestran los artículos en diarios, gacetas de la profesión, otras publicaciones relevantes o los testimonios;

(iv) evidencia de que el grupo tiene antecedentes de éxitos comerciales importantes o aclamados por la crítica, como lo demuestran indicativos tales como clasificaciones, posición en el campo, recibos de taquilla, discos, casetes o ventas de videos y otros logros en el campo tal como dan parte de ello gacetas profesionales, diarios principales u otras publicaciones;

(v) evidencia de que por sus éxitos el grupo ha alcanzado reconocimiento significativo por parte de organizaciones, críticos, dependencias gubernamentales u otros peritos reconocidos en el campo. Dichos testimonios deben presentarse de una manera que indique claramente la paternidad literaria del autor, su pericia y el conocimiento difundido de los logros del extranjero; o,

(vi) evidencia de que el grupo ha recabado o ahora recaba un sueldo alto u otra remuneración substancial por servicios comparables a otros en una posición similar en el campo, tal como lo demuestran los contratos u otra evidencia confiable.

(C) Estipulaciones especiales para ciertos grupos de entretenimiento artístico.

(1) Personal extranjero de circo. El requisito de estar afiliado al grupo por un año no corresponde al personal extranjero de un circo que se desempeña como parte del circo o del grupo del circo o que constituye una parte integral y esencial del espectáculo de dicho circo o grupo del circo, siempre que el extranjero o extranjeros tengan la intención de integrarse y formar parte de un circo durante un período de tiempo substancial y mantenido, siendo ese circo reconocido a nivel nacional en su país como uno de prestigio.

(2) Ciertos grupos de entretenimiento artístico reconocidos a nivel nacional en su país. El director puede eximir del requisito de reconocimiento internacional cuando se trate de un grupo que ha sido reconocido como notable en su disciplina a nivel nacional en su país durante un período de tiempo substancial y ha mantenido dicho reconocimiento en consideración de circunstancias especiales. Un ejemplo de circunstancia especial sería el caso de un grupo de entretenimiento artístico que encuentre dificultad en demostrar su reconocimiento en más de un país debido a factores tales como el limitado acceso a los medios noticiosos o debido a cuestiones geográficas.

Se podría eximir al nuevo miembro del requisito de afiliación de un año si está reemplazando a otro miembro por motivos de enfermedad u otras circunstancias críticas o en el caso de que el nuevo miembro enaltezca al grupo al desempeñar un papel crucial.

NOTA: *Tengamos presente que a los artistas que actúan individualmente no se les podrá emitir esta visa.*

El Procurador General de los Estados Unidos, actuando mediante el Director de Distrito de la Oficina de Distrito de USCIS correspondiente, podría eximir del requisito de *internacional* o considerar otros tipos de evidencia para corroborar el factor de reconocimiento substancial del grupo de entretenimiento artístico. Esta disposición puede ser beneficiosa para grupos de entretenimiento artístico que pueden ser muy talentosos en su país o región, pero que todavía no gozan de una aclamación o reconocimiento internacional.

La visa P-2. Esta visa se les emite a artistas y actores que participan en un programa de intercambio recíproco entre una organización ubicada en el extranjero y una organización ubicada en los EE.UU., en que participan ambas en el intercambio provisional de artistas. Esta visa corresponde tanto a personas como a grupos. Los reglamentos administrativos futuros definirán los detalles para ser apto y los requisitos de documentación correspondientes a estas visas.

La visa P-3. Esta visa corresponde a artistas y actores que se desempeñan *en un programa que es culturalmente único.*

   Duración de la estadía para las visas P. La duración de la estadía conforme a las visas P-2 y P-3 será el tiempo que se necesite para el espectáculo o evento específico; sin embargo, a los atletas con visa P-1 se les puede conceder una estadía máxima de diez años. Ésta es una estipulación muy sensata puesto que a muchos atletas profesionales se les exige o se les anima a que firmen contratos de varios años con las organizaciones de los equipos para los cuales juegan.

   Otros requisitos. Los solicitantes de la visa P tienen que tener residencia en un país extranjero, la cual no tienen ninguna intención de abandonar. Este requisito no corresponde a solicitantes de la visa O y la persona extranjera tiene que llegar a los Estados Unidos con la intención de trabajar en el campo respectivo de su especialidad.

Visas Educativas/ de Adiestramiento

Este capítulo explicará una de las tres visas educativas/de adiestramiento que están a disposición de personas extranjeras que reúnen los requisitos. Todas comparten el propósito común de servir para realizar la educación y/o los oficios vocacionales de personas extranjeras, pero difieren marcadamente en lo que se refiere al enfoque que toman para el cumplimiento de estas metas. Léanse los dos siguientes capítulos como si fueran una sola unidad, desde un ángulo comparativo.

Las Visas H-2A y H-2B

La ley dividió a la antigua categoría de visa H-2 y la convirtió en categorías H-2A y H-2B. La visa H-2A corresponde a personas que vienen a los Estados Unidos para realizar trabajo agrícola de índole estacional o temporaria. Esto es un proceso especializado de visa y el USCIS ha publicado un folleto para patrones agrícolas en perspectiva que explica la información relacionada con los requisitos de esta visa.

La visa H-2B corresponde a personas cuyos oficios u ocupación no alcanzan el nivel de una visa H-1B y que vienen a los Estados Unidos para realizar un trabajo temporario para un patrón estadounidense. La necesidad de emplear a la persona tiene que ser de índole temporaria aunque el trabajo en sí no sea de índole temporaria. Por consiguiente, si el patrón necesita de un trabajador para una situación única o para cumplir con necesidades estacionales o intermitentes, entonces el patrón puede contratar a una persona extranjera si ésta primero obtiene una certificación de trabajo del Departamento de Trabajo que establezca el hecho de que no hay trabajadores estadounidenses disponibles para realizar el trabajo solicitado y al emplearse al extranjero los salarios y las condiciones laborales de los trabajadores de Estados Unidos no se verán afectados de manera adversa.

En realidad, debido al gasto e inconveniencia implicados en la obtención de una certificación de trabajo, según mi experiencia, no pienso que esta categoría de visa sea muy útil. Esta visa sólo se emite por un período de un año, lo cual significa que tiene que tratarse solamente de un cargo y circunstancia singulares que justifiquen el gasto y la molestia que implican la obtención de esta visa.

Las compañías estadounidenses utilizan estas visas para emplear temporariamente tanto a extranjeros con oficio, como también a los que no poseen ningún oficio. Hay que tener presente que el concepto de *temporario* consta de dos partes, a saber: primero, el cargo en sí que el extranjero ocupa tiene que ser de índole temporaria, y por otra parte, la necesidad de la compañía de ofrecer el cargo designado también tiene que ser temporaria.

Esta visa se emite por un período de un año y puede extenderse, con cierta dificultad, hasta un período máximo de tres años. Otra de las características de la visa H-2 que la diferencia de la visa H-1B consiste en que el Departamento de

Trabajo suele tener que emitir una *certificación* como condición previa a la emisión de la visa. Esto es una diferencia marcada de la visa H-1, la cual no requiere una certificación del Departamento de Trabajo.

Requisitos para ser apto. La mayoría de los requisitos para esta visa tienen que ver con el patrón y no con el empleado, aunque claro está, el empleado extranjero tiene que reunir los requisitos para el cargo para el cual ha sido contratado. Tal como se afirmó anteriormente, se le exige al patrón estadounidense presentar una solicitud para una certificación de trabajo ante el Departamento de Trabajo como condición previa a la presentación de una solicitud de visa H-2B.

El patrón tiene la responsabilidad de demostrarle al Departamento de Trabajo el hecho de que no hay trabajadores estadounidenses disponibles en el lugar donde se ofrece el trabajo, que estén dispuestos y que tengan la capacidad de realizar el trabajo por el salario actual e imperante. Además, el patrón tendrá que probar que el emplear a trabajadores extranjeros no afectará de manera adversa el mercado laboral estadounidense.

El procedimiento descrito precedentemente es idéntico al procedimiento que se exige para una certificación del Departamento de Trabajo para obtener una visa de inmigrante, salvo que al Departamento de Trabajo sólo le interesa *la Parte A* de la solicitud de la certificación de trabajo, que trata sobre las necesidades del patrón y de la oferta de trabajo. No hay necesidad de completar *la Parte B* del formulario ETA-750, que relaciona los requisitos que reúne el extranjero. Si el Departamento de Trabajo rechaza la certificación, aún sería posible obtener una visa H-1B si el patrón puede convencer al USCIS de que no hay trabajadores locales disponibles para realizar el trabajo. Esto no es tarea fácil, y francamente, tal vez no merezca ni siquiera el esfuerzo.

Carácter temporario. Suponiendo que el Departamento de Trabajo emita una certificación de trabajo, el patrón aún tendría la necesidad de probar a satisfacción del USCIS que la necesidad correspondiente al cargo es de índole temporaria y que el cargo en sí es también temporario. Un ejemplo de estas condiciones es el caso en que un patrón estadounidense comienza una nueva operación industrial y necesita de la asistencia de un experto extranjero que pueda adiestrar a los empleados actuales y ofrecerle consultas de asesoramiento a la gerencia en cuanto a la organización y administración de la nueva operación. En este ejemplo, el cargo es temporario ya que tiene un fin y un comienzo definido, y la necesidad es temporaria ya que las necesidades del patrón finalizarán cuando se complete el trabajo.

Es de suma importancia señalar que la mera designación de una fecha para finalizar el trabajo no es prueba suficiente del carácter temporario del cargo, según el USCIS. En vez de eso, el patrón debe presentar evidencia práctica referente a la terminación del cargo, así como también a la necesidad que tiene el patrón de ese cargo para así corroborar la visa.

Requisitos que ha de reunir el extranjero. El extranjero beneficiario de la visa H-2, tendrá que establecer que reúne los requisitos para realizar el trabajo que se pide. El trabajo puede o no requerir un oficio y puede oscilar entre un alto grado de pericia tecnológica a uno de trabajador estacional sin oficio. En cualquier caso, el extranjero tiene que demostrar por medio de su experiencia, adiestramiento, o ambos, que reúne los requisitos para realizar el trabajo.

Además, el extranjero tiene que probar que su intención al entrar a los Estados Unidos es de índole temporaria y que mantiene una residencia en un país extranjero a la cual tiene la intención de regresar tan pronto finalice su labor en los Estados Unidos.

Problemas especiales. Es casi imposible cambiar la visa H-2 a una visa de extranjero residente permanente. El USCIS ha mantenido de manera constante en sus decisiones judiciales y administrativas que la certificación inicial por parte de un patrón de que tanto el cargo como sus necesidades eran de índole temporarias, excluyen la aseveración posterior de que el mismo cargo y necesidad ahora han cambiado para ser de índole permanente. Esencialmente, el USCIS considera la solicitud inicial como una garantía por parte del patrón de que el carácter temporario del cargo no cambiará en el futuro a uno de permanencia para justificar el empleo del extranjero.

El patrón puede presentar una solicitud para una visa permanente o una solicitud para cambiar el estado inmigratorio de la visa de un empleado, siempre y cuando sea para un cargo laboral diferente y con diferentes responsabilidades a aquellas en que se fundamentó la emisión de la visa H-2 original.

Requisitos de solicitud. La solicitud para una visa H-2, tal como se indica precedentemente, consiste esencialmente en dos etapas. La primera etapa requiere que el patrón complete la certificación del Departamento de Trabajo y la segunda etapa requiere que el patrón tramite la solicitud en sí ante el USCIS mediante el formulario I-129. No es necesario que el patrón de hecho obtenga la certificación del Departamento de Trabajo como condición previa a la emisión de la visa H-2; es decir, si la solicitud de la certificación es denegada, el empleado puede ofrecerle evidencia de impugnación el USCIS, junto con la carta de denegación del Departamento de Trabajo. Y puede intentar persuadir al USCIS para que emita la visa, a pesar de la denegación del Departamento de Trabajo; sin embargo, el USCIS por lo general le da mucha importancia y le tiene fe a la decisión del Departamento de Trabajo en lo que se refiere a estos asuntos.

Emisión de la visa H-2. De ser concedida la visa, entonces el USCIS emite una notificación de su aprobación en un formulario I-171C, el cual se envía al patrón. El patrón a su vez envía este formulario original, junto con la solicitud al consulado apropiado de los EE.UU. en el extranjero. El consulado de los EE.UU. entonces abre un expediente para el beneficiario (o beneficiarios) y emitirá las visas individuales. Varios trabajadores pueden beneficiarse de la misma solicitud presentada por el patrón.

Duración y trámite de extensión. La visa H-2 se concede por un período de un año y puede ser extendido por períodos de tiempo adicionales de un año hasta un máximo de tres años. La solicitud para extensión de tiempo se lleva a cabo al presentarse un formulario I-129 adicional, que actualmente se utiliza como una solicitud de extensión, una certificación adicional del Departamento de Trabajo y un pago adicional por la tramitación.

Evidentemente, la necesidad de tener que pasar por una segunda certificación del Departamento de Trabajo obra en contra de la extensión de las visas H-2 más allá del período original de un año. Es muy difícil conseguir un cambio de estado inmigratorio de no inmigrante, partiendo de otra clasificación diferente de no inmigrante, a una clasificación de visa H-2.

No existen muchas probabilidades y es muy raro que un extranjero que se encuentra en los Estados Unidos en otro estado inmigratorio de no inmigrante diferente encuentre en forma fortuita un trabajo temporario para el cual inmediatamente reúne los requisitos; sin embargo, lo contrario no es tan difícil, ya que puede ser posible cambiar una visa H-2 a una de clasificación de no inmigrante diferente, siempre y cuando el beneficiario sea apto para esa visa y la visa sea para un cargo totalmente diferente al que sustentó la solicitud de la visa H-2.

La Visa H-3   Esta visa se ofrece a aprendices extranjeros que reúnen los requisitos y que entran a los Estados Unidos con el propósito de participar en un programa de adiestramiento profesional establecido. La visa prevé que el extranjero no entra a los Estados Unidos con el propósito de desempeñarse en un empleo productivo, aunque algún grado de empleo productivo podrá permitírsele, siempre y cuando sea casual para el aprendiz y que de otra forma no tenga trascendencia.

Para ser apto. La mayoría de los requisitos para ser apto están relacionados con la compañía o entidad estadounidense bajo cuyos auspicios el extranjero entrará a los Estados Unidos. A fin de sustentar una visa H-3, la compañía estadounidense tendrá que presentar una solicitud preliminar ante el USCIS para participar en un programa interno de adiestramiento y/o educativo establecido. Si la compañía no tiene su propio programa interno de adiestramiento aprobado y completamente estructurado, entonces tendrá que buscar la ayuda de una o más dependencias generales las cuales ya tienen autorización por parte de la Agencia de Información de los Estados Unidos (sigla en inglés: USIA) para auspiciar la entrada de personas extranjeras que reúnen los requisitos conforme a una clasificación de aprendiz J-1.

El adiestramiento de la persona extranjera no puede prever una oferta de trabajo eventual por parte del patrón estadounidense. La ley presume que el tenedor de una visa H-3 recibe adiestramiento que le será de utilidad en el país de residencia del extranjero. Las constancias tienen que demostrar que el patrón no está tratando de adiestrar a la persona extranjera con el propósito de que eventualmente se la emplee en los Estados Unidos, sino más bien para un empleo en el extranjero.

Además de lo mencionado precedentemente, el patrón estadounidense tiene que probar que el tipo de adiestramiento que le ofrece al extranjero no existe en el país de residencia de éste. Esto frecuentemente se puede establecer al demostrarse que las actividades de la compañía estadounidense en los Estados Unidos (o incluso mundialmente) son únicas.

El extranjero debe probar que su intención para entrar a los Estados Unidos es solamente por un período de tiempo temporario y que regresará a su hogar o residencia extranjera, el cual no tiene la intención de abandonar.

Duración de la visa H-3. La visa H-3 es válida por el período de tiempo que dura el programa de adiestramiento, lo cual por lo general significa un máximo de dos años. Técnicamente es posible extender la visa por un período de tiempo mayor de dos años, pero el USCIS por lo general contempla una solicitud de esta índole con escepticismo. Cuando varios aprendices extranjeros se someten al mismo adiestramiento, es posible incluirlos a todos en una sola solicitud presentada por la compañía estadounidense o agencia de adiestramiento.

El patrón estadounidense tendrá que establecer que el extranjero pasará la mayor parte del tiempo en los Estados Unidos cursando un programa de adiestramiento/instrucción genuino y no desempeñándose en un empleo productivo sobre la marcha. Si por la descripción del cargo y las obligaciones pareciera que el patrón obtendrá beneficios directos como resultado de las actividades de la persona extranjera en los Estados Unidos, entonces la visa H podría ser denegada.

La Visa F-1 Esta visa está a disposición de personas que procuran entrar a los Estados Unidos con el propósito de tomar parte en un programa académico a tiempo completo. La visa se extiende a aquellas personas matriculadas a nivel de escuela elemental hasta el nivel postuniversitario y doctoral de educación universitaria. En teoría, los requisitos para obtener la visa son simples y claros; sin embargo, suele resultarles difícil obtener esta visa a personas de ciertos países donde existe una alta incidencia de fraude de visas.

Duración de la estadía. La visa F-1 se concede por un período de estadía conocido como *duración del estado inmigratorio* (sigla en inglés: *DS*); es decir, la visa será válida durante el período completo del programa académico propuesto. Si una persona se matricula en un programa de un instituto universitario por cuatro años con miras a un título en ingeniería, la visa será válida durante los cuatro años completos de duración del programa universitario, siempre y cuando mantenga, por otra parte, su estado inmigratorio y no viole los términos de la visa.

Al terminar su programa académico, en el cual se fundamenta la visa, el estudiante extranjero deberá solicitar una extensión de la visa si éste decide proseguir un curso de estudio adicional. Si un estudiante cambia de institución universitaria antes de terminar el programa académico, no se le exige presentar una solicitud de extensión; sin embargo, sí se le exige notificarle el cambio al USCIS.

Condiciones para ser apto. El estudiante extranjero tiene que venir a los Estados Unidos con el propósito de tomar parte en un programa de estudio a tiempo completo, todo lo cual está definido por reglamento. Por lo general, un programa de estudio a tiempo completo requiere un mínimo de doce créditos (unidades docentes) por semestre a nivel universitario o su equivalente, presumiendo que la universidad lo considera como un programa de estudio a tiempo completo y cobra la matrícula de tiempo completo correspondiente.

Para programas de escuela elemental o secundaria, el estudiante tiene que estar matriculado en un curso de estudio que la institución normalmente considera como uno mínimo para obtener el diploma. El matricularse en instituciones de ciclo básico de dos años también se acepta como documento de apoyo para una visa F-1, siempre y cuando el estudiante tome parte en un programa de estudio a tiempo completo, lo que habitualmente requiere un mínimo de doce horas conforme el sistema universitario estadounidense.

La institución certificará en un formulario 1-20A que el estudiante en efecto está matriculado en un programa de estudio a tiempo completo. El Departamento de Estado por lo general acepta esa certificación por parte de la institución como evidencia de que el requisito de estudio a tiempo completo será cumplido.

Tramitación de la visa F-1. A fin de obtener la visa F-1, el estudiante tiene que solicitar admisión a una institución educativa acreditada en los Estados Unidos y ser admitido a la misma. Además de toda otra documentación relacionada con la matrícula, el estudiante también recibirá un formulario I-20A-B que será complementado por la institución y requerirá muy poca información por parte del estudiante, salvo su firma en dos lugares. La mayor parte de la información contenida en el formulario I-20A-B ha sido suministrada por el estudiante, por lo que el estudiante debe examinar la misma para asegurarse de que está correcta. El formulario I-20A-B actual es un documento de ocho páginas que se presenta ante la oficina de visas en el momento en que el estudiante solicita su visa.

Además, el estudiante preparará y firmará un formulario OF-156, que es un formulario de solicitud general para una visa de no inmigrante. Es de suma importancia que todas las preguntas se contesten apropiadamente y en especial aquellas preguntas enumeradas 19 hasta la 30, para que reflejen debidamente la intención temporaria del estudiante.

Excepción—cambio de visa. Ocasionalmente, un estudiante en perspectiva no habrá seleccionado aún una institución en particular en la cual llevará a cabo sus estudios y puede ser que entre a los Estados Unidos con una visa B-2 para luego cambiar a una visa de no inmigrante después de haber hecho su selección. En este caso, el estudiante comparecerá ante el funcionario encargado de las visas y probará su intención de estudiante y su capacidad económica. Es entonces cuando podrá recibir una visa B-2, la cual será estampada con un sello que reza *estudiante en perspectiva/institución no ha sido seleccionada.*

Esto será de gran utilidad cuando el estudiante luego presente la solicitud para cambiar de estado inmigratorio después de haber seleccionado su institución. Esta anotación es de suma importancia, ya que sin ella el estudiante podría hallar dificultoso cambiar su estado inmigratorio de visa de turista a uno de visa F-1. Esto se debe a que el USCIS frecuentemente considera estas solicitudes de cambios de estado inmigratorio como evidencia de que el estudiante en perspectiva entró a los Estados Unidos de manera fraudulenta (con intenciones previamente concebidas), para así eludir el proceso normal de solicitud de una visa F-1. Por consiguiente, una anotación evitará ese problema ya que establecerá el hecho de que no se ha cometido ningún fraude tratando de engañar al funcionario encargado de visas.

"SU DEDICACIÓN NO ME IMPRESIONA, QUIERO VER SU
FORMULARIO I-20."

Las personas que procuran entrar a los Estados Unidos conforme al estado inmigratorio de la visa F-1 deben presentar, junto con el formulario I-20A-B, un pasaporte válido con la visa F-1 estampada en él. El estudiante entonces será sometido a escrutinio en la frontera en lo que se refiere a la institución en la cual cursará sus estudios y a la duración del programa. Si el agente de Inmigración queda satisfecho de que se trata de una persona que reúne los requisitos para una visa F-1, entonces le entregará al estudiante un registro de llegada/partida I-94 con la anotación *DS* estampada en él, que significa Duración de Estado Inmigratorio.

Además le devolverá una porción del formulario I-20 (copia de identificación) y el extranjero deberá mantener en su posesión ambos documentos. Se permiten ciertos tipos de empleo dentro de la universidad siempre que sean el tipo de empleo llevado a cabo normalmente por estudiantes y que no desplaza a nadie del mercado laboral estadounidense. Por consiguiente, se permiten empleos tales como los cargos de asistente de biblioteca o de laboratorio.

Instituciones aptas. A fin de reunir los requisitos para la visa F, el estudiante tendrá que estar matriculado en una institución la cual ha sido aprobada para ese propósito por el Procurador General. Toda institución pública de nivel elemental, secundario y postsecundario y la mayoría de las instituciones privadas de reputación establecida y renombre también están aprobadas. Cuando el extranjero solicita inscribirse en una institución educativa, a menos de que se trate de una institución pública, debe cerciorarse de que la institución privada esté efectivamente aprobada por el Procurador General. El estudiante tiene que estar matriculado en un programa educativo que provee adiestramiento académico a diferencia de exclusivamente un adiestramiento de tipo vocacional. Una institución vocacional o una escuela de comercio cuyo programa de estudios no es básicamente académico, no sustentaría una visa F-1.

Requisitos financieros. El estudiante en perspectiva debe demostrarle al cónsul estadounidense en el extranjero que tiene los fondos suficientes para sufragar el costo del adiestramiento académico, así como para mantenerse a sí mismo durante la duración del programa. Este requisito suele causarles gran dificultad a los solicitantes de esta visa. Los fondos tienen que estar disponibles en ese momento y no estar basados en especulaciones de expectativas económicas por parte del estudiante. Con respecto a esto, el Departamento de Estado (la Oficina de Visas) exigirá pruebas de que el estudiante, personalmente o su familia, tiene los fondos suficientes para sufragar los gastos del estudiante. En caso de que el estudiante tenga amistades o parientes cercanos que acuerden proveerle alojamiento y comida, sería de gran utilidad presentar una declaración jurada que indique estos acuerdos respaldada por pruebas de su estabilidad financiera.

La ley establece un programa piloto (temporario) que permite que el estudiante en perspectiva se desempeñe en trabajos a tiempo parcial durante su curso de estudios en cargos que no afecten al mercado laboral estadounidense. Esto es una excepción a la norma general, la cual prohíbe al estudiante con visa F-2 desempeñarse en un empleo remunerativo.

En general, el estudiante extranjero no puede proyectar ganancias anticipadas por el empleo a tiempo parcial o a tiempo completo como medio para mantenerse durante su programa de estudios. Si el estudiante en perspectiva es casado, el cónyuge puede acompañar al tenedor de la visa F-1 pero no se le permitirá trabajar. La única excepción a esta norma surge si las circunstancias económicas de las cuales razonablemente ha dependido el extranjero cambian inesperadamente. En este caso, el estudiante tendrá que presentar una solicitud en Estados Unidos para obtener un permiso de trabajo.

Habilidad en el idioma inglés. El estudiante tiene que tener habilidad en el idioma inglés o tiene que estar matriculado en un programa de estudios que facilitará la habilidad en el idioma inglés. Todos estos asuntos se explican en el formulario I-20A-B, que lo debe completar la institución educativa y sirve como condición previa para la emisión de la visa.

Evidencia de intención temporaria. Probablemente el obstáculo más grande para las personas que solicitan una visa F es el requisito de demostrar que la persona tiene una intención puramente temporaria y que tiene un domicilio al cual regresará al terminar el programa educativo. Este requisito puede causarles gran dificultad a aquellas personas de escasos medios económicos, jóvenes y a personas que viajan a los Estados Unidos solas o al menos sin un familiar inmediato. Conforme a estas circunstancias, al Departamento de Estado le inquieta que la persona tal vez entre a los Estados Unidos con el único propósito de trabajar y que desaparezca dentro de la marea económica estadounidense justo al salir del aeropuerto.

Se recomienda enfáticamente que el estudiante traiga consigo, además de los documentos exigidos, tal como el formulario I-20A-B y los demás documentos de solicitud de visa de no inmigrante, la evidencia documentada de que mantiene lazos en su país de residencia para así documentarle su intención temporaria al funcionario estadounidense encargado de visas que lo entrevistará. Con respecto a esto, las fotos de familia y/o información sobre su afiliación en diversas organizaciones cívicas y sociales serían de importancia. Tal vez la evidencia de que el estudiante tiene un trabajo esperándolo una vez que termine sus estudios o cualquier otra evidencia de que tiene lazos en su país de residencia sería de gran utilidad.

Adiestramiento práctico. Un estudiante también puede solicitar un período de adiestramiento práctico que no podrá excederse de un total de doce meses, incluyendo el tiempo empleado en tal adiestramiento práctico durante el curso normal del adiestramiento académico del estudiante, tal como lo serían las vacaciones de verano, los recesos en mitad de semestre, etc. Se requiere esencialmente que el adiestramiento práctico esté relacionado con el programa de estudio del adiestramiento académico del extranjero en los Estados Unidos y que el estudiante no tenga la posibilidad de recibir adiestramiento práctico en su país de residencia.

En ambos casos, se trata de un asunto de prueba documental y el USCIS tendrá que tomar una decisión en cuanto a la solicitud. En general, es suficiente el hecho de que un funcionario de la institución certifique por medio de una declaración jurada que el adiestramiento práctico que procura el estudiante será de beneficio para su adiestramiento académico. En cuanto a esto, se tiene que completar el formulario I-538, junto con la información documental en lo que respecta a la falta de disponibilidad de ese tipo de adiestramiento en el país de residencia del estudiante.

La Visa J-1   Esta visa presume que el empleado extranjero estará recibiendo activamente un adiestramiento sobre la marcha en el trabajo en circunstancias de empleo equivalentes a las del empleado estadounidense en el mismo cargo. En otras palabras, se espera que el patrón obtenga algunos beneficios de producción como resultado de las actividades del empleado extranjero aunque el propósito principal de la presencia del empleado en Estados Unidos es obtener adiestramiento práctico en el trabajo.

Duración de la estadía. La duración de la estadía de la visa J-1 es por el período de tiempo que dura el programa en el que el extranjero participa y puede ser extendido (con mucha dificultad) por períodos adicionales de seis meses.

Requisitos para ser apto. Nuevamente, la mayoría de los requisitos para ser apto se centran en el patrón estadounidense para así determinar si el patrocinador ha sido designado por la Agencia de Información de Estados Unidos como un patrocinador del programa de intercambio-visitante. Por consiguiente, una compañía, si tiene su propio programa establecido, puede tratar de trasladar a empleados extranjeros a los Estados Unidos de acuerdo con su programa previamente aprobado. En el caso de que no tenga tal programa, puede procurar trasladar al empleado extranjero conforme a uno de los diversos programas generales, los cuales ya habrán sido designados por el gobierno de los Estados Unidos. Estos programas generales son patrocinados por otras organizaciones, las cuales a solicitud del patrón estadounidense, ubicarán al visitante de intercambio extranjero con el patrocinador en una compañía de los Estados Unidos.

Bajo ciertas circunstancias, la compañía de los Estados Unidos puede optar por establecer su propio programa de intercambio de visitantes al presentar una solicitud directamente a la Agencia de Información de los Estados Unidos. Evidentemente, esto es un paso que toma mucho tiempo y es muy costoso y sólo sería viable en circunstancias muy excepcionales. Una compañía pequeña o mediana que no tiene experiencia previa en visitas de intercambio extranjero podría hallar difícil obtener tal aprobación por parte de la Agencia de Información de los Estados Unidos.

Esta visa es útil para cursos avanzados de adiestramiento tal como lo sería el caso de graduados de escuelas de medicina, en cuyo caso el extranjero debe haber aprobado por lo menos las Partes I y II del Examen del Consejo Nacional de Examinadores Médicos o el Examen de Ciencias Médicas para Graduados de Medicina Extranjeros (sigla en inglés: FMGEMS).

La visa se obtiene en el consulado de Estados Unidos en el extranjero y la persona extranjera tiene que obtener y completar el formulario IAP-66, un formulario OF-156, una Solicitud para Visa de no Inmigrante, evidencia de que el extranjero puede mantenerse a sí mismo en EE.UU., prueba de su intención de abandonar Estados Unidos una vez que complete el programa y el pago correspondiente. El extranjero también tiene que demostrar habilidad en el idioma inglés.

La familia del tenedor de la visa J también recibirá visas J-2, que les permitirán acompañar a los Estados Unidos al tenedor de la visa J. No existe nada que prohíba al tenedor de la visa J-2 desempeñarse en algún tipo de empleo, siempre y cuando el empleo no sea para propósitos de proporcionarle apoyo económico al tenedor de la visa J-1.

Requisitos. El aprendiz de un negocio extranjero debe estar empleado basándose en una semana completa y tiene que recibir como mínimo una remuneración equivalente al salario mínimo vigente y conforme a las condiciones laborales imperantes en la industria participante en particular. El propósito del adiestramiento tiene que ser, por supuesto, el de mejorar los conocimientos prácticos del visitante para uso futuro en su país de residencia. Por consiguiente, el extranjero tiene que mantener una residencia en el extranjero, la que no tiene ninguna intención de abandonar. Cualquier indicación por parte del visitante de intercambio extranjero de que tal vez alberga intenciones de permanecer en los Estados Unidos de manera permanente, puede resultar en la denegación de la visa.

El programa de visa J es una oportunidad excelente para las personas de obtener un nivel de experiencia o adiestramiento que de otra manera no está disponible en sus países de residencia. Esta visa también provee una excelente oportunidad para explorar el mercado laboral de los Estados Unidos para planes futuros de residencia, a la misma vez que provee una oportunidad para el aprendizaje de conocimientos prácticos apropiados para el empleo.

Período de espera de dos años. Una de las características más inhabituales de esta categoría de visa es que al visitante de intercambio extranjero se le prohibirá que presente una solicitud de visa permanente o que solicite un cambio de estado inmigratorio a visas H o L de extranjero durante un período de dos años a partir de la fecha en que termine su adiestramiento en los Estados Unidos. Esta norma corresponde a aquellos visitantes extranjeros cuyos programas han sido financiados totalmente o en parte, ya sea por el gobierno de los Estados Unidos o por sus propios gobiernos, a personas que son ciudadanos de países que la Agencia de Información de los Estados Unidos ha determinado necesitan de los conocimientos prácticos y servicios de personas con el adiestramiento especial del extranjero o médicos extranjeros que han obtenido adiestramiento adicional conforme a esta visa.

Puesto que la índole y el propósito de la visa J es la de estimular la entrada patrocinada a los Estados Unidos de personas de países en vías de desarrollo, ni Estados Unidos ni el país de residencia querrán que el visitante de intercambio extranjero permanezca en los Estados Unidos al terminar el programa de adiestramiento. Esto sería como una autodestrucción del programa y probablemente crearía sinsabores entre Estados Unidos y el país de residencia del extranjero; sin embargo, existen procedimientos para dispensar del requisito de dos años de residencia extranjera, pero no se conceden en forma dadivosa.

Si bien la índole del proceso para la solicitud de dispensa está al margen del alcance de este libro, es posible destacar las cuatro condiciones generales que proveen para la dispensa. Las condiciones son las siguientes:

1. Una agencia gubernamental de los Estados Unidos puede pedir una dispensa en beneficio del extranjero de intercambio. Esto se puede expresar en términos de beneficio para el interés de seguridad de los Estados Unidos o para el bien público. Evidentemente, estas situaciones son un tanto excepcionales.

2. Se puede obtener un dispensa cuando el requisito de residencia extranjera resultara en dificultades excepcionales para el ciudadano estadounidense o el residente permanente, cónyuge, o hijo. Lo que constituye "dificultad excepcional" suele ser difícil de establecer de antemano y por lo general requiere de la intervención de un asesor legal. Por consiguiente, en el caso de que el ciudadano estadounidense contrajera matrimonio con un visitante de intercambio extranjero mientras éste se encuentra en los Estados Unidos, sería muy difícil establecer extrema penuria ya que el ciudadano estadounidense voluntariamente aceptó la situación. En todo caso, por lo general se requiere asesoramiento legal para presentar apropiadamente un caso de extrema penuria.

3.   Otro motivo para obtener una dispensa del requisito de dos años de residencia extranjera se basa en una carta de *ninguna objeción* emitida por el gobierno extranjero a la Agencia de Información de los Estados Unidos que declara que el gobierno extranjero no tiene *ninguna objeción* en que el extranjero permanezca en los Estados Unidos. El gobierno de los Estados Unidos no quedará obligado debido a esta carta de "ninguna objeción" y claro está, si el gobierno de los Estados Unidos está sufragando todos o una porción substancial de los gastos del visitante de intercambio extranjero, entonces dicha carta tendrá poco peso. En todo caso, estas cartas de *ninguna objeción* no están a disposición de graduados de medicina extranjeros.

4.   Si el extranjero puede probar que estaría sujeto a persecución en su país de residencia por razones de raza, religión, opinión política, nacionalidad o afiliación a un grupo en particular, entonces el período de espera de dos años también podría ser dispensado. La evidencia en cuanto a la excepción debe encaminarse de acuerdo con las mismas pautas que la solicitud de asilo político.

El proceso de solicitud. El método más práctico de traer a un extranjero de intercambio a los Estados Unidos es bajo un programa general establecido. La agencia patrocinadora que ya habrá sido designada por la Agencia de Información de los Estados Unidos emitirá un certificado de aptitud para el estado inmigratorio de visitante de intercambio (formulario IAP-66) directamente al ciudadano extranjero y ayudará a concertar el traslado del extranjero a los Estados Unidos para el adiestramiento práctico. Al llegar a la frontera, el tenedor de la visa J tiene que presentar un pasaporte con una visa J válida estampada en él junto con un formulario IAP-66.

La Visa Q   Esta es una categoría de visa que permite a una persona la entrada a los Estados Unidos con el propósito de participar en un programa concebido para proveer adiestramiento práctico o empleo y compartir la historia, cultura y tradiciones del país de residencia del extranjero. Este programa de intercambio será administrado por el USCIS en vez de la Agencia de Información de los Estados Unidos. Esta visa es válida por un período de quince meses y puede solicitarse ya sea en el consulado de los EE.UU. en el país de residencia del extranjero o en los Estados Unidos mediante una solicitud para Cambio de Estado Inmigratorio. Los reglamentos administrativos finales establecerán los requisitos detallados para la solicitud.

La Visa K   Esta visa la emite el consulado de los EE.UU. en el extranjero al novio/novia de un ciudadano estadounidense. Es una visa temporaria que requiere que la persona extranjera contraiga matrimonio dentro de los próximos noventa días a partir de la fecha de entrada a los Estados Unidos. La visa presume que después de celebrarse el matrimonio, la persona extranjera entonces solicitará una visa permanente para Estados Unidos y cambiará su estado inmigratorio en los Estados Unidos.

Los requisitos esenciales establecen que las partes interesadas tienen que demostrar el hecho de que se han conocido personalmente dentro de un período anterior de dos años y actualmente tienen planes de contraer matrimonio. En los casos en los que se prohíbe, por razones de principio religioso, que las personas se conozcan personalmente antes del matrimonio, el Departamento de Estado ha relajado el requisito de una reunión personal, pero sí exige evidencia de que las personas pertenecen a la religión que de hecho prohíbe que los interesados se conozcan personalmente antes del matrimonio.

Las evidencias que se requieren para establecer que se conocen personalmente no conoce de limitaciones y en los casos que yo tramité, presenté fotografías tomadas de las partes compartiendo una gran variedad de circunstancias, incluyendo celebraciones de cumpleaños, ceremonias de otros casamientos en los cuales participaban otras personas, incluso una o dos fotografías atrevidas tomadas cuando las partes estaban celebrando en un club nocturno. Los funcionarios consulares de Estados Unidos no son remilgados, pero sí son bastante estrictos al exigir el cumplimiento de los requisitos estatutarios y reguladores.

"CON SU PERMISO, ACEPTO QUE
ESTAN COMPROMETIDOS."

El ciudadano estadounidense es el solicitante y éste tiene que establecer su ciudadanía estadounidense. Ambas partes tienen que establecer que, efectivamente, son libres para contraer matrimonio. Por consiguiente, si él/ella ha estado casado anteriormente, tendrá que presentar prueba de la disolución del matrimonio anterior.

Si la persona extranjera contrae matrimonio con otra persona que no es el solicitante original, a él/ella se le impedirá cambiar el estado inmigratorio al de residente permanente en los Estados Unidos. Más bien, al aprobarse el formulario I-130 presentado por el ciudadano estadounidense o el cónyuge que tiene residencia permanente, el beneficiario tendrá que viajar al extranjero para la emisión de la visa en el consulado de los Estados Unidos en el extranjero.

La Visa R   Esta categoría de visa de no inmigrante se asemeja a la categoría de visa de inmigrante para trabajadores religiosos inmigrantes especiales. La categoría de trabajador religioso inmigrante caduca el 1º de octubre de 2000, pero la categoría de visa R continuará en efecto indefinidamente.

La diferencia principal entre la visa de trabajador religioso inmigrante y la visa R de no inmigrante es que la categoría de visa R tiene un límite de cinco años.

Los criterios para la clasificación de un trabajador religioso de visa R son:

✪ el extranjero es miembro de una secta religiosa que tiene una organización religiosa de buena fe sin fines de lucro en los Estados Unidos;

✪ la secta religiosa y su afiliada, si corresponde, están exentas de impuestos o la secta religiosa reúne los requisitos para un estado legal de exención de impuestos;

✪ el extranjero ha sido miembro de la organización durante el período de dos años que precede a la fecha del permiso de entrada;

✪ el extranjero entrará a los Estados Unidos con:

  • el único propósito de realizar la vocación de ministro de esa secta o

  • a solicitud de la organización, el extranjero entrará a los Estados Unidos para dedicarse a una vocación u ocupación religiosa para esa secta o para una organización afiliada a la secta, ya sea en capacidad profesional o no o

- el extranjero es el cónyuge o hijo de un no inmigrante con visa R-1 y viene como acompañante del inmigrante o viene posteriormente para reunirse con éste y

- el extranjero ha residido y estado presente físicamente fuera de los Estados Unidos durante el año previo inmediato, excepto durante visitas breves de negocios o de placer, si él/ella previamente había formado parte de esta clasificación durante cinco años.

Características de una secta religiosa. Por lo general una secta religiosa tendrá los siguientes elementos o indicaciones de comparación que demuestran su legitimidad:

✪ algún tipo de gobierno eclesiástico;

✪ un credo y tipo de culto reconocido;

✪ un código formal de doctrina y disciplina;

✪ servicios y ceremonias religiosos;

✪ lugares establecidos para el culto religioso; y,

✪ congregaciones religiosas.

Requisitos para una organización sin fines de lucro. Una organización sin fines de lucro legítima, tal como se describe en el Código de Rentas Públicas de 1986, tiene que cumplir con los siguientes criterios.

✪ Ninguna parte de las ganancias netas de la organización puede beneficiar a algún accionista o particular.

✪ Ninguna parte substancial de las actividades de la organización puede incluir actividades de propaganda o de otra forma, la intención de influenciar a la legislación.

✪ La organización no podrá participar ni intervenir en ninguna campaña política, incluyendo la publicación o distribución de declaraciones, en nombre (o en contra) de ningún candidato a función pública.

Afiliación. El extranjero tiene que establecer que ha sido miembro de una organización que reúne los requisitos durante un mínimo de dos años inmediatamente previos a la solicitud de la visa o del permiso de entrada. A diferencia de un solicitante de una visa especial de inmigrante para trabajo religioso, la persona que solicita una clasificación de visa R de no inmigrante sólo tiene que haber sido miembro de la organización por el período de dos año requerido y no tiene necesidad de haber estado participando en actividades que reúnen los requisitos, tales como actividades ministeriales, vocacionales u ocupacionales, además de la afiliación.

Ministros de religion. Solamente aquellas personas autorizadas por una secta religiosa reconocida a dirigir el culto religioso y a realizar otros deberes habitualmente desempeñados por miembros autorizados del clérigo de esa religión, pueden ser clasificados como ministros de religión. El término no incluye a predicadores laicos o a otras personas que no tienen la autorización para realizar tales deberes. En todos los casos, tiene que haber una conexión razonable entre las actividades desempeñadas y la vocación religiosa de un ministro. La evidencia de que una persona reúne los requisitos de ministro o de una religión, por lo general se presenta como un reconocimiento eclesiástico oficial, tal como lo serían los certificados de ordenación, las licencias, las cartas formales de otorgamiento, etc.

Ordenación de ministros. La ordenación de ministros principalmente corresponde a la investidura de la persona con funciones ministeriales o sacerdotales o el otorgamiento de las sagradas órdenes a la persona. Si la secta religiosa no tiene procedimientos formales de ordenación, se tendrá que presentar otro tipo de evidencia para demostrar que la persona tiene autorización para dirigir un culto religioso y realizar otros servicios habitualmente desempeñados por miembros del clérigo.

Un diácono de cualquier secta religiosa puede considerarse apropiadamente como ministro de religión. Se consideran ministros de religión a los facultativos y las enfermeras de la Iglesia de Ciencia Cristiana y a los funcionarios comisionados del Ejército de Salvación.

Monjes Budistas. La ceremonia que confiere el estado de monaquismo en la religión budista se la reconoce generalmente como el equivalente a la ordenación. El que un monje budista reúna o no los requisitos de ministro o religión, depende de las actividades que éste procura ejercer en Estados Unidos.

Para reunir los requisitos del estado inmigratorio conferido por la visa R, sin embargo, el monje budista tiene que establecer que reúne los requisitos propios de ministro y religión al igual que demostrar que procura entrar a los Estados Unidos con el único propósito de dirigir el culto religioso y proporcionar otros servicios religiosos tradicionales.

Evidencia en que se basa la clasificación de la visa R. El extranjero que procura una clasificación como trabajador religioso presentará su solicitud directamente ante el funcionario consular o, si está exento de la visa, ante un funcionario de inmigración en un puerto de entrada de los Estados Unidos. No se requiere ninguna solicitud, certificación de trabajo o aprobación previa. El extranjero presentará evidencia que establezca a satisfacción del funcionario consular o de inmigración que prestará servicios en una organización religiosa legítima y sin fines de lucro o en su afiliada y que cumple con los criterios para realizar dichos servicios. La evidencia que será presentada consistirá en la documentación especificada a continuación.

El extranjero presentará evidencia de que la secta religiosa o su afiliada reúne los requisitos de una organización religiosa sin fines de lucro de la siguiente manera:

✪ un certificado del estado de exención de impuestos emitido por el Servicio de Rentas Públicas o

✪ en el caso de una secta religiosa que nunca procuró el estado legal de exención de impuestos, se requerirá documentación que demuestre que la organización podría reunir los requisitos para la exención de impuestos, si tal estado legal fuera procurado. En todos los casos que implican alegación de ser apto para la exención de impuestos, el funcionario consular tiene que remitir toda documentación pertinente, junto con la evaluación de la evidencia que ha sido presentada, al Departamento de Estado para un dictamen.

Certificación por parte de la organización religiosa que provee el empleo. Un funcionario autorizado de la organización específica de la secta religiosa o su afiliada que empleará o contratará al extranjero en Estados Unidos tiene que preparar una carta en la cual certificará lo siguiente:

✪ que, si la afiliación religiosa del extranjero se ha mantenido, en su totalidad o en parte, fuera de los Estados Unidos, las organizaciones extranjeras y estadounidenses pertenecen a la misma secta religiosa;

✪ que, inmediatamente antes de la solicitud para la visa de no inmigrante o solicitud para permiso de entrada a los Estados Unidos, el extranjero ha sido miembro de la organización religiosa por el período requerido de dos años;

✪ que (según corresponda):

- si el extranjero es ministro, está autorizado para dirigir el culto religioso de esa secta y para realizar otros deberes habitualmente desempeñados por miembros autorizados del clérigo de esa secta. Los deberes que se desempeñarán deberán describirse en detalle;

- si el extranjero es profesional religioso, posee por lo menos un título de licenciatura de los Estados Unidos o su equivalente extranjero, dicho título es requisito para pertenecer a la profesión religiosa; o,

- si el extranjero va a desempeñarse en una vocación u ocupación religiosa no profesional, reúne los requisitos para esa vocación u ocupación. La evidencia de dichas condiciones puede abarcar, pero no se limita a, la evidencia que establezca que el extranjero es monje, monja, o hermano o hermana religioso, o que el tipo de trabajo que se realizará se relaciona con una función religiosa tradicional.

✪ los arreglos para la remuneración por los servicios que prestará el extranjero, si los hubiera, incluyendo el importe y origen de todo sueldo, la descripción de todo otro tipo de remuneración que recibirá (incluyendo alojamiento, comida, vestimenta y cualquier otra prestación a la que se le puede dar un valor monetario) y una declaración de que tal remuneración se otorgará como intercambio por los servicios prestados;

✪ el nombre y la dirección de la organización específica de la secta religiosa o afiliada en la cual el extranjero prestará servicios en los Estados Unidos; y,

✪ si el extranjero se va a desempeñar en una organización legítima la cual está afiliada a una secta religiosa, una descripción de la índole de la relación entre la afiliada y la secta religiosa.

El funcionario consular puede pedir cualquier evidencia adicional apropiada que sea necesaria para verificar las condiciones que reúne la secta religiosa, el extranjero o la organización afiliada.

A los extranjeros con el estado inmigratorio conferido por la visa R-2 (cónyuges y dependientes del extranjero con visa R) no se les autoriza aceptar empleo. El funcionario consular tomará esto en consideración al evaluar si los miembros de la familia han proporcionado evidencia adecuada de su manutención mientras se encuentran en los Estados Unidos. A los no inmigrantes con visa R-2 se les permite estudiar mientras se encuentran en los Estados Unidos.

NOTA: *Los beneficiarios de la visa R deberán tener a disposición toda la documentación que pruebe que reúnen los requisitos cuando soliciten el permiso de entrada, en caso de que el agente del USCIS en el puerto de entrada así lo requiera.*

Duración de la estadia. El período inicial de entrada para un no inmigrante con visa R no puede excederse de tres años. Para extender la estadía de un trabajador religioso, la organización de la secta religiosa o afiliada debe presentar el formulario I-129, que es la solicitud para el trabajador no inmigrante, en el Centro del USCIS que tiene jurisdicción en el lugar del empleo, junto con una carta redactada por un funcionario autorizado de la organización que confirme que el trabajador sigue siendo apto para la clasificación de visa R. Se podrá autorizar una extensión por un período máximo de dos años. El período total de estadía del trabajador religioso no podrá excederse de cinco años.

4 Mantener la Vigencia de la Visa

Despúes de haber obtenido su visa a los Estados Unidos, a gran gasto y mucha preparación es importante que el extranjero comprenda cómo mantener la vigencia de su visa para que no se pierda inadvertidamente. Hay trampas para el incauto que pueden arriesgarle al extranjero su visa temporal o aún la visa de residencia permanente.

Problemas para Noninmigrantes

Sobrepaso del Tiempo Permitido Según el formulario I-94

El primero y el más importante peligro para extranjeros que gozan una visa temporaria es la perdida de la visa a base de una prolongación en EE.UU de estancia permitida por la forma I-94 aunque sea inadvertida. Esta forma es la tarjeta blanca pequeña que se inserta en el pasaporte del extranjero en la inspección y admisión a los Estados Unidos por el inspector de el USCIS.

Simplemente permítanos repasar la situación. Las personas extranjeras obtienen los derechos pertinentes a la dicha visa en uno de dos maneras:

1. obteniendo sus visas en el extranjero de un Consulado Norteamericano en cual caso se le imprime en sus pasaportes o

2. recibiendo el estado de la visa deseado a través de un Cambio de Estado aprobado por el USCIS mientras el extranjero ya permanece legalmente en los Estados Unidos a base de otra visa.

Con respecto a la visa estampada en el pasaporte, el período de tiempo de validez de la visa mide el tiempo dentro del que un extranjero puede solicitar entrada en los Estados Unidos en esa categoria particular de visa. En otras palabras, la visa en el pasaporte establece el período de tiempo en el que una persona puede solicitar cruzar la frontera a los Estados Unidos. La duración de tiempo que la persona extranjera se permite permanecer en los EE.UU., después de la entrada no es determinada por el período de validez de la visa. Mas bien el tiempo permitido de permanecencia es determinado por la fecha designada en la formulario I-94 (*Arrival Departure Record*) y es conocido como *la Duración de Estancia*.

Ejemplo: Cuando un extranjero entra en los Estados Unidos con una visa B-1/B-2 que normalmente tiene una duración de diez años, el funcionario de inmigración en la frontera normalmente permitirá el extranjero permanecer en los EE.UU. por un período de seis meses. La fecha pecisa de la requerida salida se designará en la forma I-94. Si una persona entra con una visa diferente, diga un H-1 o un L-1, el período legal de estancia puede ser un o dos años.

Si la persona extranjera permanece en los Estados Unidos más allá de la fecha declarada en la formulario I-94 por incluso un día, sin primero haber archivado una aplicación para una Extensión de Estancia, la visa subyacente es automáticamente e inmediatamente terminada—la visa se pone nula. Esto significa que si la persona intenta usar esa visa de nuevo para volver a entrar los Estados Unidos, él o ella es sujeto a la exclusión de los Estados Unidos en base de no sostener una visa válida.

Entienda más allá que si una persona es formalmente *alejado*, ése es decir, es rechazado en la frontera, él o ella no podrá volver entrar a los Estados Unidos por un período de cinco años. La única excepción a esta multa ocurre si el inspector de inmigración le permite a la persona extranjera retirar voluntariamente su aplicación de entrada.

Si una persona extranjera está alejada de los Estados Unidos en la frontera, la persona necesitará volver al país de nacionalidad y volver a aplicar para otra visa como una condición de re-entrada.

El riesgo, por supuesto, es que el Consulado Norteamericano no emitirá la visa de nuevo si la persona extranjera ya ha violado los términos de la visa original.

Obviamente si la violacion de prolongacion de estancia sólo es para un período ligero de tiempo (un o dos días) y es sólo un tecnicismo, hay una oportunidad mejor que el Consulado Norteamericano reeditará la visa. Sin embargo, si ha habido una prolongacion sustancial, hay una grande posibilidad que el Consulado Norteamericano no reeditará la visa. No hay ninguna apelación de un rechazo por el Consulado Norteamericano.

Dependientes del Visado Principal

Todos del anterior también aplica a las personas a cargo del poseedor de la visa principal. Permítanos crear un caso hipotético como un ejemplo ilustrativo de un problema que a menudo ocurre con respecto al mantenimiento de visa de las personas dependientes.

Ejemplo: Asuma que una persona extranjera, Sr. Lopez, tiene una visa L-1A como el ejecutivo de una subsidiaria grande e importante de una compañía multinacional. Él se casa a Olga y tiene dos niños de edad de escuela, envejece 8 y 11. Olga no trabaja fuera de la casa y se ocupa de las tomas de todo los deberes de la casa y sobre todo la educación de los niños. La familia Lopez es una familia joven típica y Olga es muy activa en la asociación de los padres y maestros escolares y también dirige a los niños en sus varios y numerosas actividades. Esto incluye manejando a ambos niños alrededor al fútbol y práctica del hockey y juegos así como las gimnasias y educación de música.

En la jerga de ley de la visa, Sr. Lopez es conocido como el *principal* el poseedor de la visa, mientras Olga y los niños son conocidos como *derivativos* poseedores de la visa. El Sr. Lopez es requerido por las condiciones de su trabajo viajar a menudo saliendo fuera de los Estados Unidos. Olga y los niños no acompañan al Sr. Lopez en cualquiera de estos viajes. Inadvertidamente, la duración de estancia como notó en la forma I-94 expira acerca de Olga y los niños y ellos permanecen más allá del período de estancia autorizada durante siete meses y media.

Esto sólo se descubre a una fiesta cuando uno de sus amigas casualmente le comenta que ella ha oído que la esposa y niños de ejecutivos también deben archivar una Extensión de Estancia. La familia Lopez ahora confronta una crisis cambiante de vida que no se puede remediar facilmente. Esto es porque Olga no puede ahora *extender su estancia* de la visa y deberá volver a su país de origen y aplicar de nuevo para una visa. Más importante, ella está sujeto a la prohibicion de entrada por tres años a los EE.UU. ¿Cómo pasó esto?

Al entrar a los Estados Unidos el poseedor de la visa principal, así como los poseedores de la visa derivativos, recibieron las formas I-94 qué permitió cada uno de ellos permanecer en los EE.UU. por un período de un año. Cada vez un poseedor de la visa parte y entonces re-entra los Estados Unidos, él o ella recibirán en la fronera una nueva forma I-94 para permanecer en los EE.UU. durante otro año o quizás dos años. Así es cómo el Sr. Lopez continuó recibiendo nuevas formas I-94 cada uno de los cuales extendió su duración de estancia por un periódo de un año de la entrada. Por lo tanto él siempre ha permanecido en estado.

Sin embargo, si el *derivativo* poseedor de la misma visa no ha partido y vuelto a entrar los Estados Unidos, ellos necesitarán archivar una forma conocida como una *Aplicación a Extend/Change Nonimmigrant Estado* (forma I-539) para poder permanecer más tiempo que el año que recibieron originalmente. Olga y los niños nunca partieron los Estados Unidos después de su entrada inicial. Ellos nunca prestaron atención a sus propios asuntos de la visa, suponiendo que si el Sr. Lopez estuviera así en estado que ellos también gozarían de la misma estancia. Ni el Sr. Lopez ni su patrón consideraron la duración de estado de Olga y los niños como separado del estado de Lopez.

Como Olga y los niños, los poseedores de la visa derivativos, no archivaron una solicitúd para extender su estado (forma I-539) con el USCIS ellos se prolongaron illegalmente y así la visa de la sra. Lopez se nulificó. Lo que es más importante, ya que Olga se prolongó su estadia según la forma I-94 inicial por 180 días o más, cuando ella viaja a su país de origen para solicitar una nueva visa, ella activará entonces automáticamente la prohibición de entrada a los EE.UU por tres años.

No hay ninguna renuncia o excepciones a estas consecuencias buro-cráticas. La familia Lopez o deberá volver a su país de origen para permanecer juntos como una unidad familiar o el Sr. Lopez tendrá que permanecer solo en los Estados Unidos mientras Olga cumple con la prohibicion de entrada a los EE.UU por tres años. Ésta no es ninguna ficción ni es él improbable. Es un problema real basado en hechos verdaderos.

La Prohibicion de Re-Entrada por Tres o Diez Años

La ley ahora establece que si una persona extranjera es ilegalmente presente en los Estados Unidos por un período de 180 días pero menos de un año y sale voluntariamente de los Estados Unidos se les prohibirá la rentrada a los EE.UU. por un período de tres años de la fecha de la salida. *Presencia ilegal* es un período de tiempo que comienza correr después de la expiración de la duración de estancia notado en la forma I-94, o después de que el gobierno ha declarado de alguna manera formal que la persona extranjera o ha violado los términos del nonimmigrant vise o que el estado de la visa de la persona se ha terminado. En nuestro ejemplo, éstas son las consecuencias a la esposa del poseedor de la visa principal que está aquí con su marido en un L-1 (ella tiene un L-2), por que no extendió la forma I-94 a la expiración del año y entonces permaneció *ilegalmente* en los Estados Unidos por 180 días corridos;

- ✪ la visa L-2 persigue nula del día la expiración de la forma I-94, asi;

- ✪ ella no puede extender su estado de la visa de dentro del EE.UU., así;

- ✪ le exigirán que solicite una nueva visa L-2 en su país de última residen-cia, así;

- ✪ en su salida de los Estados Unidos, ella se obstruirá de regresar a Estados Unidos por un período de o tres o diez años.

NOTA: *No hay renuncias a estas consecuencias disponibles a nonimmigrants.*

Todo esto aunque el sobrepaso de la esposa y fue inadvertido e inocente y por otra parte todo esto es sumamente insignativo al USCIS. Estos acontecimientos le pueden ocurrir a toda persona mayor de 18 años. Además, si el sobrepaso es mayor de un año más allá de la fecha de expiración notada en la forma I-94, la prohibicion de reentrar a los Estados Unidos será por un período de diez años.

Hay algunas pocas renuncias limitadas disponibles a personas que pueden demostrar que la aplicación de cualquiera de estas prohibiciones de entrada causarían un perjuicio extremo a un ciudadano americano o residente permanente que es o un esposo, hijo, o padre. Obvamente aunque una persona extranjera sea elegible de solicitar estas renuncias limitadas, es muy difícil de obtenerlas, y para personas que tienen visas temporales estas prohibiciones son indisponibles.

Extranjeros con visas temporales pueden perder sus visas si estos participan en actividades que son inconsistentes con la visa.

La ley de inmigración le otorga al Inspector de Inmigración en la frontera el poder de rechazar un extranjero, sin una audiencia y sin apelacion de cualquier tipo, si el Inspector juzga que el extranjero está entrando en los Estados Unidos con documentos fraudulentos o está tratando de entrar para cumplir un propósito inconsistente con ese qué es autorizado por la visa. Este poder fue diseñado aplicar a extranjeros que intentan entrar en el EE.UU. sin ningunos documentos o con documentos claramente fraudulentos. Pero la ley como también escrito aplica a una persona que tiene una visa válida pero quién es juzgado por un inspector del USCIS de tratar entrar en los EE.UU. para un propósito otro de lo que está permitido o bajo la visa particular.

Por lo tanto, un extranjero con una visa B-1/B-2 puede ser rechazado en la frontera si el Inspector juzga que el extranjero intenta entrar a los Estados Unidos para residir permanentemente (quizás para unirse con un ciudadano americano o un residente permanente del sexo opuesto en una relación permanente) o para concluir un empleo desautorizado. Las actividades anteriores son inconsistentes con la visa B-1 o B-2. Así, si un funcionario de inspección de inmigración juzga que el extranjero no es eligible entrar en los EE.UU. en base a la visa que la persona extranjera sostiene, el funcionario tiene el derecho y la autoridad para rechazar al extranjero sin ofrecerle una oportunidad de aún hacer una llamada telefónica o proporcionar cualquier otra evidencia para apoyar su intencion de entrada.

Además, la remoción por el funcionario resultará en una prohibicion de entrada en los Estados Unidos por un período de cinco años. No hay ninguna apelación a esta decisión por el inspector del USCIS. Incluso no existe un método bajo la ley para el propio gobierno deshacer la acción de un funcionario inspeccionando que puede haber estado claramente equivocado.

Obviamente ésta es una provisión muy peligrosa. Propone un problema especial para extranjeros que poseen bienes raíces en los Estados Unidos o que pueden tener parientes íntimos en los Estados Unidos, y quiénes no tienen un trabajo del tipo normal fuera de los Estados Unidos.

Ejemplo: Harold Smith, un Británico, es un hombre soltero, joven, pareciendo de tener cuarenta años de edad que ganó mucho dinero como un comerciante. Él siempre ha sido un consultor independiente y el corretaje de la acción aloja en Europa. Él no mantiene una oficina física pero siempre es *en-vigilancia* acerca de sus clientes. Él ha comprado un apartamento de condominio de lujo en la costa oriental de Florida cual se usa dos veces por año.

Sus viajes a los Estados Unidos normalmente son de un mes de duración. Sin embargo, este año, él ha estado dentro de los Estados Unidos por un total de tres meses. Él decide venir una vez más a su apartamento playero para disfrutar la fiesta tradicional de *Thanksgiving* y a la vez trabajar en una propuesta que él piensa hacer a una empresa importante corretaje internacional. Él trae con sigo todos sus documentos de investigación así como los números telefónicos de sus clientes más importantes para que él pueda *quédese en contacto*. Él recibe un precio de ganga para el pasaje aereo de viaje ida y vuelta en una aerolínea que vuela a través de Memphis, Tennessee, un destino internacional americano recientemente desarrollado.

Harold es un candidato típico de ser escluido de la frontera EE.UU. si el inspector inmigratorio descubre todos los artículos arriba mencionado en su equipaje personal. Esto es porque Harold satisface el perfíl de un extranjero que entra a los Estados Unidos para trabajar sin autorizacion. Harold no tiene un oficio formal. Él entra con números telefónicos de sus clientes y carga con sigo algunos expedientes que indican el proposito de su entrada como uno dedicado a trabajo.

¿Cómo podrá evitar un extranjero un encuentro desastroso con el inspector fronterizo del USCIS? Lo siguiente es una lista de sugerencias y recomendaciones aplicables a la mayoría de huespedes temporales aunque no es una lista completa y no es aplicable a todas personas en todas las circunstancias:

Primero. No se debe viajar a los Estados Unidos teniendo en su posesión una licencia de manejar emitida por un estado EE.UU., tarjetas de crédito o documentos corrientes bancarios

EE.UU. Su presencia en la persona del extranjero causará sólo preguntas y sospechas. También, la ley del estado del destinario final puede ser diferente de la ley del estado en el que se aterriza. En este caso el extranjero ahora tiene que sostener la dificultade de aclararle al inspector USCIS su intencion y el inspector del USCIS puede desconocer la ley del estado destinado.

Puede ser difícil, por ejemplo, convencer al funcionario que el Estado de su destinario les requiere a todos los residentes que residen en eso durante días consecutivos de obtener un licencia de chófer. El mismo consejo aplica a tarjetas de crédito y libros del cheque emitidos por una institucion EE.UU. Se debe cargar los cheques de viajeros así como folletos de viaje y de hoteles. En el caso de viajeros comerciales que sostienen visas que autorizaron empleo estos deben cargar visas autorizaron que identifican su empleo en los EE.UU.

Segundo. Los extranjeros deben comprar un boleto de ida y vuelta originando de un punto fuera de los EE.UU. El dinero ahorrado comprando y usando dos boletos *de espaldas* de ida y vuelta no merecen la frustración y dificultad en la frontera con un inspector del USCIS sospechoso.

Tercero. Si una persona extranjera posee una casa o apartamento EE.UU. la persona debe llevar en su equipaje la prueba de dicha propiedad o arriendo de una residencia fuera de los EE.UU. así como la evidencia de su ingreso del extranjero o sus otros medios financieros. Si uno ha comprado una casa vacacional en los EE.UU., se debe conservar todos los materiales del mercadeo, folletos, etc., qué fueron usado para comercializar la propiedad ya que estos confirmarán a menudo que la propiedad es conveniente como una propiedad vacacional. Esto es importante si una persona extranjera busca admisión a un puerto de entrada otra del estado de destino final. El inspector del USCIS necesariamente no tendrá conocimiento de las condiciones en otros Estados—por ejemplo, que la costa oriental de Florida es un destino popular para los europeos y que hay una industria sustancial vacaciónal.

Cuarto. Evite entrar en los EE.UU. por medio de un nuevo puerto internacional. Se debe intentar siempre entrar en el estado del destinario final.

Quinto. Las personas extranjeras no deben traer documentos relacionados a su trabajo cuando entran a los EE.UU. Estos documentos pueden crear confusión y sospecha en las mentes de inspectores del USCIS y pueden requerir explicaciones que una persona extranjera puede ser incapaz de hacer en el ambiente limitado e intimidante de una inspección de inmigración. Estas sugerencias también aplican a las cartas personales de las personas del sexo opuesto con quien una persona extranjera puede ser involucrada, ya que el inspector del USCIS puede juzgar que el propósito de entrada es residir permanentemente en el EE.UU.

Sexto. Una persona extranjera debe examinar minuciosamente la forma I-94 antes de dejar al contador de inspección para asegurarse que la fecha de salida requerida esté clara. También la persona extranjera debe documentar la fecha de expiración de la forma I-94 cuidadosamente y debe archivar una extensión de dicha forma I-94 o partir los EE.UU. a tiempo.

Séptimo. Durante la entrevista de la inspección siempre se debe actuar honrado y franco y permanecer atento y respetuoso de los examinadores del USCIS sin tener en cuenta su actitud o conducta. La mayoría de los inspectores del USCIS son personas atentas que están dando fuerza a la ley y regulaciones que otros en el gobierno han promulgado meramente. Los arranques de palabras enfadadas o sarcasmo del retorno dirigidos al inspector fronterizo incortes por una persona extranjera no serán útiles.

El inspector de inmigración tiene tremenda autoridad y probablemente no estará en un humor a ser aconsejado acerca de los modaleses buenos por una persona extranjera. Cuando paciencia está a punto de fallar, la persona extranjera debe retener la actitud que él o ella está tratándose de un matón cruel y fuerte que está guardando la entrada a un lugar que las personas extranjeras desean visitar. Por supuesto, la persona extranjera no debe comprometer en empleo gananciso o en cualquier actividad comercial que es desautorizado por la visa en el pasaporte.

Finalmente. Conducta ilegal que produce un fallo de convicción en un tribunal EE.UU. resultará en una prohibicion de entrada permanente a los Estados Unidos y no se debe creer lo que se pinta en las películas o se repite por otra parte sobre en tabernas y estaciones del tren. Las leyes de inmigración EE.UU se ponen en vigor.

Es importante entender la diferencia en filosofia entre la burocracia que está administrando estos reglamentos y la de un extranjero típico que entra en los Estados Unidos. Una visa temporal a un extranjero que entra en los Estados Unidos no es considerado por este como una meta en si. Más bien, es un medio a otro proposito. El extranjero entra para ser estudiante, ejecutar un negocio, casarse, o cualquier número de cosas y la visa es la manera de lograrlos.

Normalmente después de que una persona ha entrado en los Estados Unidos, el estado de la visa se relega a una importancia secundaria. Sin embargo, para las autoridades gubernamentales, la visa es sumamente importante. Por consiguiente, lo que puede ser a una persona extranjera una vigilancia inadvertida será al burócrata una violación grave.

También se debe tomar en cuenta que en los Estados Unidos el régimen legal le requiere al extranjero la responsabilidade de conocer la ley no cuanto compleja puede ser. Es ineficaz postular que el limado tarde fue causado por un error sencillo y honesto por el extranjero o que la aplicación se había enviado equivocadamente a una oficina equivocada del USCIS, aunque incluso fue causado por un error de un empleado del USCIS.

Este autor ha visto cartas de la Inmigración Repare rechazando solicitudes de extension de estado de la visa cuando una persona extranjera mandó por correo la solicitud de la extensión a la oficina de inmigración equivocada y por lo tanto cuando la aplicación se archivó en la oficina correcta del USCIS la solicitud llegó tarde y por lo tanto fue rechazada.

Problemas para Inmigrantes

Cuando un Residente Permanente permanese fuera de los Estados Unidos por más de seis meses pero menos de un año, el extranjero está sujeto a un reinspeccion al mismo grado como se daría a cualquier otra persona extranjera. El hecho que él o ella poseen una visa de la Residencia Permanente no evita la necesidad de tener que demostrar de nuevo a la satisfacción del inspector del USCIS que él o ella es eligible volver a entrar como un Residente Permanente. La responsabilidad de prueba reside en la persona extranjera y éste tiene que demostrar que él o ella todavía son residentes permanentes. El USCIS no tiene la obligación de demostrar que el extranjero ha abandonado la residencia permanente. El extranjero deberá demostrar que él o ella no ha abandonado por intención o acción su residencia permanente. Sólo en el mundo de visado es él normal exigirle a una persona demostrar un negativo.

Una de las maneras más fáciles de abandonar Residencia Permanente de los Estados Unidos además de permanecer fuera de los EE.UU. por lo menos un año sin haber obtenido un Permiso del Re-entrada es de no pagar impuestos a los Estados Unidos o de no mantener un domicilio en los EE.UU.

Uno también puede perder su Residencia Permanente a base de una serie de acciones que cuando alojado en su totalidad, muestran al gobierno un abandono de Residencia Permanente. Una persona que mantiene una residencia así como un trabajo al esterior de los Estados Unidos y sólo visita los Estados Unidos por cortos períodos de tiempo cada año, diga dos meses en cada año, puede ser adjudicado como haber abandonado su residencia. Esto es porque el inspector juzga que el extranjero realmente se domicilia fuera de los Estados Unidos y está simplemente visitando Estados Unidos con el propósito de mantener la visa.

En estos casos si la persona debe viajar en el extranjero, yo recomiendo fuertemente que si el extranjero estará fuera de los Estados Unidos por un período de seis meses o más, que él obtenga de antemano de su salida, un documento llamado un Permiso de Reentry. Este documento es válido por un período de dos años y le permitirá a una persona volver a entrar con mucha menos tensión. Aquí siguen algunas sugerencias:

Primero. Si la permanecencia fuera de los EE.UU. es mayor de seis meses, se debe solicitar un permiso de reentrada antes de partir los Estados Unidos.

Segundo. Si negocio o los compromisos personales requieren viajar y permancer por un tiempo extenso fuera de los Estados Unidos, se debe archivar un reporte de tributacion de impuestos sobre el ingreso con las autoridades fiscales EE.UU. y mantenerlo en su persona en su reentrada. Se debe siempre intente devolver el EE.UU. dentro de seis meses de salida. Se debe intentar mantener una casa o residencia EE.UU. y mantener la documentación en su persona en su retorno al EE.UU.

5 IMPUESTOS, SERVICIOS PROFESSIONALES, Y PLANES PARA ANTES DE ENTRAR

Es importante que un inversionista o un visitante con visa comercial que llega a los Estados Unidos (para no repetir todo cada vez, en este capítulo denominaremos a tales personas *inversionistas*) comprenda ciertas costumbres y prácticas comerciales particulares de los Estados Unidos. Esta sección proporcionará algunas ideas y ejemplos que podrían ser de ayuda a la persona con visa comercial que esté contemplando su primera visita comercial a los Estados Unidos con el propósito de llevar a cabo una transacción que tendrá ciertas consecuencias con respecto a su visa.

Si tuviera que caracterizar a una sociedad utilizando un solo concepto, entonces caracterizaría a los Estados Unidos como la *sociedad de la información*. Somos una nación impulsada por la necesidad de registrar las estadísticas y datos de cualquier actividad económica notable. Aún cuando le es a veces difícil al lego descubrir por sí mismo la información correcta que necesita, casi siempre le es posible encontrar a alguien que le provea los servicios de encontrarle, recopilarle y llevar a cabo el análisis de esa información.

Esta facilidad del acceso a la información es una de las ventajas principales al invertir en los Estados Unidos. Casi siempre la información está disponible para su análisis y para llevar a cabo la inversión o transacción de manera adecuada y profesional. Sin embargo, muchas personas extranjeras en los Estados Unidos no sacan ventaja de estas facilidades y con mucha frecuencia se enfrentan con problemas innecesarios en el desarrollo y la ejecución de sus planes.

Si una persona desea desarrollar una empresa o un negocio en un lugar en particular de los Estados Unidos, ésta sólo necesita pedir la información crítica y por lo general la puede obtener. Si no se puede obtener, entonces eso en sí es un hallazgo relevante. He aquí algunos ejemplos.

Casi todos los estados de los Estados Unidos tienen un organismo de desarrollo económico o un consejo de promoción industrial u otra burocracia similar cuya función es la de estimular la inversión y el crecimiento económico en ese estado. Estos organismos proveen sin ninguna traba un caudal de información y estadísticas, sin cargo, a la entidad investigadora. Es conveniente mantenerse por algún tiempo en comunicación y obtener información de estas fuentes en relación a las tendencias demográficas y económicas dentro del estado, las políticas sobre los empleos y el mercado laboral existente en el estado. Estos organismos también pueden proveer información con respecto a las entidades y a los profesionales que pueden servir de ayuda en un campo de especialización en particular.

Además de los programas gubernamentales estatales, existen cámaras de comercio locales y regionales y organizaciones conexas, que pueden ser de mucha ayuda. La mejor manera de acercarse a las cámaras de comercio es ya teniendo un plan o proyecto particular en mente y luego discutir éste con la persona clave de ese cuerpo.

La cámara de comercio local puede prestar ayuda al identificar las tendencias locales y al recomendar bancos y otros servicios profesionales y proveedores que puedan ser de ayuda. La cámara de comercio local también tiene muchos datos estadísticos y económicos que pueden ayudar en el análisis más exhaustivo de los planes. Por lo general es beneficioso comparar cualquier dato u otra información demográfica obtenida del estado con la cámara de comercio local e investigar cualquier discrepancia que haya entre ambos.

Además, no se deben pasar por alto otras fuentes de información que se pueden obtener de las asociaciones de comercio o industria locales o regionales que se pueden encontrar fácilmente a través de las gacetas de comercio y/o la industria. Estas organizaciones también tendrán datos estadísticos y económicos que serán mucho más específicos para una industria en particular y que permitirán que se pueda realizar una comparación entre las condiciones tal como las cámaras de comercio locales las representan en general o de otra forma comparándola con la información que se obtiene de la asociación de comercio o industria.

El Sistema Jurídico de los Estados Unidos

El sistema de los derecho de los Estados Unidos posiblemente sea muy distinto al sistema con el que la mayoría de las personas extranjeras están familiarizadas. Nuestro sistema de derecho evolucionó del Derecho Común de Inglaterra con énfasis en la norma del precedente y sin tener un código de derecho rígido (y predecible). Por lo tanto, las partes de una transacción comercial básicamente tienen la libertad de establecer por sí mismas los beneficios y las responsabilidades de su transacción o su relación comercial. Por lo tanto, la ley que corresponde a una situación específica puede ser difícil de encontrar, debido a ello se debe la proliferación de abogados, tanto aquellos los de una práctica general como los especialistas. Mientras que es claramente al margen del ámbito de este libro tratar en forma general sobre todos los atributos del sistema jurídico con respecto a sus efectos sobre los asuntos de la persona extranjera, es necesario aclarar un punto.

La mayoría de los estados de los Estados Unidos tienen leyes, precedentes judiciales y costumbres que dan prioridad a las palabras de un contrato a diferencia del entendimiento oral de las partes. Esto es especialmente cierto con respecto a la adquisición de bienes raíces, oportunidades comerciales y a otros tipos de inversiones comerciales. Por consiguiente, se le da mucho peso al documento escrito en cualquier disputa entre dos partes que tienen capacidad legal. La persona extranjera debe poner cuidado en conocer y entender claramente las consecuencias de todo documento que firme debido a que estará comprometido según ese documento.

Los Abogados

Mucho se ha escrito y tratado sobre la proliferación de abogados en los Estados Unidos. Mientras que es cierto que Estados Unidos tiene una cantidad mayor en proporción de abogados de los que hay en otros países, es importante recordar que el abogado aquí se encarga de muchas de las funciones que en otros países las encaran los notarios y otros funcionarios judiciales y cuasijudiciales. Además, el derecho de los Estados Unidos se basa en el Derecho Común de Inglaterra que es una jurisprudencia moldeada por un precedente judicial en vez de un código detallado. También, se debe tener en cuenta que Estados Unidos, ya sea como resultado o a causa de lo anterior, es una sociedad muy compleja y tiene un sinnúmero de normas comerciales y jurídicas que una sola persona no puede conocer a fondo.

Además, también cabe recordar que las leyes de cada estado pueden variar entre ellas y también pueden variar con respecto a las leyes del Gobierno Federal y es posible también que tanto las leyes federales como las estatales traten sobre un asunto en particular.

Es una buena inversión consultar con un abogado competente siempre que tenga experiencia o sensibilidad en el trato con compradores extranjeros antes de que se realice cualquier compra. Dicha consulta podría resultar ser muy aclaratoria y asegurar que la transacción se estructure en los términos más favorables para la persona extranjera.

La *Asociación Americana de Abogados de Inmigración* (AILA: American Immigration Lawyers Association) es una organización de abogados en los Estados Unidos que son expertos en el campo de las leyes de inmigración. Cualquier persona interesada en obtener una visa para Estados Unidos debería contratar a un miembro de esta organización.

Hay miembros de esta organización en muchos países extranjeros. Además, todo estado tiene una Asociación de Abogados que puede recomendar a los abogados que son expertos en un campo en particular. También se puede recibir asesoramiento de referencia de otras asociaciones profesionales, tales como contadores públicos y otros tipos de asesores comerciales y profesionales.

El inversionista extranjero debe, en algún momento de sus negociaciones, y definitivamente antes de firmar cualquier documento, buscar asesoramiento profesional. Lo mismo se puede decir con respecto a la selección de un contador público capacitado y quizás, hasta la de un asesor instruido en el campo en particular o negocio de interés del inversionista.

Uno de los consejos y/o enseñanzas más importantes que se puede obtener de esta práctica es la de aprender el léxico o glosario de términos correspondientes a esa empresa en particular. Existen muchos términos comerciales y legales que se utilizan en varias jurisdicciones de los Estados Unidos que no tienen su equivalente en una cultura extranjera. Muchos términos y costumbres varían aún entre estado y estado o aún entre lugar y lugar en los Estados Unidos. En el campo de los bienes raíces, por ejemplo, la utilización de los términos *apoderado de depósito en garantía*, *seguro de título*, *depositario* son todos términos que tienen que ser comprendidos claramente.

En los Estados Unidos se presume que las partes han leído y entendido un documento que lleva sus firmas. Ya es tarde declarar que se tenía una mala interpretación del significado del documento o de cierto párrafo una vez firmado el documento. Estados Unidos no es una sociedad multilingüe y se ofrece muy poco consuelo a aquellas personas que no comprenden el idioma.

Corredores de Bienes Raíces, Corredores Comerciales, Agentes en General

Uno de los beneficios, cuando se busca invertir en los Estados Unidos, es que virtualmente no existe ningún campo o especialización donde no se pueda encontrar a alguna persona o entidad dispuesta a proveer un servicio de asesoramiento. Este es el caso cuando se trata de la adquisición de tierras, edificios, centros comerciales y oportunidades comerciales. Existen personas que se conocen como corredores de bienes raíces que están adiestradas y licenciados en cada estado y que se presume son expertos en la venta y compra de todo tipo de bienes raíces, incluyendo propiedades residenciales y comerciales desde las adquisiciones más humildes a las propiedades urbanas más importantes que producen ingresos y que cuestan cientos de millones de dólares. Lo mismo también puede decirse de la adquisición de una empresa comercial de los Estados Unidos. Estas personas pueden proveer servicios valiosos puesto que pueden encontrar adquisiciones adecuadas dentro de los parámetros de estructura financieros que establece el inversionista extranjero.

Mientras que se aconseja el uso de los servicios de un profesional de bienes raíces, es importante que se entienda que en muchos estados el corredor de bienes raíces, a menos que se concierten arreglos especiales al comienzo de la transacción, representan y trabajan para el vendedor de la propiedad. Este es el caso aun cuando el corredor de bienes raíces nunca haya conocido al dueño de la propiedad que está vendiendo. En los Estados Unidos, los servicios de listados de propiedades con frecuencia los utilizan los profesionales de bienes raíces.

En este sistema, un corredor que obtiene autorización para vender una propiedad (*listado*) para una persona registrará esa propiedad en un índice de listado central conocido como archivo de listado múltiple o archivo de listado de propiedades múltiples, o alguna otra terminología similar. Esta lista luego circulará entre otros profesionales de bienes raíces para que puedan leer una descripción de la propiedad que se vende junto con el precio, los términos, etc. Cuando estos corredores de bienes raíces encuentran un comprador en perspectiva que pueda estar interesado en comprar propiedades con esas características, le presentarán a éste las propiedades compatibles de sus fuentes de listado múltiples.

Sin embargo, la costumbre de la industria, es que el vendedor pague una comisión a la persona que vende su propiedad y el corredor de *venta* se convierte en un subagente del corredor de *listado*. La comisión generalmente se divide entre el corredor de listado, es decir, el corredor que registró la propiedad y el corredor de venta, que es el corredor que concretamente trae al comprador. Por consiguiente, aunque el corredor de venta pueda tener una relación personal con el comprador, en realidad representa al vendedor, quien, como se mencionó anteriormente, puede ser un extraño para él. La obligación y ética legal del corredor es proteger el interés del vendedor y obtener para ese vendedor el precio más alto según los términos más favorables posibles.

Este sistema típico tal como se describe precedentemente, obviamente, no es la mejor manera para que el comprador extranjero aborde una adquisición de bienes raíces en los Estados Unidos. Debido a que la persona extranjera por lo general no comprende la dinámica o las costumbres del mercado local habitualmente se encuentra en gran desventaja cuando se la compara con personas locales y puede no estar en una posición tal como para derivar la mejor negociación posible.

Por estas razones, se recomienda enfáticamente que una persona extranjera que adquiera bienes raíces y/o empresas de negocios en los Estados Unidos utilice un corredor de bienes raíces que esté comprometido a representar únicamente al comprador, es decir, un agente para el comprador. De esta manera, el comprador extranjero derivará el mayor beneficio de la experiencia y pericia del profesional de bienes raíces.

Normalmente, la persona extranjera acordará pagar al agente del comprador un honorario o comisión acordada, pero esto no incluye de ninguna manera una desventaja en cuestión del precio puesto que la persona extranjera podría reducir del vendedor el precio por la cantidad de la comisión que estará pagando a su propio agente. Nuevamente, conociendo la manera en que este sistema funciona capacita a la persona para adaptar la situación sacando la mayor ventaja.

Si un corredor de bienes raíces declara que aunque el vendedor sea la persona que le paga y con la cual tiene un contrato, éste protegerá el interés del comprador/inversionista, se debe advertir de antemano al comprador sobre el potencial de un conflicto de intereses y debería actuar con cautela. Sin embargo, si el vendedor reconoce y acepta este acuerdo, habitualmente se lo permite, pero no se recomienda. Las leyes en la mayoría de los estados no permiten que un profesional represente a ambas partes en una transacción. Esto es una cuestión de leyes y costumbres locales que debe determinarse estado por estado y le corresponde al extranjero determinarlo.

FIABCI   Además, existe una fraternidad internacional de corredores de bienes raíces que se especializa en transacciones internacionales de bienes raíces. A esta organización se la conoce por las siglas FIABCI, que significan Federación Internacional de Bienes Raíces. La organización se compone de profesionales de bienes raíces que se especializan en la representación de compradores extranjeros (y vendedores) y tienen experiencia en tratar con las necesidades de las personas extranjeras. Posiblemente haya miembros del FIABCI en su propio país que puedan servir como una buena fuente de referencia para el comprador extranjero sobre un miembro local del FIABCI en los Estados Unidos. Esta organización tiene su oficina central en París, Francia y tiene miembros en todo el mundo.

Los Corredores de Hoteles y Moteles de America   Si al extranjero le interesa adquirir o establecer un hotel o motel en los Estados Unidos, la persona puede comunicarse también con una organización conocida como Los Corredores de Hoteles y Moteles de América (Hotel and Motel Brokers of America), que tiene su oficina central en Kansas City, Missouri (número de teléfono 816-891-7070) y cuyos miembros se especializan en la adquisición y venta de propiedades hoteleras y moteleras en los Estados Unidos.

La adquisición de un hotel o un motel de gran escala, especialmente uno que es propietario de otras empresas, tal como restaurantes y/o campos deportivos, etc., es por lo general una buena inversión para el comprador extranjero. Este tipo de empresa combina la seguridad de los bienes raíces en los Estados Unidos con el potencial del crecimiento de una empresa y puede llenar los requisitos necesarios para que una persona obtenga una visa E.

Existen muchos otros profesionales de bienes raíces que reúnen los requisitos en otras organizaciones, quienes también pueden ser útiles a un comprador extranjero; pero es importante recordar la consideración clave, y esa es la de asegurar que el profesional de bienes raíces está trabajando como agente del comprador.

Adquisición y Desarollo de una Empresa en los Estados Unidos

La mejor opción—adquirir una empresa ya existente en los EE.UU. Yo estoy de acuerdo con ese grupo de consultores que opinan que la manera más favorable para una persona satisfacer los requisitos de obtener una visa L-1, E, o, en algunos casos, la H-1B es adquirir una empresa ya existente en los EE.UU. La segunda alternativa es adquirir una *franquicia*. Para propósitos de esta exposición se referirá a todas estas visas como visas de comercio.

La *Administración de Pequeños Negocios* (Small Business Administration) de los EE.UU. publica estadísticas sobre la dinámica del desarrollo de pequeños negocios en los EE.UU. Las estadísticas confirman que aproximadamente 75% de todos negocios recién establecidos en los Estados Unidos fracasan antes del segundo aniversario. Esta estremecedora estadística revela la otra posibilidad de la ambición emprendedora. La lógica nos dice que si esta estadística toma en cuenta la experiencia de residentes oriundos, cuanto más austera no ha de ser la experiencia de extranjeros.

Es por esta razón que normalmente es preferible adquirir una empresa ya funcionando en vez de tratar de comenzar y desarrollar una operación desde el inicio. Una de las ventajas más importantes para el comprador es que toma posesión de un sistema administrativo, fiscal y de promoción ya en pie. El negocio adquirido por lo menos ha sobrevivido el período crítico inicial. Aún en un negocio problemático generalmente se ha puesto en marcha la base para el futuro crecimiento de la empresa. Es más, aún la empresa problemática sería ventajosa para el extranjero. Esa es la oportunidad de analizar las dificultades, rectificar los errores y concentrarse en desarrollar la estrategia para el crecimiento de la empresa.

Pero el extranjero deberá tomar algunas medidas de precaución.

Primero. El extranjero debe efectuar un cabal análisis de la empresa. Este medio se denomina *debida diligencia* y consiste en un análisis crítico de las características claves de la empresa que podrían influir en su futuro éxito o fracaso. La investigación debe incluir el estudio de los archivos fiscales, de las técnicas de promoción, inspección del equipo e instalaciones y un estudio sobre la competitividad de los productos o servicios de la empresa.

El extranjero debería exigir un período de por lo menos veintiún días para efectuar su análisis o *debida diligencia* y debería exigir también una cláusula estipulando que la adquisición esté condicionada a que se obtenga la visa apropiada. Eso es imprescindible.

Segundo. El extranjero debería emplear uno o más peritos o consultores técnicos para efectuar este análisis. Se deben emplear los mejores peritos posible. El extranjero tiene que aceptar que él desconoce el ambiente local y necesita una perspectiva local. No se debe asumir nada; habrá que revisarlo todo.

Tercero. El extranjero debe aceptar que aunque las relaciones de amistad son muy importantes, el acuerdo por escrito es supremo. Si el contraparte no se dispone a gravar por escrito su promesa, dicha promesa es ilusoria.

Cuarto. Aunque su estado como extranjero puede presentarle inconvenientes al vendedor, le representa una gran ventaja a éste; la ventaja de tener que comprobar y cerciorarse de un estado de liquidez financiera superior de la condición de un comprador local.

Quinto. El extranjero puede utilizar los servicios y experiencia del corredor de empresas (business broker). Este normalmente tiene una vasta experiencia y conocimientos que pondría a disposición del comprador. Desde luego que el extranjero comprador debe tomar en cuenta que el corredor normalmente es el agente del vendedor y, por lo tanto, tiene una obligación ética de promover los interés del mismo. Algunas veces, el corredor se puede poner a disposición del comprador y, en tal caso, esto se debe reflejar en un documento por escrito.

Finalmente. El extranjero no debe asumir el esfuerzo de manejar una empresa en los Estados Unidos sin tener un cuantioso fondo o reserva de capital. Yo sugiero que se debe tener en reserva una suma de capital que cubra seis meses de gastos y consumos personales y tres meses de costos operativos de la empresa.

La Franquicia—*un Fenómeno Puramente Estadounidense*

A veces, por distintos motivos, el extranjero preferirá establecer una nueva empresa en los EE.UU. Tal vez no se pueda encontrar el tipo de empresa o comercio que le interesa al extranjero inversionista en la zona de residencia anticipada. O tal vez, al extranjero le importe más desarrollar una empresa de una especie determinada en vez de residir en determinada localidad. Si por cualquiera razón, la adquisición de una empresa existente no cabe en los planes del extranjero, existe una alternativa muy idónea—una empresa de *franquicia.*

Según las estadísticas compiladas por el *International Franchise Association* existen más de 500.000 empresas en los EE.UU. funcionando bajo el sistema de franquicia, que es un método operativo bajo el cual un emprendedor autoriza a otro a utilizar la marca registrada, método de administración, producto o servicios del originador. El originador del concepto se denomina el otorgador de la franquicia o franquiciador y el autorizado se denomina el recipendario de la franquicia o franquiciado. El concepto de la franquicia es claro y directo. En vez del originador expandir su empresa con su propio capital, éste permite que otro empresario participe en la expansión (y sus beneficios y riesgos) por medio de una licencia, la cual estipula las respectivas obligaciones y derechos.

El franquiciador se obliga a asistir al franquiciado en la selección del sitio de la empresa, adiestramiento de personal, organización administrativa, promoción y técnicas de producción o suministro de servicios. El franquiciado se obliga a cumplir con las normas y direcciones del franquiciador en tal forma que el producto o servicio que resulta sea identificado como el mismo del franquiciador. En un sentido filosófico, el franquiciador y el franquiciado se convierten un socios utilizando un determinado sistema operativo para producir el mismo producto o servicio. Cada parte se beneficia.

El franquiciador puede extender su negocio sin tener que utilizar su propio capital y también se beneficia indirectamente del éxito de sus franquiciados, puesto que la imagen pública de su producto o servicio queda reforzada. El franquiciado se beneficia por no tener que desarrollar del inicio un producto, servicio, sistema de administración, etc. El beneficio primordial es que el franquiciado recibirá el apoyo y asistencia del originador del producto o servicio que supuestamente ya ha sido aceptado por el público.

Las estadísticas confirman que la empresa organizada a base de una franquicia ofrece más seguridad y éxito que empresas organizadas independientemente. Una de las razones para este alto nivel de éxito es el hecho de que el gobierno federal de los EE.UU., y en algunos casos los gobiernos estatales, exige un alto nivel de notificación y revelación de datos pertinente a la franquicia. Esto incluye información sobre la situación financiera de los directores de la empresa, sobre la índole del producto o servicio, antecedentes jurídicos, etc.

El documento que contiene esta información se denomina *Circular Uniforme de Oferta de Franquicia* (Uniform Francas Offering Circular) y es conocido por sus iniciales UFOC. Por ejemplo, este documento también contiene información referente a la suma de capital que se necesita para establecer la empresa. Aunque el UFOC provee mucha información sobre la franquicia, el franquiciado en perspectiva debería comunicarse con otros franquiciados existentes para investigar todos aspectos de la franquicia. De hecho es aconsejable emplear un consultor o abogado versado en estos asuntos para ayudar en el análisis de la franquicia.

Por la tanto, la franquicia es un sistema de negocio muy indicado para el extranjero. La razón clave en favor de la franquicia es el asesoramiento y adiestramiento que el franquiciador pondrá a disposición del franquiciado. El franquiciador desea asociarse con una persona que puede seguir sus instrucciones y así cumplir con el programa que se ha desarrollado y confirmado por experiencia.

Algunas franquicias son tan controladas por sus originadores, quienes no permiten el ejercicio de la discreción ejecutiva exigida por algunas categorías de visa. Pero ese tipo de franquicia se puede identificar fácilmente. Asimismo, el curso actual es de no exigir un sistema de administración completamente rígido. En lo contrario, a muchos franquiciadores les conviene permitir y en muchos casos exigir que el franquiciado use su propio criterio ejecutivo en el desempeño de sus obligaciones administrativas.

Tal vez el extranjero pueda establecer también la misma franquicia en su país de origen y así ofrecer a otros la misma oportunidad de prosperidad.

Cualquier persona que desee recibir más información sobre este tema se debe comunicar con:

International Franchise Association
1350 New York Avenue, N.W.
Washington, DC (U.S.A.)

Planificación de Impuestos y Otras Consideraciones Económicas

Esta sección tratará brevemente las distintas consecuencias impositivas federales de los impuestos sobre los ingresos y las propiedades y cómo podrían llegar a afectar a la persona extranjera que está buscando entrar a los Estados Unidos. Esta sección no tiene la intención de analizar profunda o completamente todas las materias y cuestiones pertinentes a dicha persona, pero simplemente está orientada a familiarizar a la persona en temas de importancia. Toda persona extranjera que piensa invertir en los Estados Unidos debería consultar con un abogado versado en impuestos internacionales para que le asesore en cuanto a las consecuencias de los impuestos sobre los ingresos y/o las propiedades de la inversión. Con frecuencia será necesario que el abogado impositivo de los Estados Unidos consulte con los asesores impositivos y comerciales del cliente en su país de residencia con el propósito de asegurarse de que se cubren completamente todos los asuntos pertinentes.

Principios Generales: Consecuencias de la Residencia

Estados Unidos es uno de los pocos países del mundo que exige tributaciones por parte de sus ciudadanos y residentes sobre los ingresos a nivel mundial. Esto es con frecuencia un factor substancial que la persona extranjera que llega a los Estados Unidos debe considerar al hacer la planificación estratégica financiera total. A fines de la tributación sobre los ingresos, existe una gran diferencia entre un ciudadano y un residente y un *no residente*. Estas denominaciones pueden, de hecho, no tener nada que ver con las definiciones de inmigración de esos términos.

Un residente de los Estados Unidos, a fines impositivos, es toda persona que ya es ciudadana de los EE.UU. o una persona considerada residente de los Estados Unidos según las Normas y Reglamentos del Código de Rentas Internas. La persona que se considera residente de los Estados Unidos a fines impositivos es toda persona poseedora de una visa de residencia permanente en los Estados Unidos (*tarjeta verde*). A veces se le llama a esto la prueba de la *tarjeta verde*. Esto es una prueba absoluta y si la persona es un extranjero residente permanente de los EE.UU., entonces la persona es automática y absolutamente un residente a fines impositivos sobre los ingresos según las leyes actuales de los EE.UU.

Además de la prueba de la *tarjeta verde*, existe también la prueba de la *presencia substancial*. Esta prueba impone impuestos de residencia en los EE.UU. a personas extranjeras que pasan un tiempo determinado en los Estados Unidos. Estas pruebas llamadas de la *presencia substancial* son las siguientes.

✪ Toda persona que esté presente en los Estados Unidos durante treinta y un días o más del año en curso se la considera un residente de los Estados Unidos si además ha pasado ciento ochenta y tres días o más del año en curso o ciento ochenta y tres días durante un plazo de tres años utilizando la siguiente fórmula:

- En el año en curso, un día de presencia efectiva es igual a un día según la fórmula legal (1=1).

- En el año anterior, un día de presencia efectiva es igual a un tercio de un día (1=1/3).

- En el año previo al anterior, un día de presencia efectiva es igual a un sexto de un día (1=1/6).

✪ Sería beneficioso explicarlo por medio de un ejemplo. Si una persona fuera a residir en los Estados Unidos durante noventa días en 2004, noventa días en 2003, y noventa días en 2002, esa persona no se consideraría como residente de los Estados Unidos a fines impositivos puesto que el total de la fórmula recién descrita no es igual a ciento ochenta y tres días. Sírvase prestar atención a lo siguiente:

- 2004......90 días efectivos = equivalente a 90 días

- 2003......90 días efectivos = equivalente a 30 días

- 2002......90 días efectivos = equivalente a 15 días

TOTAL = Equivale a 135 días de presencia en los Estados Unidos según la prueba de *presencia substancial* y por consiguiente, no es un residente a fines impositivos sobre los ingresos.

Al aplicarse la fórmula recién descrita, los días efectivos de viaje en los Estados Unidos también tienen que contarse en la ecuación. Por ejemplo, si una persona entra a los Estados Unidos a las 11:30 P.M. de un día dado, ese día completo se cuenta como un día efectivo de presencia en los Estados Unidos. De la misma forma, si una persona parte de los Estados Unidos a las 12:30 A.M. ese día completo se cuenta en la ecuación.

Existen ciertas exenciones específicas correspondientes a esta fórmula; como por ejemplo, una persona que permanece en los Estados Unidos durante un plazo prolongado debido a una emergencia médica o que se encuentra destinado en los Estados Unidos como diplomático. Existen otras exenciones que corresponden a maestros, personas que reciben adiestramiento laboral y a estudiantes.

Además de la fórmula recién descrita; si la persona reúne los requisitos de la prueba de *presencia substancial* según el cómputo matemático, pero puede probar que mantiene una residencia en el extranjero y tiene conexiones más cercanas con otra jurisdicción, (es decir, paga impuestos en la otra jurisdicción), entonces podrá mantener su condición de no residente de los Estados Unidos a fines impositivos sobre los ingresos. Esta posible excepción, sin embargo, le corresponde solamente a la persona que ha estado presente en los Estados Unidos menos de 183 días del año en curso.

Gravaceón de Impuestos sobre Ingresos para los No Residentes

En cuanto a los no residentes, Estados Unidos grava impuestos a cuatro categorías de ingresos.

1. Un ingreso que está efectivamente conectado con un comercio o negocio con Estados Unidos. A este tipo de ingreso se le aplica un impuesto de acuerdo al ingreso neto imponible, utilizando las tasas impositivas progresivas normales que de otra forma corresponden a los contribuyentes de los Estados Unidos. Se permite deducir las pérdidas y los gastos de un negocio del ingreso bruto al calcularse el ingreso neto que está sujeto a la aplicación de impuestos.

2. El ingreso conocido como un ingreso *fijo o determinable, anual o periódico* que no está relacionado con un comercio o negocio de los EE.UU. En esta categoría no se incluye al ingreso por intereses genera-

dos de depósitos en instituciones financieras de los EE.UU. idóneas, tales como bancos o compañías de seguros. A esta última forma de interés sobre la inversión no se le aplica impuesto alguno.

3. El ingreso por ganancias al capital si la persona extranjera se encuentra físicamente en los Estados Unidos durante un plazo mayor de 183 días en el año civil. Obviamente, si una persona se encuentra físicamente en los Estados Unidos durante un plazo mayor de 183 días del año civil, de cualquier manera ésta será casi siempre considerada como contribuyente de los EE.UU.

4. Las ganancias por la venta u otra enajenación de intereses de bienes raíces en los Estados Unidos (*USRPI*).

Al ingreso fijo o determinable anual o periódico se le aplica un impuesto de una tasa fija del 30% de la cantidad bruta a menos que la cantidad haya sido reducida según un tratado. Además de la carga tributaria, la cantidad del impuesto deberá ser retenida en la fuente de pago por el *agente de retención*. Esta persona es generalmente la última persona que tiene control del ingreso antes de que se transfiera o se traspase a la persona extranjera. Este tipo de ingreso normalmente se lo considera como ingreso pasivo, tales como los dividendos, los intereses o las regalías, etc.

Por consiguiente, puede corresponder con el interés financiero de una persona, el que lo consideren dedicado a un comercio o negocio en Estados Unidos si se está recibiendo rentas por inversiones de bienes raíces. Además, podría existir un tratado sobre impuestos en vigencia entre Estados Unidos y el país de residencia de la persona extranjera, lo cual podría reducir la tasa del ingreso fijo o determinable, anual o periódico.

Además, las ganancias al capital, es decir, la cantidad de ganancias devengadas al venderse un capital activo, asociado con la propiedad en Estados Unidos, excepto por la propiedad de bienes raíces, no es imponible siempre y cuando la persona que recibe ese ingreso no ha estado presente físicamente en Estados Unidos durante un plazo de 183 días o más. Las ganancias al capital por la venta de bienes raíces, sin embargo, sí es imponible independientemente del plazo que la persona haya permanecido en Estados Unidos.

Si el ingreso proviene de una fuente fuera de los Estados Unidos, entonces no sería imponible, a menos que ese ingreso esté efectivamente conectado con un comercio o negocio de los Estados Unidos. Hay una cantidad de normas complejas que determinan la fuente de ingreso, es por eso que la aplicación y el efecto de estas normas generalmente requieren de la asistencia profesional.

Requisitos para la Retenceón de Impuestos

La preocupación más importante de la persona extranjera que posee bienes raíces u otros bienes que producen ingresos en los Estados Unidos es el requisito de retención de cierto porcentaje de la cantidad de ingreso derivada de cualquier bien en los Estados Unidos para cubrir la obligación tributaria cuando existe el propósito de trasmisión. A fin de que correspondan las normas de retención, los siguientes requisitos deben estar presente.

- ✪ Tiene que haber un agente de retención. Las normas del Servicio de Rentas Internas son muy amplias en su definición cuando establecen a qué personas se les exige retener fondos que de otra manera se pagarían a la persona extranjera. Esta definición abarca a corredores de bienes raíces, abogados, otros fiduciarios, inquilinos o deudores hipotecarios de propiedades personales o de bienes raíces.

- ✪ El único ingreso que está sujeto a ser retenido es, claro está, el generado por fuentes de ingreso de los Estados Unidos.

- ✪ Los rubros que están sujetos a la retención son los ingresos fijos determinables, anuales o periódicos tales como los intereses, dividendos, rentas, salarios y otras ganancias fijas o determinables anuales o periódicas, ingreso de utilidades. El ingreso por la venta de propiedades de bienes raíces o personales, no se lo considera fijo, determinable, anual o periódico. Las ganancias de capital no están sujetas a la retención a menos que abarquen bienes raíces.

- ✪ El ingreso no debe estar relacionado efectivamente con un comercio o negocio de los Estados Unidos.

- ✪ El beneficiario del ingreso o dinero tiene que ser ya sea un no residente o un extranjero, una asociación extranjera o una corporación extranjera.

- ✪ Si existe un tratado u otra norma especial o excepción, entonces el requisito de retención puede ser evitado.

- ✪ En cuanto a las asociaciones, se debe tener en cuenta que a una asociación nacional se le exige que retenga y remita al IRS todo ingreso fijo, determinable, anual y periódico (que no está efectivamente conectado con un negocio comercial de los EE.UU.), que está incluido en la porción distributiva del socio extranjero, aún si el ingreso no se distribuye. Si el ingreso distributivo de la asociación está conectado efectivamente, entonces no se exige la retención.

Sin embargo, las normas y reglamentos del IRS ahora exigen que una asociación estadounidense retenga y haga pagos de impuestos estimados cada trimestre correspondiente a la porción del ingreso de la asociación de un socio extranjero que está efectivamente conectado con un negocio comercial de los EE.UU. independientemente de que las distribuciones de ingreso se hagan a los socios o no.

✪ Los fideicomisos, los ingresos fijos determinables periódicos de una fuente estadounidense que se distribuye por medio de un beneficiario extranjero del fideicomiso están sujetos a la retención.

✪ Es de suma importancia que la persona extranjera entienda que la tipificación impositiva de una entidad comercial que hace el IRS puede determinar si la distribución es un dividendo y por ello imponible en un 30% a diferencia de todo otro tipo de distribución.

Por ejemplo, si a una entidad extranjera se la denomina o se la designa como un fideicomiso o una asociación, pero en realidad se trata de una corporación tal como lo define el IRS, entonces la distribución se determinará que es un dividendo. En la aplicación de tratados, Estados Unidos ha firmado una serie de tratados correspondiente a los requisitos impositivos sobre los ingresos y la retención con otros países. El propósito principal de los tratados impositivos sobre los ingresos de los Estados Unidos es el de prevenir la tributación doble. Sin embargo, algunos tratados pueden presentar algunas oportunidades aisladas y legítimas para evitar la tributación.

Las ventajas ofrecidas por los tratados impositivos de los EE.UU. han sido utilizadas por corporaciones formadas o por otro lado residentes en la jurisdicción del tratado y que son controladas por contribuyentes extranjeros bien asesorados cuya residencia personal se encuentra en un país que no tiene un tratado con EE.UU., o cuyo tratado no es adecuado para la transacción o inversión en particular.

Requisitos de Planificación General

La persona extranjera que procura hacer una inversión en los EE.UU. tiene muchas preguntas sobre la planificación que deberían ser contestadas antes de hacer esa inversión directa. Algunas de ellas se pueden tipificar de la siguiente manera.

✪ Antes que nada, la persona extranjera tiene que determinar la prioridad de sus objetivos en relación a la transferencia de bienes a los Estados Unidos. Siempre existe el objetivo de reducir las ganancias sujetas a tributación estadounidenses y otras, en esta posición (utilidades) en los distintos niveles de operación y, claro está, evitar los impuestos estatales estadounidense.

Además, pueden existir algunos otros objetivos de inmigración muy válidos que pueden entrar en conflicto con algunas de las inquietudes de tributación recién descritas y la persona extranjera, por supuesto, tomará la decisión final en cuanto a cuál es el objetivo más importante.

A continuación enumeraremos algunas de las preguntas necesarias que una persona extranjera debe contestar:

✪ ¿Dónde mantendrá su residencia el inversionista?

✪ ¿Existen planes de reinstalarse en el futuro inmediato o en el futuro casi cercano?

✪ Comparar el sistema tributario de los EE.UU. con las tasas impositivas sobre el ingreso corporativas y las tasas impositivas estatales individuales y de la empresa en el país de residencia o en el país donde se encuentran los bienes que generan el ingreso.

✪ Los tratados sobre impuestos disponibles que podrían cambiar las normas de retención u otros requisitos tributarios de los EE.UU. que por otro lado corresponden a un no residente o a un extranjero residente.

✪ ¿Está haciendo el inversionista una adquisición transnacional única en los Estados Unidos o está el inversionista formulando un plan para hacer en general una transferencia de bienes a los EE.UU.?

✪ ¿Está el inversionista ya comprometido en un negocio fuera de su país de residencia, y si lo está, dónde y cuáles son las ramificaciones tributarias de ello?

✪ ¿Existen otras inversiones en los Estados Unidos, y si las hubiera, producen éstas ingresos o pérdidas?

✪ ¿Hay necesidad del anonimato por parte del inversionista extranjero?

✪ ¿Cómo será financiada la inversión y por quién?

✪ ¿Cuáles son las leyes del país de residencia en relación a la repatriación de ganancias de ingresos en el extranjero para residentes individuales?

✪ ¿Qué plazo se estima para la inversión? ¿Corto o largo plazo?

✪ ¿Cuáles son otras consideraciones importantes para el negocio?

Las tasas para el ingreso que está efectivamente conectado con un comercio o negocio de los EE.UU. es el mismo que para los residentes y se basa en un plan progresivo. Además, el impuesto se exige sobre la utilidad neta de la empresa. En ciertos casos una persona extranjera puede elegir pagar impuestos como si estuviera dedicada a un comercio o negocio en los EE.UU.

Podrá ser de beneficio pagar el impuesto como si fuera un comercio o negocio estadounidense para así evitar la imposición de un impuesto sobre el ingreso bruto como consecuencia de las inversiones en los Estados Unidos. Las normas para este tipo de selección están al margen del ámbito de este libro pero se menciona aquí con el propósito de que el lector tenga conocimiento de la existencia de este procedimiento.

Extranjeros Dedicados a un Comercio o Negocio en los Estados Unidos

En caso de que un extranjero no residente se dedicara a un comercio o negocio en los Estados Unidos, entonces todo el ingreso efectivamente conectado con ese comercio o negocio sería imponible a las mismas tasas y de acuerdo con las mismas normas que el ciudadano o residente estadounidense. No existe una definición específica de lo que constituye un comercio o negocio estadounidense. Esta determinación generalmente abarca una revisión de las actividades de la persona y la frecuencia e índole de esas actividades. Toda actividad comercial que implica contactos trascendentes en los Estados Unidos o que lleva a cabo operaciones desde o en conexión con una oficina fija o permanente puede muy bien hacer que se trate al contribuyente como uno dedicado a un comercio o negocio en los Estados Unidos. Bajo esas circunstancias, el ingreso sería imponible.

Varios países tienen tratados con Estados Unidos que establecen que el país anfitrión sólo exigirá impuestos sobre las ganancias de una empresa si el extranjero está *establecido permanente* en ese país. Existen varias definiciones de lo que se denomina como *establecido permanente*, pero normalmente abarca el mantenimiento de un negocio, una oficina o una fábrica establecida o que se espera siga establecida durante un plazo de doce meses o más. Normalmente, el uso de un agente o contratista independiente que representa a una empresa extranjera en los Estados Unidos no resultará en que se emita un fallo de que un establecimiento es permanente a menos que ese contratista independiente tenga autoridad amplia y general para actuar en nombre del mandante y normalmente lo hace.

Una enmienda reciente al Código Fiscal Federal de los Estados Unidos conocida como la *Ley Impositiva a Inversiones Extranjeras de Bienes Raíces* (conocida como FIRPTA: Foreign Investment Real Property Tax Act) esencialmente coloca a los extranjeros no residentes al mismo nivel que a los residentes de los Estados Unidos en cuanto al impuesto sobre las ganancias netas por la venta de intereses en bienes raíces en los Estados Unidos. La ganancia es imponible, tal como si la ganancia estuviera conectada efectivamente con un comercio o negocio de los Estados Unidos. Una persona es imponible sólo sobre sus ganancias netas que obtiene del negocio y puede compensar la cantidad bruta que obtuvo con los gastos, la depreciación, etc.

La definición de lo que significa un interés en bienes raíces es muy amplia y abarca la mayoría de los intereses en bienes raíces, es decir, terrenos y edificios, excepto el interés que es puramente el interés del prestamista o del acreedor. El dominio de las personas extranjeras de un hotel y/o motel está considerado por ejemplo, como el dominio de un interés de bienes raíces estadounidense.

Además, si una empresa de los Estados Unidos es propietaria del interés de bienes raíces estadounidense y ese interés tiene un valor de por lo menos un 50% del total de todas las propiedades de esa corporación, entonces se considerará a ésta como una sociedad inversionista en bienes raíces estadounidense y la venta de acciones de esa corporación también será imponible. El pago de los impuestos se asegura por medio de una retención obligatoria del 10% de la cantidad que se obtuvo de la venta de ese interés en bienes raíces estadounidense. El impuesto puede ser menos de un 10%, pero se exige que el agente de retención retenga esa cantidad y la presente al Servicio de Rentas Internas. Esto es para asegurar que habrá un fondo de dinero para pagar el impuesto cuando éste finalmente se determine. A continuación se listan las excepciones a este requisito de retención:

✪ si la propiedad la compra una persona para utilizarla como residencia y el valor es de US$300.000 o menor, no se exige ninguna retención;

✪ si la propiedad en venta no se considera como un interés de bienes raíces de los EE.UU., entonces la ley no corresponde; sin embargo, según la ley, un interés de bienes raíces de los EE.UU. abarca no solamente bienes raíces que son propiedad directa de una persona, pero también bienes raíces que son propiedad de una empresa de los EE.UU., la cual, es en sí misma principalmente de propiedad de una persona extranjera. Si la propiedad es de una empresa extranjera, y sólo se venden las acciones, entonces FIRPTA no corresponde puesto que el comprador sólo adquiere las acciones de una empresa extranjera; o,

✪ si las acciones de la empresa transferida, que se transfieren de acuerdo al mercado de seguridades estadounidense establecido, o el cedente ha firmado y suplido una *declaración jurada de no extranjero* donde se certifica que el cedente no es una persona extranjera.

Todo extranjero no residente que se dedicó a un comercio o negocio en Estados Unidos durante el año fiscal, o tuvo sus ingresos sujetos a impuesto por Estados Unidos, se le exige que complete el formulario 1040NR del IRS. Existen ciertas excepciones a esto que se pueden tratar con un perito en impuestos.

Por consiguiente, si las consideraciones de la tributación sobre ingresos de los Estados Unidos son importantes para el inversionista extranjero, es necesario que los interrogantes recién descritos se aborden durante las etapas de planificación antes de la inmigración.

Impuestos Sucesorios y de Donaciónes de los Estados Unidos

El cálculo del impuesto sobre la propiedad bruta para un extranjero no residente implica el cálculo muy similar al de una persona estadounidense. Toda persona extranjera debe tener en cuenta las siguientes normas especiales al realizar una inversión en los Estados Unidos con el propósito de adquirir activos rentables.

✪ El situs (es decir, el lugar legal de residencia) de los bienes raíces se determina por su ubicación física. Por consiguiente, los bienes raíces situados en los Estados Unidos se los considera como que tienen situs en los EE.UU. Las hipotecas y los gravámenes sobre bienes raíces como resultado de préstamos no se consideran como bienes raíces para este fin. Estos se los considera como activos intangibles.

✪ El situs de una asociación es el lugar donde se lleva a cabo o se administran las actividades de la asociación y no necesariamente en el lugar donde se encuentran los bienes. Lo que no está claro es si una asociación extranjera que se dedica a un negocio de los Estados Unidos supedita o no su interés social completo como con situs en los EE.UU. en vez de supeditar sólo a sus bienes con situs en los Estados Unidos.

✪ En cuanto al dinero en efectivo, el situs es la ubicación física del dinero y se lo considera de igual manera que cualquier otro bien personal tangible.

✪ La obligación de una deuda de una persona estadounidense se la considera como con un bien con situs en los EE.UU. salvo la obligación de una empresa estadounidense por más de un 80% del ingreso bruto de la organización que proviene de una fuente activa en el extranjero durante el período de los tres años anteriores.

✪ En cuanto al derecho exclusivo de propiedad, la ubicación física del bien determina su situs.

✪ En cuanto a un fideicomiso otorgante, los bienes que se mantienen a través de un fideicomiso reconocido o otorgante, del cual el difunto es el otorgante, pueden ser bienes con situs estadounidense.

✪ En cuanto a la propiedad personal intangible, se la considera con situs estadounidense si fue emitido por o exigible de un residente de los EE.UU. o una empresa nacional o una institución gubernamental.

✪ En cuanto al cálculo del impuesto, aunque, como se mencionó anteriormente, la fórmula y el método para el cálculo es idéntico al del contribuyente estadounidense. Existe una excepción y es que no se permite a la persona extranjera el descuento conyugal a menos que se haya sido concedido por tratado, o a menos que el cónyuge sobreviviente sea un ciudadano de los Estados Unidos, o a menos que la propiedad sea transferida a través de un fideicomiso nacional que reúne los requisitos para ello. Además, después de hacer los cálculos establecidos, las tasas ahora varían del 18% al 55% de la herencia ajustada.

Estados Unidos impone impuestos a la herencia sobre los bienes de un extranjero no residente si ese extranjero tiene activos situados en los Estados Unidos al momento de su deceso. Un *no residente*, a fines de la ley de impuestos sucesorios y de donaciones se refiere a una persona que no tiene *domicilio* en los Estados Unidos. El *domicilio* normalmente se define como el lugar donde una persona tiene la intención de vivir permanentemente, un lugar que la persona ha seleccionado como su hogar de residencia.

La cuestión del domicilio puede ser a veces difícil de definir con precisión. En general, los tribunales han fallado que una persona puede tener un solo domicilio aunque pueda tener muchas residencias. Sin embargo, necesariamente no se deduce que una persona que tiene domicilio en los Estados Unidos tiene que ser un *residente* a fines impositivos sucesorios. Aunque por lo general se llega a esta conclusión, técnicamente es posible que una persona tenga residencia en el extranjero (y pasaporte) aunque él, o posiblemente ella, tenga su domicilio en Estados Unidos basándose en otras consideraciones y circunstancias.

La determinación de *residencia* a fines impositivos sucesorios es de suma importancia para la persona extranjera en los Estados Unidos porque si a ésta se la considera como residente, es decir, con domicilio en los Estados Unidos, entonces el gobierno de los Estados Unidos podrá imponer un impuesto sucesorio sobre los bienes a nivel mundial que tenga esa persona. Si a la persona extranjera se la considera un extranjero no residente, entonces Estados Unidos sólo podrá imponer un impuesto sucesorio federal sobre los bienes ubicados en los Estados Unidos al momento de su deceso.

Las tasas de impuestos que corresponden a un extranjero no residente son las mismas que corresponderían a un ciudadano, salvo que ciertos mecanismos normales para acreditar impuestos (la reducción conyugal) no corresponden. En esta situación las normas de fuente en cuanto a lo qué constituye un bien ubicado (con situs) en los Estados Unidos, son muy importantes. El dinero en efectivo y otras propiedades personales tangibles se consideran que tienen un situs basado en la ubicación física. Las acciones sociales de una empresa de los EE.UU. tienen un situs en los EE.UU.

Por consiguiente, en la mayoría de las situaciones en que el extranjero no tiene intenciones de residir en los Estados Unidos durante períodos extensos, no se aconseja que se mantenga ni siquiera una propiedad residencial o lo que yo considero una *propiedad informal* (departamento de condominio, terreno sin construir, etc.), en los Estados Unidos en su propio nombre. Es mejor tener bienes raíces en los Estados Unidos cuyo dominio lo tiene una empresa extranjera o una corporación subsidiaria de los Estados Unidos cuyo título de propiedad lo tiene una corporación extranjera, puesto que según esas circunstancias la propiedad no se considerará como ubicada en los Estados Unidos. Claro está, esta sugerencia tiene que ser balanceada con los otros intereses impositivos de la persona extranjera para asegurarse de que no existan otros impuestos sobre el ingreso u otros problemas creados debido a este mecanismo.

Sin embargo, por lo general lo que se acaba de mencionar es la manera preferida que tiene una persona no residente de ser dueño de propiedades en los Estados Unidos. Sin embargo, antes de comprometerse, se aconseja que se trate sobre el impuesto y las otras consecuencias económicas de estas compras con un profesional capacitado. Este es uno de esos casos donde una o dos horas de consulta antes de tomar lo que puedan ser pasos irrevocables pueden llegar a costar mucho dinero, pero a la vez, le proveerán de mucha tranquilidad.

Requisitos para Declarar las Inversiones

El gobierno federal tiene varias leyes sobre las declaraciones que establecen que se presenten ciertos informes que deben ser cumplidos por la persona extranjera que es propietaria de ya sea terrenos para la agricultura u otros tipos de empresas comerciales. El umbral financiero de los requisitos para la declaración sobre negocios comerciales es por lo general de US$1.000.000 del costo o del valor de los activos del negocio, siempre y cuando haya involucrado menos de 200 acres de bienes raíces.

Los reglamentos del Departamento de Comercio exigen que se declare la transacción donde la persona extranjera adquiere un interés del 10% o más del negocio estadounidense (incluyendo bienes raíces). La empresa de los EE.UU. debe presentar un formulario BE-13 dentro de los primeros 45 días después de la inversión. Si la persona o entidad extranjera adquiere directamente un interés de bienes raíces en los Estados Unidos, el formulario se completa en nombre de esa persona o entidad y se describe los bienes raíces adquiridos.

El formulario BE-13 identifica a cada persona extranjera propietaria de la empresa comercial estadounidense y revela el nombre del propietario extranjero final que usufructuará, es decir, la persona o entidad en la cadena de propietarios de la cual otra persona no es propietaria en más de un 50%, y solicita el nombre, porcentaje de propiedad y país de residencia de cada propietario extranjero. Si el propietario extranjero final es una persona, sin embargo, sólo tiene que revelarse el país de residencia.

Las exenciones para la presentación de este formulario incluyen la adquisición de bienes raíces como residencia personal; la adquisición de un negocio estadounidense por un afiliado estadounidense de una persona extranjera que consolida la empresa estadounidense a su propia empresa, si el costo es menor de US$1 millón y se adquieren menos de 200 acres de terreno en los Estados Unidos; una adquisición para el establecimiento de un negocio estadounidense si el total de sus bienes es menor o igual a US$1 millón, y no es propietario de 200 acres o más de terreno en los Estados Unidos.

Teniendo en cuenta, entonces, las recientes disposiciones para una visa de inversionista estadounidense tal como se lo define en este libro. Es claro que al invertir US$1 millón, que trae como resultado la adquisición de un negocio en los EE.UU., se requerirá que se provea un informe al Departamento de Comercio sobre la empresa y sus bienes siempre que abarque 200 acres o más de terreno estadounidense.

Estos informes son confidenciales y sólo pueden utilizarse a fines analíticos y estadísticos. Sin embargo, el anonimato nunca se puede garantizar completamente. Si el anonimato es necesario, se puede solicitar por escrito al Departamento de Comercio para que sea confidencial. El incumplimiento en presentar los formularios recién descritos o de proveer la información requerida en estos formularios puede resultar en una sanción administrativa que no excederá de US$10.000 o en una sanción penal de una multa que no excederá de US$10.000 o encarcelamiento por un máximo de un año, o ambos. Los requisitos de presentación deben tomarse con seriedad.

El Departamento de Agricultura de los Estados Unidos tiene una serie de requisitos con respecto al informe con el propósito de controlar la venta del terreno para la agricultura. El *terreno para la agricultura* se define como un terreno de uso actual o que se ha utilizado durante los últimos cinco años con fines de agricultura, ciencia forestal o producción de madera, a menos que el terreno sea de diez acres o menos y el ingreso derivado de los productos del terreno alcance a menos de US$1.000 anuales o el terreno se utiliza para fines personales.

Además, algunos estados tienen sus propios requisitos para la presentación de informes, mientras que otros estados puedan tener algunas restricciones en cuanto al tipo de bienes raíces que pueden ser adquiridos por una persona no residente de los Estados Unidos. Todos estos son factores que deberían ser examinados cuidadosamente con anterioridad por la persona extranjera para asegurarse de que la compra de ciertos bienes estadounidenses serán compatibles con el plan comercial total del inversionista.

El sistema impositivo de los Estados Unidos, tal como se explicó en las secciones anteriores, obviamente establece que la persona extranjera revele una cantidad considerable de interés en los Estados Unidos. Además de los requisitos de la declaración de impuestos de las adquisiciones existen también requisitos de la declaración no relacionada con los impuestos de acuerdo con las normas y reglamentos del Departamento de Agricultura y el Departamento de Comercio descritos en el párrafo anterior.

Además, existe ahora un sistema de requisitos para la declaración conocido como el reglamento *Exon-Florio* que autoriza al presidente de los Estados Unidos a detener o suspender una adquisición por parte de una entidad extranjera de una empresa estadounidense si ésta afecta de manera negativa a la seguridad nacional. La administración de esta ley ha sido delegada al Comité de Inversiones Extranjeras en los Estados Unidos (SFIUS: Committee of Foreign Investment in the United States).

Como resultado de lo descrito, se recomienda que la persona extranjera que haga una transacción que podría resultar en la adquisición del control del negocio estadounidense que podría afectar la seguridad estadounidense lo notificara al SFIUS. La razón de ello es la de eliminar en un plazo determinado alguna acción futura por parte de los Estados Unidos que pueda exigir que el inversionista extranjero transfiera la inversión. La ley le garantiza a los Estados Unidos un máximo de tres años para emitir una orden de traspaso de interés. Teniéndose esto en cuenta, vale la pena dar notificación por adelantado y sacar a luz cualquier interés que el gobierno de los Estados Unidos pueda tener en la transacción.

6 | UN COMENTARIO FINAL

El sistema de inmigración de los Estados Unidos es complejo, racional e implacable. Muestra imágenes contradictorias de sí mismo. Para algunas personas, dependiendo de su país de origen, la entrada, por lo pronto como visitantes, es relativamente fácil. Para otras personas, el obtener aunque sea una visa de visitante, puede ser un acto de frustración difícil y agotador. Aún así, durante todo el plazo y envergadura del sistema de inmigración existe una corriente constante de lógica y objetividad que representa a una burocracia democrática en su forma ideal. Las cuestiones sobre el problema inherente de la intención preconcebida de visas de no inmigrante corresponden de igual manera a comerciantes, inversionistas, así como también a estudiantes.

Las dinámicas de una comunidad mundial interdependiente pone una terrible presión sobre los sistemas de inmigración de la mayoría de las naciones, pero especialmente sobre Estados Unidos. La inmensidad geográfica de nuestra nación, junto a nuestro compromiso histórico de los derechos humanos, incluyendo el derecho a la privacidad, crea dificultad en el control de las personas extranjeras que ya se encuentran en los Estados Unidos.

En mi opinión, esta es la razón por la que nuestro sistema de control es tan riguroso antes de la entrada. Es por esta razón que el autor ha enfatizado la planificación previa a la entrada para todas las personas que entran a los Estados

Unidos con intenciones a largo plazo. Además, se debe añadir a las complejidades del sistema de inmigración en sí, la estructura diversa y única de esta nación en términos legales, políticos y sociales.

Finalmente, la persona extranjera debe tener una visión amplia en cuanto a cuál visa, ya sea la de inmigrante o no inmigrante, es la que más le conviene para sus propósitos. De acuerdo a mi experiencia, muchas personas eligen la visa de no inmigrante una vez que los atributos y las consecuencias de cada una de ellas se le hubieran explicado completamente. En pocas palabras, no se puede sobreenfatizar la importancia de esta planificación antes de la entrada.

Este libro representa la ley actual sobre los temas explicados a la fecha de redacción de este libro. No sólo es posible, sino que también es probable, que la ley cambie. Es por esa razón, que a este libro se lo denomina *GUIA*. El escritor también recibe con agrado cualquier comentario y sugerencia en relación al propósito y alcance de este libro. Mi dirección y número de teléfono es el siguiente:

Lic. Ramón Carrión

28100 U.S. 19 N., Suite 502

Clearwater, FL 33761

Teléfono: 727-799-9855

Facsímil: 727-796-2953

http://ilw.com/carrion

Apéndice: Oficinas del USCIS

USCIS SERVICE CENTERS

WESTERN U.S.

USCIS California Service Center
P.O. Box 30080
Laguna Niguel, CA 92607-0080

Overnight Delivery Address:
USCIS California Service Center
2400 Avila Road
Laguna Niguel, CA 92677

(Esta oficina trata: Arizona, California, Hawaii, Nevada, Territory of Guam, or the Commonwealth of the Northern Mariana Islands.)

MIDWEST

USCIS Nebraska Service Center
P.O. Box 87400
Lincoln, NE 68501-7400

Overnight Delivery Address:
USCIS Nebraska Service Center
850 S. Street
Lincoln, NE 68508

(Esta oficina trata: Alaska, Colorado, Idaho, Illinois, Indiana, Iowa, Kansas, Michigan, Minnesota, Missouri, Montana, Nebraska, North Dakota, Ohio, Oregon, South Dakota, Utah, Washington, Wisconsin, or Wyoming.)

MIDSOUTH

USCIS Texas Service Center
P.O. Box 851204
Mesquite, TX 75185-1204

Overnight Delivery Address:
USCIS Texas Service Center
4141 North St. Augustine
Dallas, TX 75227

(Esta oficina trata: Alabama, Arkansas, Florida, Georgia, Kentucky, Louisiana, Mississippi, New Mexico, North Carolina, Oklahoma, Tennessee, or Texas.)

EAST COAST

USCIS Vermont Service Center
75 Lower Weldon Street
St. Albans, VT 05479-0001

Overnight Delivery Address:
USCIS Vermont Service Center
75 Lower Weldon Street
St. Albans, VT 05479-0001

(Esta oficina trata: Connecticut, District of Columbia, Delaware, Maine, Maryland, Massachusetts, New Hampshire, New Jersey, New York, Pennsylvania, Rhode Island, Vermont, Virginia, West Virginia, Commonwealth of Puerto Rico, or the U.S. Virgin Islands.)

STATE-BY-STATE

Alabama:
USCIS Atlanta District
Martin Luther King Jr.
Federal Building
77 Forsyth Street SW, Room 111
Atlanta, GA 30303
404-331-0253

Alaska:
USCIS Anchorage District Office
620 East 10th Avenue, Suite 102
Anchorage, Alaska 99501
907-271-3521

Arizona:
USCIS Phoenix District Office
2035 North Central Avenue
Phoenix, AZ 85004
602-514-7799

USCIS Tucson Sub Office
South Country Club Road
Tucson, AZ 85706-5907
520-670-4624

Arkansas:
USCIS
4991 Old Greenwood Road
Fort Smith, AR 72903
501-646-4721

California:
USCIS Los Angeles District Office
300 North Los Angeles Street, Room 1001
Los Angeles, CA 90012
213-830-4940

USCIS Fresno Sub Office
865 Fulton Mall
Fresno, CA 93721
559-487-5132

USCIS Sacramento Sub Office
650 Capitol Mall
Sacramento, CA 95814
916-498-6480

USCIS
34 Civic Center Plaza
Room 520
Santa Ana, CA 92701
714-972-6600

USCIS San Diego District Office
U.S. Federal Building
880 Front Street, Suite 1234
San Diego, CA 92101
619-557-5645

USCIS San Francisco District Office
630 Sansome Street
San Francisco, CA 94111
415-844-5200

USCIS San Jose Sub Office
1887 Monterey Road
San Jose, CA 95112
408-918-4000

Colorado:
USCIS Denver District Office
4730 Paris Street
Denver, CO 80239
303-371-0986

Connecticut:
USCIS Hartford Sub Office
450 Main Street, 4th Floor
Hartford, CT 06103-3060
860-240-3050

Delaware:
USCIS
1305 McD Drive
Dover, DE 19901
302-730-9311

District of Columbia:
USCIS Washington
District Office
4420 N. Fairfax Drive
Arlington, VA 22203
202-307-1642

Florida:
Fort Lauderdale/Port Everglades Sub Office
1800 Eller Drive, Suite 1401
P.O. Box 13054
Port Everglades Station
Fort Lauderdale, FL 33316
954-356-7790

USCIS Miami District Office
7880 Biscayne Boulevard
Miami, FL 33138
305-762-3680

USCIS Jacksonville Sub Office
4121 Southpoint Boulevard
Jacksonville, FL 32216
904-232-2164

USCIS Orlando Sub Office
9403 Tradeport Drive
Orlando, FL 32827
407-855-1241

USCIS Tampa Sub Office
5524 West Cypress Street
Tampa, FL 33607-1708
813-637-3010

USCIS West Palm Beach Sub Office
301 Broadway, Suite 142
Riviera Beach, FL 33401
561-841-0498

Georgia:
USCIS Atlanta District
Martin Luther King Jr. Federal Building
77 Forsyth Street SW, Room 111
Atlanta, GA 30303
404-331-0253

Hawaii:
USCIS Honolulu District Office
595 Ala Moana Boulevard
Honolulu, HI 96813
808-532-3746

USCIS Agana Sub Office
Sirena Plaza, Suite 100
108 Hernan Cortez Avenue
Hagatna, Guam 96910
671-472-7466

Idaho:
Boise Office Location
USCIS Boise Sub Office
1185 South Vinnell Way
Boise, ID 83709

Illinois:
USCIS Chicago District Office
10 West Jackson Boulevard
Chicago, Illinois 60604
312-385-1820 or
312-385-1500

*correspondence regarding
adjustment cases:*
U.S.B.C.I.S.
P.O. Box 3616
Chicago, IL 60690

*adjustment/work permit
applications:*
U.S. B.C.I.S.
P.O. Box A3462
Chicago, IL 60690-3462

*USCIS
Citizenship Office*
539 S. LaSalle Street
Chicago, IL 60605
312-353-5440

Indiana:
USCIS
Indianapolis Sub Office
950 N. Meridian St., Room 400
Indianapolis, Indiana 46204

Kansas:
USCIS Wichita Satellite Office
271 West 3rd Street North, Suite 1050
Wichita, KS 67202-1212

Kentucky:
USCIS Louisville Sub Office
Gene Snyder U.S. Courthouse and Customhouse
Room 390
601 West Broadway
Louisville, KY 40202
502-582-6526

Louisiana:
U.S.DHS
USCIS
701 Loyola Avenue,
Room T-8011
New Orleans, LA 70113
504-589-6521

Maine:
USCIS Portland
Maine District Office
176 Gannett Drive
So. Portland, ME 04106
207-780-3399

Maryland:
USCIS Baltimore District
Fallon Federal Building
31 Hopkins Plaza
Baltimore, MD 21201
410-962-2010

Massachusetts:
USCIS Boston District Office
John F. Kennedy Federal Building
Government Center
Boston, MA 02203
617-565-4274

Michigan:
USCIS Detroit District Office
333 Mt. Elliot
Detroit, MI 48207
313-568-6000

Minnesota:
USCIS St. Paul District
2901 Metro Drive, Suite 100
Bloomington, MN 55425
612-313-9020

Mississippi:
USCIS Jackson Sub Office
Dr. A. H. McCoy
Federal Building
100 West Capitol Street
Suite B-8
Jackson, Mississippi 39269

Missouri:
USCIS Kansas City District
9747 Northwest Conant Avenue
Kansas City, MO 64153
816-891-7422

USCIS St. Louis Sub Office
Robert A. Young Federal Building
1222 Spruce Street, Room 1.100
St. Louis, MO 63103-2815
314-539-2516

Montana:
USCIS Helena District Office
2800 Skyway Drive
Helena, MT 59602
406-449-5220

Nebraska:
USCIS Omaha District Office
3736 South 132nd Street
Omaha, NE 68144
402-697-1129

USCIS Omaha District Office
Information Office
13824 T Plaza (Millard Plaza)
Omaha, NE 68137

Nevada:
USCIS Las Vegas Sub Office
3373 Pepper Lane
Las Vegas, NV 89120-2739
702-451-3597

USCIS Reno Sub Office
1351 Corporate Boulevard
Reno, NV 89502
775-784-5427

New Hampshire:
USCIS Manchester Office
803 Canal Street
Manchester, NH 03101
603-625-5276

New Jersey:
USCIS Newark District Office
Peter Rodino, Jr. Federal Building
970 Broad Street
Newark, NJ 07102
973-645-4421

USCIS Cherry Hill Sub Office
1886 Greentree Road
Cherry Hill, NJ 08003
609-424-7712

New Mexico:
USCIS Albuquerque Sub Office
1720 Randolph Road SE
Albuquerque, NM 87106
505-241-0450

New York:
(Mailing address:)
USCIS Buffalo District Office
Federal Center
130 Delaware Avenue
Buffalo, NY 14202
716-849-6760

USCIS Albany Sub Office
1086 Troy-Schenectady Road
Latham, New York 12110
518-220-2100

USCIS New York City
District Office
26 Federal Plaza
New York City, NY 10278
212-264-5891

USCIS Rochester Satellite Office
Federal Building
100 State Street, Room 418
Rochester, NY 14614

USCIS Syracuse Satellite Office
412 South Warren Street
Syracuse, NY 13202

North Carolina:
USCIS Charlotte Sub Office
Woodlawn Green Office Complex
210 E. Woodlawn Road
Building 6, Suite 138
Charlotte, NC 28217
704-672-6990

North Dakota:
USCIS St. Paul District
2901 Metro Drive, Suite 100
Bloomington, MN 55425
612-313-9020

Ohio:
USCIS Cleveland District
A.J.C. Federal Building
1240 East Ninth Street,
Room 1917
Cleveland, OH 44199
216-522-4766

USCIS Cincinnati Sub Office
J.W. Peck Federal Building
550 Main Street, Room 4001
Cincinnati, OH 45202
513-684-2412

USCIS Columbus Sub Office
Bureau of Citizenship and Immigration Services
50 W. Broad Street
Columbus, OH 43215
614-469-2900

Oklahoma:
USCIS Oklahoma City
Sub Office
4149 Highline Boulevard,
Suite 300
Oklahoma City, OK 73108-2081
405-231-5944

Oregon:
USCIS Portland, Oregon
District Office
511 NW Broadway
Portland, OR 97209
503-326-7585

Pennsylvania:
USCIS Philadelphia
District Office
1600 Callowhill Street
Philadelphia, PA 19130
215-656-7150

USCIS Pittsburgh Sub Office
Federal Building
1000 Liberty Avenue
Room 2130
Pittsburgh, PA 15222
412-395-4460

Puerto Rico and U.S. Virgin Islands:
(Street address:)
USCIS San Juan District Office
San Patricio Office Center
7 Tabonuco Street, Suite 100
Guaynabo, Puerto Rico 00968
787-706-2343

(Mailing address:)
USCIS San Juan District Office
P.O. Box 365068
San Juan, PR 00936

USCIS Charlotte Amalie
Sub Office
Nisky Center, Suite 1A
First Floor South
Charlotte Amalie, St. Thomas
United States Virgin Islands 00802
340-774-1390

(Street address:)
USCIS
Sunny Isle Shopping Center
Christiansted, St. Croix
United States Virgin Islands 00820

(Mailing address:)
USCIS
P.O. Box 1468
Kingshill
St. Croix, USVI 00851
340-778-6559

Rhode Island:
USCIS Providence Sub Office
200 Dyer Street
Providence, RI 02903
401-528-5528

South Carolina:
USCIS Charleston Office
170 Meeting Street, Fifth Floor
Charleston, SC 29401
843-727-4422

South Dakota:
USCIS St. Paul District
2901 Metro Drive, Suite 100
Bloomington, MN 55425
612-313-9020

Tennessee:
U.S. DHS
USCIS
701 Loyola Avenue
Room T-8011
New Orleans, LA 70113
504-589-6521

USCIS Memphis Sub Office
Suite 100
1341 Sycamore View Road
Memphis, TN 38134
901-544-0256

Texas:
U.S. USCIS
8101 North Stemmons Freeway
Dallas, TX 75247
214-905-5800

USCIS El Paso District Office
1545 Hawkins Boulevard
Suite 167
El Paso, TX 79925
915-225-1750

USCIS Harlingen District
2102 Teege Avenue
Harlingen, TX 78550
956-427-8592

Houston USCIS District Office
126 Northpoint
Houston, Texas 77060
281-774-4629

USCIS San Antonio District
8940 Fourwinds Drive
San Antonio, TX 78239
210-967-7109

Utah:
USCIS Salt Lake City Sub Office
5272 South College Drive, #100
Murray, UT 84123
801-265-0109

Vermont:
USCIS St. Albans Office
64 Gricebrook Road
St. Albans, VT 05478

Virginia:
USCIS Washington
District Office
4420 N. Fairfax Drive
Arlington, VA 22203
202-307-1642

USCIS Norfolk Sub Office
5280 Henneman Drive
Norfolk, VA 23513
757-858-7519

Washington:
USCIS Seattle District Office
815 Airport Way South
Seattle, WA 98134
206-553-1332

USCIS Spokane Sub Office
U.S. Courthouse
920 W. Riverside Room 691
Spokane, WA 99201
509-353-2761

(Street address:)
USCIS Yakima Sub Office
417 E. Chestnut
Yakima, WA 98901

(Mailing address:)
USCIS Yakima Sub Office
P.O. Box 78
Yakima, WA 98901

West Virginia:
USCIS Charleston Sub Office
210 Kanawha Blvd. West
Charleston, WV 25302

Wisconsin:
USCIS
Milwaukee Sub Office
310 E. Knapp Street
Milwaukee, WI 53202
414-297-6365

Wyoming:
USCIS Denver District Office
4730 Paris Street
Denver, CO 80239
303-371-0986

ÍNDICE